王豫生　主编
福建省教育学会

福建省中小学课程改革研究

上海人民出版社

主　　　编　王豫生

副　主　编　黄汉升　赵素文

编委会主任　王豫生,福建省教育学会会长

编　　　委　黄汉升,福建师范大学党委书记

　　　　　　赵素文,福建教育学院党委书记

　　　　　　郑　勇,福州市教育局局长

　　　　　　赖　菡,厦门市教育局局长

　　　　　　周鼎明,漳州市教育局局长

　　　　　　郑文伟,泉州市教育局局长

　　　　　　李建明,三明市教育局局长

　　　　　　郑祖杰,莆田市教育局局长

　　　　　　张文铨,南平市教育局局长

　　　　　　朱瑞虹,龙岩市教育局局长

　　　　　　赵榕生,宁德市教育局局长

目　录

福建省基础教育课程改革的若干问题

王豫生[*]

　　福建省基础教育课程改革走过了 14 个年头,在取得较好成绩的同时还存在一些不容忽视的困难和问题。为推动课程改革的不断深化,需要对素质教育、区域推进、课程设置、教师素质、专业支撑等问题给予特别的理解和关注,找到切实有效的解决办法。2001 年,厦门市在福建省率先启动基础教育课程改革。2002年至 2005 年,福建省各县(市、区)义务教育阶段学校分 3 批全面实施新课程改革。2006 年秋季,福建省普通高中起始年级全面实施新课程,新课程改革从义务教育阶段推进到普通高中。今天,福建省基础教育课程改革已经进入总结经验、完善制度、突破难点、深入推进的新阶段。认真总结课程改革的成效与经验,深刻分析存在的困难和问题,深入探讨课程改革的思路与对策,对于进一步推进基础教育改革和发展,具有十分重要的意义。

一、福建省课程改革的成效

　　14 年来,在各级政府的高度重视和教育行政部门的大力推动下,广大教育工作者开拓进取、扎实工作,课改全面推进、不断深化,取得了较好的成绩,主要体现在四个方面。

　　体现素质教育的教材与课程资源不断丰富。当前,多数中小学教师都已经认识到,成功的教学活动,需要创造性地使用教材,需要充分利用教材以外的各种课程资源,要用教材教,而不是教教材。在课改工作中,现代教育优质资源被不断挖掘,并得到合理、充分应用,为课改工作注入新活力,不断引领课改工作向

　　* 王豫生,福建省教育学会会长。

更高的层次迈进,向纵深的阶段发展。探索、研究、应用教育优质资源,已成为广大教师推行课改工作的首选方式,必经之路。

体现以生为本的课堂教学模式逐步形成。各地中小学校都把课程改革的重点转到课堂教学上来,向课堂要质量,向课堂要效益。广大教师积极探索符合素质教育要求和新课程理念的教学方式,广泛应用启发式、探究式、合作学习、实验操作、社会实践等教学方式,充分调动学生学习的积极性、主动性,努力活跃课堂教学,推动形成新课程所倡导的自主、探究、合作的学习方式,课堂教学效率和质量得到显著提高。全省课堂教学改革活跃,呈现出了百花齐放的局面,形成多种多样的课堂教学改革模式,如"先学后教"课堂教学模式、"学导式"课堂教学模式等。

体现全面发展的考试评价制度更加健全。我省各级教育行政部门和各中小学校,都在新课程理念的指导下,努力探索建立促进学生全面发展的考试评价体系。一是实行学生综合素质评价制度,积极推进全科等级制记分法,建立健全中小学生成长记录档案,初步建立基础教育质量监测体系。二是建立学业水平考试制度,把学业水平考试与中招升学考试结合起来,减轻学生的学业负担,发挥其在素质教育实施中的导向作用。三是改革中招制度,推行初中毕业生学业考试与综合素质评价相结合的招生制度。四是大力推进高校招生考试制度改革,将重点放在考试内容改革上,推动高考改革与高中课改的有机衔接,真正落实"改革者受益"的原则,促进素质教育的实施。

体现特色发展的高中办学模式更加多样。普通高中新课程实验,增加了普通高中教育的选择性,构建了在共同基础上学生自主选择学习的育人模式,为每个学生提供适合教育,有力推进普通高中多样化和特色化发展。全省普通高中更加注重提高教育质量和形成办学特色,在内涵发展上下功夫,大胆探索试验,形成各自的办学特色和办学模式,如中外合作办学模式、普职融通办学模式、六年一贯制办学模式等。

二、福建省基础教育课程改革面临的困难与问题

在肯定成绩的同时,我们也应清醒地看到,福建省基础教育课程改革还存在不容忽视的困难和问题。主要有以下九个方面:

部分地区和学校对课程改革认识不到位。有的在课程改革中或瞻前顾后、

等待观望，或放任自流、敷衍塞责，导致课程改革措施不力，工作停滞不前、流于形式。一些学校领导和教师由于对课改理念的把握和认识还不够，患得患失，停留在表象，以至于有形式无质量，课改的成效不明显，也影响了教师课改的信心；一些学校在推进课改的过程中，走走停停，热情不够高，态度不够坚决，推进课改的有效机制没有建立，课改领导机构的作用没有很好发挥，阻碍了课改的步伐和进度。

课程计划在一些学校尚未得到全面有效执行。音乐、美术、信息技术、综合实践等课程被挤占问题比较突出，特别是期末和复习备考期间被考试学科"侵占"的现象普遍存在，个别学校甚至出现"阴阳课表"，一套应付检查，一套用于实际教学。

教学的有效性不够。有限的课时与教学内容的不断增加矛盾比较突出，难以把握教学内容的深度和广度。"繁、难、偏、旧"的状况在一些课程中不同程度地存在着，课程结构比较单一，学科体系相对封闭，脱离学生生活实际和接受能力。

教师队伍整体素质与课改要求不相适应。部分教师仍然没有树立课程改革新理念，依然习惯于填鸭式知识灌输，自身素质跟不上课程改革的需要。农村教师年龄偏大、知识老化。教师结构性缺编现象严重。综合实践活动课和通用技术课教师普遍缺编，体育与健康课、信息技术课、艺术课教师也偏少。研究性学习课没有真正开展。

教师"教"与学生"学"的方式没有根本改变。教师讲得累，学生学得苦，事倍功半，效率低下。在课改课堂中，一些教师并无真正把握课改要求，有的为了追求课堂模式的变革，注重教学形式的变化，忽视了教学目标的实现，课堂教学出现了表演式的倾向；有的在学案的编制与使用上还有很多不足，学案的内容结构需要优化，体量需要斟酌，使用方法需要改进；有的在小组合作学习方面的有效性迫切需要提高，小组的建设与管理、评价与激励等方面都有待加强。

应试教育现象依然存在。少数学校开展课程评价时，过于强调学生考试成绩，将成绩作为评价教师、学生的唯一手段，分数承载了太多的希望。一些学校学生课程多、书本多、作业多、考试多、补习多的状况还没有得到根本转变，学生没有自由锻炼、休闲、阅读的时间和空间，承受了过重的学习和心理压力。

实验设施不达标、场地不足等问题突出。新课改要求有相应的理化实验室、实验设备、实验药品等，但有些学校或没有，或数量不足，或品种不全；大部分学校不能满足学生动手操作需要。农村学校设备设施、专业支持等保障服务体系有待加强,一些农村学校理化生实验室不齐,教学仪器设备陈旧、缺乏,教师"照本宣科"讲理论、学生"纸上谈兵"做实验的情况还普遍存在。

小学、初中、高中课改推进工作不平衡。总体来说,小学阶段课改推进时间长,受应试升学影响小,比初中、高中课改更深入、更实在,效果也更好。多数高中办学条件不能满足课改需要,学校的课程资源、走班教室、教学设施设备等还不能满足课改后的教学需要,教师的教育理念还没有转化为相应的教育教学行为,大部分教师参与课程开发和开设的意识和能力比较薄弱,课改推进滞后。

课改开放程度不高。很多学校未能很好开发学校、家庭及社会对学生发展有益的教育资源,社会力量在参与学校的课程开发、教研教改、质量监控等方面发挥的作用不够明显。作为全国率先进入课改的省份,福建省课改力度不够大、创新点不够多,福建课改案例和经验在全国的影响力还不够广。

三、福建省深化课程改革需要探讨的几个问题

课改以来,教育观念、教学内容、课堂教学、学生学习、教师教学等都发生了许多可喜的转变,这些转变说明成绩是主要的。但同时,课改中仍然存在并相继出现了这样那样的一些问题。这些问题,需要我们给予特别的理解和关注,找出切实有效的解决办法,才能推动课程改革的不断深化。

关于素质教育问题。新课程改革纲要明确提出要改变课程内容"繁、难、偏、旧"的现状,减轻学生负担,推行素质教育。几十年来,各地的"减负令"多达上百项,可是学生的负担是越减越重。前不久,教育部针对其拟定的《小学生减负十条规定》正式面向全社会征求意见,实际上表达了教育部对这项工作情况的基本评价。出台减负令的初衷无疑是好的,有关减负的规定也符合教育的规律,但教育界仍然担心重复"一纸空文"的命运。我国中小学生的负担之所以长期无法真正减下来,根本原因有二:其一,义务教育不均衡,存在"幼升小""小升初"的择校热,在择校的压力之下,幼儿园小学化的趋势仍在继续,幼儿园竞争白热化的现象也已出现,0~3岁的早期教育也热闹登场,更别提小学生、中学生的学业压力了;其二,中、高考制度改革没有实质性突破,考试升学基本上还是沿用传统单一的分数标准选拔评价学生。课改倡导发展性评价,突出评价促进发展的功能,突出多元化的评价指标。评价一个学生,在关注其学业成绩的同时,更要发现、发展其多方面潜能,使教育评价成为一种可持续发展的动力。考试作为一种教育

方式是必需的,但考试不应是教育的唯一方式,更不应成为教育的全部。同样,考试成绩是素质教育的一个组成部分,但考试成绩不应是素质教育的唯一,更不是素质教育的全部。只有建立科学、多元的评价体系,才有可能把学校、教师、学生真正从应试教育中解放出来,还他们以自主发展的空间。

关于区域推进问题。当前,课程改革正从点到线、从线到面推进,如何增强改革的魄力、寻找改革的动力、破解改革的阻力,在一个县、一个市、甚至一个省整体推进课改,是值得研究的问题。课改是自上而下的政府行为,它代表着国家的意志,体现着国家对未来人才发展培养的基本规划、基本设计。任何有意义的改革都不可能等到条件完全具备时再去推进,而它的最终完成与实践,要靠自下而上的个体、整体行为,体现着每个教师、每所学校、各级教育行政管理部门对未来人才培养的责任心和不断探索,改革本身就是一个不断创造改革条件的过程。教改之路从无坦途,改革不进则退。随着课改从"浅水区"进入"深水区",已经无法"摸着石头过河","草根课改典型"也难以复制。课程改革呼唤课程实施的顶层设计,呼唤对高效益的教学过程基本规范的设计,这方面需要各级政府和教育行政部门的大智大勇和积极作为,必须树立开放办学观念,调动家庭、社会的力量,共同推进课程改革。

关于课程设置问题。开足开齐课程是新课程改革的基本要求,也是实施素质教育的基础。目前一些农村学校和城镇薄弱学校仍然存在教师结构性失衡、专用教室不足、教育教学资源配置不合理的现象,制约了学校开齐开足开好课程。浙江省在深化高中课改中,一大批普通高中把目光投向校外,积极与高校、中职学校、行业协会、社会机构合作开发选修课,甚至直接引进校外课程资源。同时,建立省级课程资源库,重点向农村学校和城镇薄弱学校提供课程。不少农村学校利用农村特色资源开设了不少具有浓郁"乡土味"的选修课程。浙江省的做法值得我们借鉴。我们要更加注重综合实践课程、辅助活动课程的育人作用,根据不同地区和学生发展的需求,科学安排课程门类和课时比例;要更加注重学生的学习兴趣和经验,强化课程内容与学生生活、课程内容与现代社会、课程内容与科技发展的联系,努力提高学生阅读、书法、演讲、外语、体育、科技等方面的综合素质;要更加注重学生自主、合作、探究式学习,努力培养学生搜集处理新信息、获取习得新知识、分析解决问题、交流与合作的能力。更加注重健全国家、地方、学校三级课程体系,增强课程的社会适应性和学生学习的选择性。

关于教师素质问题。没有高水平的教师,就没有高质量的教育。教师的数量是否充足、质量是否稳定、结构是否合理直接影响着新课改的成败。深化课程改革对教师素质提出更高的要求。目前,教师在新课改过程中的问题主要表现在四个方面的不适应:一是对新教育观念的不适应;二是对教材的不适应;三是教学方法的不适应;四是条件保障的不适应。因此,必须把校长、教师培训工作放在更加重要的位置,把新课程作为培训工作的核心内容,进一步加大培训力度,不断提高广大校长、教师实施新课程的能力与水平。教师素质的提升,关键在于校长素质能力的提升,尤其是校长课程领导力的提升。校长要增强课改意识,把握课改理论,站在领导改革的最前沿,去研究、去思考、去策划、去总结、去提升,把丰富的教育实践提升到教育理论上来,把科学的教育提升到教育的科学上来。校长要激发全校教师的教育主动、教育热情和教育自觉,根据上级部署要求和学校实际情况,开足开齐课程,实施素质教育。校长要成为本学科的课改带头人,在个人专业学科中引领课程改革,并发现、培养、带领一批教学改革的生力军,以实践自己改革管理的理念和信念,创造良好的教改氛围。

关于专业支撑问题。教科研是联系课改理念和实践的桥梁,是解决课改实践问题的必要途径,是课改的重要支撑,从某种程度上说,教科研的深度决定着课改的高度。目前,我省设有省教育学院、省普教室、省教科所、福建师大基础教育课程研究中心等诸多教育培训研究机构,这些机构都开展各类培训教研、科研活动,做了大量的工作,也取得了一定的成效。但要进一步提高各类培训、教研、科研的效能与效益,加强培训机构与教研部门的协作、协调是重要的路径之一,并在实践中逐步实现资源整合的基础上,实现真正意义上的"研训一体",为课程改革提供全方位、整体性的专业支持与指导。一要深入基层、深入学校教学第一线,研究课改、指导课改,了解课改新情况,研究课改新问题,总结课改新经验;二要认真总结各地在教学研究中创造的网络教研、联片教研、校本教研等教研模式,不断创新教研工作机制,提高教研工作的实际效果;三要充分发挥校本教研的优势,总结推广校本教研的典型经验,促进校本教研工作的规范化、制度化和网络化,使学校不仅成为学生学习的场所,同时也成为教师不断学习提高、成就事业的舞台。

论"指导—自主学习"教改实验

余文森　王　永[*]

福建省中小学"指导—自主学习"教改实验是一项致力于促进学生自主发展的实验研究，其产生和发展有相应的实践背景。心理学的"自我理论"、维果茨基的"最近发展区理论"和江山野先生的教学过程与学生学习能力发展的阶段论是这一教改实验的理论基础。"指导—自主学习"教改实验的内容是切实发挥教师的主导作用、着力培养学生的自主学习能力和创建先学后教的课堂教学新体系。"指导—自主学习"教改实验的成效与影响，在实践上，表现为学生的学习能力显著提高、教师专业素养明显提升和课堂教学效益显著提高。在理论上，这一实验构建了课堂有效教学的理论并提出了课堂发展性教学理论。

我们曾于1996年在全省数十所中学组织开展题为"目标—掌握"的教改实验，这一实验历时十年，历经三个发展阶段。第一阶段：目标教学阶段，这个阶段的主题是以目标教学实现课堂教学质量的提高，理论基础是布卢姆的掌握学习理论；第二阶段：结构教学阶段，这个阶段的主题是发展学生的认知结构，理论基础是皮亚杰的认知结构理论；第三阶段：发展教学阶段，这个阶段的主题是人的发展，理论基础是奥苏伯尔的有意义学习和人本主义心理学。在第三阶段的探索过程中，我们已经涉及人的自主性的问题，前两个阶段我们的着力点都在教，有目标的教，有结构的教，即都在教上做文章，第三阶段我们着力点逐步从教转移到学上，我们在实践中逐步体会到学生的发展从根本上取决于学生自己的学习，而学生学习好坏最终又取决于学生学习的主动性、能动性和独立性上。这一观念和认识上的变化使我们感到用"目标—掌握"这个题目难以概括和体现我们的教改特征，我们寻找新的主题。

---

* 余文森，福建师范大学教授、博士研究生导师。
　王　永，福建师范大学基础教育课程研究中心研究人员。

1995 年 3 月,在福建省中学数学教学理论培训会议上,我们意外地发现了一位初中数学教师纪秀卿,她的教改探索深深吸引了我们。1995 年 5 月,我们曾对纪秀卿的教改个案进行实地调查。她是从 1986 年开始从事培养学生自学能力的教学改革探索的,到 1994 年先后带了三届初中学生,中考成绩在她所在的漳州地区均名列前茅。在学生座谈会上,有个学生说:"哪有老师不教而让学生自己学的? 开头有些抵触。但后来才知道,要不是纪老师这样教,我不可能发现自己在没有老师教的情况下,也能学到七八成。"有的说:"上纪老师的数学课,每天都像上复习课。"学生家长说:"能遇到纪老师是孩子的福分,我们很放心。"教同班的英语老师说:"纪秀卿数学教得很轻松,很潇洒,而我教英语总觉得时间不够。有时就向她要两课时,她也给我。"让我们感到纳闷的是:在各种座谈会上,对纪秀卿的教学都赞许有加,好评如潮,可是至今为什么还是一枝独秀,学校不推广呢? 一位副校长坦言:"预习并不是纪秀卿的首创,除了预习还要推广什么,我们不知道。难道能推广她不布置课后作业吗?"言下之意,纪秀卿很优秀,她能做到的事情,其他人未必可以仿效。实际上,纪秀卿不仅教学成效突出,而且创造了数学教学的"神话",即不留课后作业、不用加班加点、不靠课外练习册。难道真的没有课后作业? 其实,她把传统的课后作业变成了课前作业。在考察和分析纪秀卿教改个案的基础上,结合我们"目标—掌握"教改的前期探索,我们形成一份"指导—自主学习"的实验方案,并开始在全省中小学传播。

"指导—自主学习"教改实验的理论基础主要是心理学的自我理论、维果茨基的"最近发展区理论"等。

心理学的"自我理论",它包含自我效能、自我价值、自我决定三个核心概念。简单地说,自我效能指的是个体相信自己具备成功完成某一个任务的能力;自我价值指的是个体对自我的认可和肯定;自我决定强调的是"人"是高度自主、能进行自我调节和自我适应的个体,根据"自我理论",教育教学的中心应由他我转向自我,由教师转向学生。为此,我们教师非常注重引导学生认知自我、关心自我、肯定自我、成就自我,并据此提出三条原则:第一,要把学生看作有学习能力的人。每个学生,除有特殊原因外,都有相当强的学习能力。承认、尊重、依靠学生的独立学习能力,是"指导—自主学习"的第一原则。第二,要把学生看作有价值的人,每个学生都有发展自我、完善自我、表现自我、实现自我价值的需求和愿望,教师要积极创造条件,帮助每个学生实现自己的需求和愿望,使每个人都感到自己在世界上有价值、有意义、有追求、有用处、有实力、有能力、有地位、有影响,从而积极乐观地、自尊自强地生活着、学习着。第三,要把学生看作负责的人、具有"学习责任"的人。"学习责任"是指学习者对学习目标和意义的认识以及由此产生的对学习的积极态度和敬业精神。树立高度的学习责任心是自觉学习的前提。只有当学习的责任真正从教师身上转移到学生身上,学生自觉地担负起学习的责任时,学生的学习才是一种真正的有效学习。如果学生不能对学习承担责任,那么教师的一切努力都难有实质性意义。所以培养学生责任意识,把学生看成负责任的人,这是我们教学的重要原则。

维果茨基在对儿童的智力发展进行实验研究的过程中发现,通常儿童具有两种水平的发展,一是儿童现有的发展水平,它表现为儿童现在就能够独立完成教师或成人所提出的智力任务,另一种水平就是所谓的"最近发展区"。维果茨基强调,教学与其说是依靠已经成熟了的机能,不如说是依靠那些正在成熟中的机能,才能推动发展前进。教学创造最近发展区,然后最近发展区则转化到现有发展水平的范围之中。维果茨基这样总结了他的关于教学与发展问题的思想:只有当教学走在发展前面的时候,这才是好的教学。"教育学不应当以儿童发展的昨天,而应当以儿童发展的明天作为方向"。①根据维果茨基的理论,我们把先学定位在现有发展区上,后教定位在最近发展区上,即先学解决现有发展区的问题,后教解决最近发展区的问题。

此外,还有江山野的教学过程与学生学习能力发展的阶段论。

"指导—自主学习"教改实验的目的在于培养学生自主学习能力,包括阅读能力、思考能力和反思能力,让学生成为能够自主发展的人;构建课堂教学新体系,切实提高课堂教学质量,减轻学生负担,形成具有普适性的可推广的课堂教学新模式新体系;探索发展性教学和有效教学的原理,并形成和发展相关理论。主要内容有:切实发挥教师的主导作用;着力培养学生的自主学习能力;创建先学后教的课堂教学新体系。

"指导—自主学习"教改实验的具有明显的成效与广泛影响。

一、实践上的成效与影响

学生的学习能力显著提高。"指导—自主学习"教改实验不一定能提高考试分数,但一定能提高学生的学习能力,这是几乎所有实验学校、实验教师的共识。

---

① 赞科夫:《教学与发展》,人民教育出版社 1985 年版,第 14 页。

"指导—自主学习"教改实验形成了一套行之有效的培养学生自主学习能力的思路和措施,同时在课堂教学的结构上保证了学生自主学习的时间和地位。根据我们的纵向和横向对比分析、研究,在小学中高年级坚持一个学年的实验,学生的阅读教材能力、提出问题能力和交流表达能力三项基本能力就会有明显的提高,较之于非实验班,变化是显著的。在我们的实验学校里,不止一次地发生这样的事例:非实验教师到实验班上课被学生"请"下去。学生告诉老师:"您讲的我们都会了。"有个实验班的教师去参加县教育局组织的"送培下乡",同学科的校长去"代课",也发生同样的情形,校长不相信,就让学生来讲课,结果学生非常有序地分工协作,把教科书的内容给讲了,校长很吃惊,当场出一些题考学生是否真会,结果发现班上绝大多数学生都会。学生的学习潜力给了校长信心,决定在全校全面推广。在不少实验学校,上公开课,老师们都喜欢借实验班,因为实验班学生的表达和提问能力能够让课堂出彩。学生学习能力提高具体表现在:第一在阅读教材能力上表现为在没有教师教的情况下自己能够读懂的内容越来越多,即学生主要依靠自己阅读而不是教师讲解来获得教材知识;表现在课堂上:教师教的越来越少,学生学得越来越多,即实现了少教多学。第二在提出问题能力上表现为学生不仅能提出自己不知道、不懂得、不明白的问题(是什么的问题),而且还会提出为什么和反思性的问题,更重要的是还能提出不同的看法、见解和意见,学生不唯书、不唯师,敢于和善于质疑、批判和超越书本和教师,这就是质疑创新能力。第三在交流表达能力上表现为学生能够把自己已经掌握和理解的知识内容以及自己的个人见解和想法清晰地表达出来;学会倾听和理解同伴的发言,并能够对小组讨论进行总结和归纳;同时学生敢于并善于发言并进行辩论,这也是实验班课堂教学充满活力的体现。的确,这些学习能力未必能够体现在考试分数中,但是对学生整体素质的提升和可持续学习能力的提高却有着不可取代的奠基作用。

　　教师专业素养提升明显。观念更新是改革的先导,但是观念的根本转变却只能在实践中完成。"指导—自主学习"是对课堂教学的一场深刻变革,它涉及教学的方方面面,但聚焦点是教与学关系的变革。通过"指导—自主学习"教改实验的实践和探索,实验教师的教学观念发生了根本变化,突出表现在:相信学生的学习潜力。怎么看待学生,把学生看成什么样的人,对学生采取什么态度,这是教学的根本问题。相信学生,相信每个学生的学习潜能和独立学习能力,依靠学生,依靠每个学生自己的力量和学生小组、集体的力量,这是"指导—自主学习"的认识前提,也是取胜法宝。我们的实验教师在改革的起始阶段,对学生的学习潜能也是将信将疑的,就像一位教师所说的:"教了都不会,学生能自己学会吗?"说句实话,学生对自己也不是很有信心。但是经过大胆的尝试和循序渐进的开放,教学中的奇迹出现了,学生的潜能得到了开发和展示,学生的独立学习能力和自信心越来越强了,大量的事实和案例促使教师真正转变了已有的学生观。正如一位教师所说:"要是没有这项实验,真不相信学生有这么强的学习能力。"以前,总埋怨学生笨的教师现在学会用信任和发现的眼光看待学生、欣赏学生,因为教师们知道每个学生都是一座宝藏,都是一个等待发生的奇迹。我们每次召开课题研讨会和培训会时,实验教师们谈起学生的变化、课堂的变化,都是津津乐道、眉飞色舞、兴奋不已。相信学生,不仅是学生观的问题,也是我们教师从教的根本动力。

注重培养学生学会学习。教学即教学生学会学习,这是教学观的根本转变。从教知识到强调教方法,这是我们实验的一个要求和特点。我们要求所有实验教师结合学科性质、教材内容特点和学生认识水平来传授学习的方法,即把方法传授有机地渗透和融入知识的教学中,并引导和教育学生保持对学习方法的关心,养成"方法"的意识。笛卡尔在其著作《方法论》中指出:"那些只是缓慢地前进的人,如果总是遵循正确的道路,可以比那些奔跑着然而离开正确道路的人走得更远。"①教方法、培养学生学会学习,虽然比直接讲授知识来得缓慢,但其方向却是正确的,因为会让学生走得更远。事实也证明了这一点,我们实验班在开始阶段进展有点缓慢,有的班级还会落下一点教学进度,但是一旦学生掌握了方法,特别是形成了能力和习惯,那么学习的速度、深度就会明显地超过非实验班。对学生的潜能有信心,对学习的方法有信心,这是我们实验教师在观念层面最大的收获。

教育教学能力提高。能力提高是改革的基础,但是,任何能力都只有在需要该能力的活动中才能得以培养和提高。"指导—自主学习"的实践活动需要并同时培养和提高了教师的相应教学能力,突出表现在:第一,学法指导能力。学法指导是培养学生学会学习的前提,每一门可以称之为科学的学科(课程),都有自己独特的术语系统和表述事物的规则,都有对社会与自然事物的独特的观察与分析的角度及成果,所以原则上都只能由熟悉该学科(课程)的科任教师来承担指导学生学习的责任。"指导—自主学习"的核心就是教师指导学生自主学习,所以,我们的实验教师在教学中特别有"方法"的意识,始终把引导学生掌握学习

———————————
① 北京大学哲学系:《十六—十八世纪西欧各国哲学》,商务印书馆1975年版,第137页。

方法进而学会学习作为教学的出发点和落脚点。经过改革实践的锻炼,我们的实验教师在指导学生学会学习,从一门课程到一个章节再到一个知识点、一个例题的学习上都形成和积累了自己的经验,提高了能力。第二,有效教学能力。从学生学习角度讲,有效教学能力指的是教师针对性教学能力和发展性教学能力。所谓针对性教学能力指的是教师善于根据学生先学中提出和存在的问题进行教学,其特点是对症下药,前提是教师对"症"把脉准。"指导—自主学习"坚持先学后教,少教多学,客观上要求教师确切地了解学生的学习能力和学生对教科书的掌握状况,我们的一些优秀教师在经过一段时间的探索实践后,对班上学生的学习状况几乎达到"了如指掌"的地步,哪些内容学生能够学会,哪些知识学生会有疑难,哪些问题学生难以发现等,教学针对性就特别强,简简单单,又切中要害,学生特别有收获。所谓发展性教学能力指的是教师善于把教学指向学生的最近发展区,使教学走在学生发展的前面,进而推动学生的发展,"指导—自主学习"要求教师的教建立在学的基础上,在学生学会、学懂的基础上有所深化、有所提升,从而提高教学的深度、高度。发展性教学从学科角度讲要落实在学科的思想和内核上,从学生角度讲要落实在学习的能力和智慧上,从教师角度讲要落实在教学的境界和艺术上。具体落在教材上,要求教师善于独立钻研、分析教材,并把教材编写意图看透,从而挖掘出教材的精髓内涵,并努力达到对教材有真知灼见,能够于平凡中见新奇,发人之所未发,见人之所未见,这样的教师无论学生的先学到达什么程度,都不担心没东西可教,相反,他总会让学生在先学的基础上发现新的东西、独特的东西。我们的实验教师正是在这样的追求中不断提升自己的专业素养。

课堂教学效益显著提高。提高效率、减轻负担也是"指导—自主学习"教改实验追求的重要目标。在我们所开展的先学后教的教改实验中,出现了以下三种课堂教学模式。模式一:课前无预习(先学),课后无作业,课堂特点是"无前无后"(当堂完成教学任务)。模式二:课前有预习(先学),课后无作业,课堂特点是"有前无后"。模式三:课前有预习(先学),课后有作业,特点是"超前留后"。第一种模式教学效率最高,是我们追求的目标和改革的方向。第二种模式是当前课堂教学改革的一种常见模式,先学移前,当然这也是一种作业,即课前先学(读书)的作业,其效率关键是看课前先学的时间,要通过培养学生的阅读能力,逐步做到把先学也放在课堂进行。第三种模式是当前课堂教学改革中出现的一种"怪胎",这种改革不仅没有减轻学生负担,反倒加重了学生负担,当然,负担的量取决于课前预习和课后作业的时间。在改革初期,作为一种过渡模式,它有存在的必要,但一定要通过改革做到不超前不留后。总的说来,我们的改革实验是从模式三逐步过渡到模式二再到模式一。我们鼓励并要求青年骨干教师和学科带头人在两年里完成这个转化,即便不能完全实现"无前无后"(当堂完成),超前的预习(先学)和课后的作业也要严格地控制时间。这里的关键是我们的实验教师形成了"效率"意识和自觉,对此,我们有两点共识和经验:一是减少教学时间浪费,把课堂教学时间用在指向教学目标的教与学的活动上;二是精选内容,使教与学的活动指向价值最大化的教学内容,提高时间的利用价值。把课上得简洁、简明、简约是我们"指导—自主学习"教改实验的共同特征。尊重和珍惜学生的时间是我们的教育理念,解放学生,把课外、校外时间还给学生是我们的改革目标。

二、理论上的成就与影响

注重理论与实践的互动以及理论的自我构建是我们研究的一大特色和亮点。作为"指导—自主学习"教改实验的主持人和教学理论研究工作者,我们始终坚持用理论来引领实践,使实践保持高度的自觉性和前瞻性,与此同时,我们及时地把实践中的新经验、新问题提升到理论的高度进行论证和提炼,从而使理论本身在实践中得到不断发展、完善,我们深切地体会到,教改实验是一个把教学理论有序化、有效化的过程,也是一个教学理论不断构建、创新的过程。在将近20年的实验研究中,我们在前人已有的研究基础上,构建和发展了以下两种理论。

构建了课堂有效教学的理论。"指导—自主学习"教改实验从强化教学的针对性、发展性以及少教多学入手,不断逼近课堂有效教学的内涵和实质,逐步形成和构建了一套操作性强的、有特色的课堂有效教学理论体系,发表了系列论文并出版了多本著作,其中最具代表性的成果是《论有效教学的三条"铁律"》。论文在《中国教育学刊》2008年第11期发表后,被《新华文摘》2009年第5期全文转载,继而在全国中小学界产生了相当广泛的影响。不少学校甚至整个地区组织教师学习这篇文章,邀请作者前往讲学和指导的电话络绎不绝,时至今日仍有10多个省市县(区)的教育行政部门和教研部门组团前来学习和参加培训。有不少地方和学校正是在这篇文章的影响和指导下开展以"有效教学"为主题的教改实验。

提出了课堂发展性教学理论。这一理论的核心内涵有两点:第一把教学分为相对独立的"先学"和"后教"两部分,对应于维果茨基的两个发展区,即先学立足于解决现有发展区的问题,后教旨在解决最近发展区的问题。我们研究的基本结论是:只有建立在学生独立学习(先学)基础上的课堂教学(后教),才有可能走在发展的前面,并推动发展,从而不断地创造最近发展区,并把最近发展区转化为新的现有发展区。这一理论把维果茨基的心理学理论教学化、实践化,这也是一种创新。全国维果茨基研究会对我们的研究给予了高度肯定。第二创建以学为基础、以教为导向、以发展为目的的发展性课堂教学新体系。以学为基础,这是重建教学关系的逻辑起点。学习成为课堂教学的中心,学生成为课堂的主角,课堂成为基于学生的学习、展示学生的学习、补充学生的学习、深化学生的学习的真正的学堂。以教为导向,这是保证教学方向和体现价值引领的需要,也是提高教学深度和教学质量的需要。以发展为目的,这是课堂教学的根本目的和归宿,任何课堂教学都要致力于让学生在新课程三维目标上有收获、有变化、有提高、有进步,使学生生动活泼地得到发展。

当然,"指导—自主学习"教改实验也存在着一些问题,值得我们认真反思。

实验组织的问题与反思。"指导—自主学习"教改实验是我们在发现纪秀卿老师个案的基础上提炼出来的一个教改方案,我们曾在全省各地进行介绍和传播,不少校长和教师是被我们的个案和方案打动后自愿加入我们的实验队伍,到目前,我们仍然采用这一推进策略。我们要求以校为单位,至少组织 10 名实验教师成立课题组,才能作为我们课题实验校。从"九五""十五"到"十一五",全省共有 200 多所中小学前后有组织地参与我们的实验,遗憾的是目前以校为单位作为学校课题正在实验的学校只有 50 多所,这其中最主要的原因其一是校长的"变迁",不少实验校都是因为换了校长而中断了实验,这样就很少有学校能坚持5—10 年的实验研究,从而把我们的教改理念和先进理论转化为学校的教学模式和传统以至于形成教学的品牌。其二是实验学校和实验教师都是自愿来参加的,而每所学校积极主动来做实验做研究的教师基本都是属于少数派,我们称为理想主义教师,没有行政的强有力支持,这些实验教师以及他们的实验研究很难在学校全面开花。有不少反而被传统势力和习俗所牵制而走回头路,所以,尽管我们的实验研究坚持了将近 20 年,但还没有出现像"杜郎口""洋思"学校那样的整体教改景观。我们深切地感到:一项教改实验要在一所学校或一个区域整体推进、可持续推进,需要三个方面人士的通力合作:一是有识之士,即教育教学理论工作者;二是有志之士,即实验教师;三是有权之士,即校长或教育行政部门领导。作为实验主持者(所谓有识之士),我们原来注重发现和团结有志之士,而对有权之士的作用和能量认识不够。这是我们的教训,所以这几年,我们特别注重跟校长和教育行政部门领导的沟通,只有校长和局长认了死理(改革的理)下定了死决心,改革才有可能整体上得以推进。这几年我们的课题实验研究之所以能在大田县和湖里区,特别是蔡塘学校,取得突出的成效,就是得益于校长和局长的坚守和行动。

　教学改革的问题与反思。我们的教学改革在取得成效的同时,也出现了一些问题。全面而深刻地认识改革中出现的问题,并积极有力地解决这些问题,保证改革的方向并不断深化发展,是我们下一步的任务。

"问题—话题—专题"校本教研机制的构建

林仁忠[*]

农村小学如何开展校本研究？专业成长文化薄弱的农村小学如何从无到有逐步建构充满活力和效度的校本教研机制？作者就本单位正在进行"问题—话题—专题"校本教研机制构建工程,展开现象描述、经验提升和方向展望。

校本教研在福建省晋江市紫帽镇小学教育教学范围内早有萌芽。几年前,有学校开展互相听课、专题教研、教学开放日等形式的教研活动。也有几位有志于专业成长的骨干教师执着于个人反思与探索。那时的校本教研是原始、零散和个别性质的,缺乏制度保证、理论引导和较好的探索氛围。在参加泉州市级"小学校本教研制度建构与实施的研究"课题研究后,在课题组主要负责人、晋江市教师进修学校姚副校长等专家的指导下,依靠稳固的组织和制度保障,倡导理论与教学实践相结合的校本教研探索的帷幕在我镇四所小学全面拉开。下面就几年来的工作思考和实践做一小结。

开展校本课题研究,是我镇小学教育教学的实际需求。我镇小学教师总量少,师资更新和流动面很小,在专业成长动力等方面存在不足。以校本教研为抓手,激发教师的反思和探索意识,促进教师教育教学能力的提升十分重要。在朴素而又略显原始的教研基础上郑重地推进校本教研,寄托着我们三个真诚而又殷切的期望:一是推进课程改革,落实素质教育,提高教学质量,真正实现全体学生的发展。二是推动全体教师专业成长,提升教师业务素养,打造一批业务过硬的"土专家"和名师。三是以校本教研为抓手,结合各校实际,发挥优势,实现办学特色化。发展教师,成就学生,创人文校园,是我们扎实开展校本教研的根本出发点。

---

* 林仁忠,福建省晋江市紫帽中心小学副校长。

一、立制度、谈话题、造氛围,践行校本教研

校本教研刚刚开展,我们把确立校本教研各项保障措施和设定近期目标作为首要工作。在保障措施方面:第一,充分发挥两个作用:发挥镇教委办对全镇校本教研工作的组织协调作用;发挥学科指导组、骨干教师和学科带头人的专业引领作用,促进名师与"土专家"更快成长,为推进校本教研提供组织保障。第二,建立和巩固三个制度:教师外出培训返校传达制度;学校教学开放日研讨制度;学校定期不定期的话题研讨制度,为推进校本教研提供制度保障。第三,着力实现四个推进:首先是实现教学开放日活动的学校由中心小学向基层小学推进;其次是教学研究形式从单纯的课堂教学研讨向专题(话题)研讨推进;再者是参与研讨的发言人从少数的骨干教师向所有参加活动的教师推进;最后是实现研讨维度从参与教师单向表述向双向互动、多向互动推进。

建立保障措施,明确近期的工作目标,接下来该迈出哪一步呢? 我们选择了沙龙式话题研讨。沙龙式教研话题研讨形式自由,氛围轻松,研讨主题明确。自由、轻松的方式与氛围有利于教师放下心理负担,积极投入研讨中。这对实现研讨参与面与参与度的有效推进有很大的促进作用。这种形式又能较好地保证研讨内容集中、深入,不至于发散肤浅。研讨的形式确定了,就得确定研讨话题。我们决定先采用"自上而下"的方式,由镇中心小学组织骨干教师提炼话题,再由各校开展"沙龙"式话题研讨。沙龙式话题研讨第一次引入我镇,开始有部分习惯于"沉默"教研和"单向"教研的教师,不能适应这种强调交流与互动生成性极强的教研形式。但在镇中心小学和学校领导的鼓励和骨干教师示范引领下,许多教师渐渐被自由、民主的气氛所感染,被富有启发与挑战的命题所吸引,积极主动地投入话题研讨进程中来。各校教研沙龙活动的成功举行,为举行镇级研讨活动做了充分的铺垫。镇中心小学根据各校教育教学不同阶段分别推出多个研讨话题。从各校反映的情况来看,出现了可喜的进步。首先是教研沙龙的主持人扩展到学校教研组长、骨干教师,说明理解并能运用这种教研形式的人越来越多。其次是每次研讨会教师参与率达到较高水平,起初不适应,觉得反常的教师逐渐认识到话题教研是一种正常的、常态的教研活动,教研氛围进一步浓厚。再者各校开始从交流与研讨中整理正确观点、好的做法,形成教学建议,以指导教学实践。教研沙龙这一研讨形式正与各校教学实践相结合,教学研究对教育

教学的指导作用正在显现。目前,各校对话题沙龙的形式意义和运用已经较为熟练,由各校自主设定话题的"话题研讨"活动成为常态形式。教师提出的教学问题有了进一步交流、解决的渠道。

在大力推广话题教研的同时,我们也着手开展校本教研开放日活动学校由中心小学向基层小学推进工作。以前,教学开放日似乎是中心小学天然的权利与义务,其他学校只是旁观者。这样的局面不利于学术研讨氛围营造,不利于校本教研的开展。把各所学校推向教学开放日活动的前台,有利于激发基层学校搞好教学研究的原动力,提高教育教学水平,促进各所学校百花齐放,均衡发展。2010年4月我镇地处偏远的紫星小学成功举行教学开放日活动。活动规模虽不宏大,但充满交流与研讨的价值,就像家常菜一样亲切实用。这次活动既为全镇小学教师搭建了一个专业研讨平台,更为紫星小学全体教师提供了展示才华的机会,树立专业成长的信心。学校教育教学水平在研讨中得以推动与提高。以后每学期都将有一所基层小学和中心小学一样开展教学开放日活动。

为真正落实教师外出学习培训返校传达制度,扩大学习培训效果,镇中心小学要求每一位外出参加培训的教师,返校后必须在学校教研会上传达培训的主要内容,让更多教师了解最新的教研资讯。落实这项制度,经历两个阶段:一开始,各校返校传达活动主要通过口头方式进行。随着返校传达活动常态化,部分学习培训传达活动开始要求参训教师把培训内容与自身培训后体会结合形成书面材料,进行传达。同时镇教委办根据实际需要,安排培训级别较高,成效显著的教师在全镇教师会上以专题讲座的形式传达。落实这样的传达制度对参加培训教师既是一项任务,更是一次难得的锻炼机会。对我镇校本教研工作来说则是一种低成本,高效率吸收大容量课改讯息的好做法。

二、不断探索与实践,促成新型的校本 教研模式形成并逐步完善

校本教研最大特征是自下而上,立足校本。当"自上而下"的话题研讨形式已经完成其在营造教研氛围、激发教师参与热情方面的使命时,摆在面前的是如何充分发挥学校、教师在校本教研中的主观能动性,实现教研话题由"自上而下"向"自下而上"的自然转换,这关系到我镇校本教研能否深入开展。

（一）教学实践提问题

校本教研的出发点是学校的实际和教师教学实践需求。如何使研讨话题源于教师的教学实践，如何引导教师和学校从教学实践中提炼研讨话题，开展教育教学理论支持下的实践研究呢？

首先，我们从"教师记录教学中的问题"入手，引导教师有意识地把教学实践中的问题记录下来，并在每周一次的教研组问题交流会上交流。记录教学的问题，教师能提，也愿意提，而且从工作量上不会加重教师的负担。更重要的是当一个教师开始针对自己的教学实践提出问题，说明探索与反思的意识真正萌发，专业成长的愿望正在形成。我们倡导记录教学问题单的基本原则：不求丰富多彩，但求简洁明了；不求立意深远，但求认真实在。为了提高教师们提问题能力，我们通过寻找理论支持和先行者示范等方法，为教师提供帮助。目前，各校均根据实际情况设计了各具特色的问题单，供教师使用。每周问题交流会，教师均能提出 1 个以上问题参与交流。

其次，开展随机听课，从日常教学中发现问题。随着校本教研逐步推进，我们发现教学问题除了通过教师教学实践提出外，还可以从随机听课活动中提出。2008 年秋季，镇中心小学加大了随机听课的力度，同时创新随机听课形式与内容：坚持监督与交流并重原则，把学术研讨融入检查反馈中，增加随机听课教学研究、探讨、提高的功能。通过随机听课和教师们一起诊断日常课堂，实现"当局者"和"旁观者"沟通与交流。通过随机听课提出教学问题能帮助教师发现不足，鼓励教师面对不足，积极探索改进，提高教学质量。几年来，随机听课使我们提出了许多个性问题和共性问题，其中典型的有：小班化教学的组织形式；为什么有的高年级学生不爱发表自己的观点；过多齐读、齐答对和学生两极分化的关系等。这些问题已经成为学校的研讨专题，甚至研究课题。

再者，加强教学质量分析，从教学质量分析中发现问题。为真正实现教学质量测试，总结、反思教学行为的目的，促进教师不断从教学实践发现问题，思考、交流问题，思考改进策略，提高专业素养，提高教育教学水平，2007 年秋季，我们开始摸索从教学质量分析中发现教学问题的有效办法。随着质量分析会的深入开展，我们逐步实现以下转变：1.分析内容从分析整张试卷向分析专项内容转变，突出分析活动的针对性。2.分析形式实现教师个体分析、学校分析会和镇教委办学段分析会，三个层面互动。3.分析会的目标指向：从专注分析结果转向反思日常教学。4.分析会参与者从教导主任垄断主持岗位到骨干教师全面开花。5.分析的学科从语数两科逐步拓展到英语、科学、体育和品德等学科。

（二）互动交流问题，筛选提炼形成话题

教师提出的问题，由教研组问题交流会通过同伴互助解决部分问题，或提炼、整理和归纳共性问题和重点问题形成研讨话题。问题交流会使教师关注点不再零散，走向集中，开始关注本质。这样就能避免校本教研探索中易出现"浅、散、乱"的偏差。各所小学在问题交流会的基础上，通过集中讨论和办公室交流的形式从共性问题和重点问题中提炼出研讨话题。如中心小学的"如何进行有效的小组合作学习"，"为什么低年级学生初读课文时有新奇感，而深入学习时兴趣不高"，"阅读教学时如何抓住文本细节"等。紫坂小学的"学生年级越高越不爱发言的原因与对策"，"低年级识字教学如何使学生保持学习兴趣"；霞茂小学的"如何使迷恋网络的学生把兴趣转移到课堂"，"阅读教学中的导与读"，"数学操作环节，学生思维的引导与梳理"，"农村小学小班化教学形式"，"树立学困生的自信心"等。这些话题都源于教师教学实践中的问题，体现了教师需要、学校实际，也是我镇校本教研实现由"自上而下"向"自上而下"自然转变所迈出的坚实一步。

（三）话题研讨与课例验证

为了使话题研讨更深入，各所学校给教师留足了酝酿的时间，引导教师从理论与实践相结合的角度作好参加话题研讨的准备。提出与话题相关问题的教师做话题研讨主持人，同时拟订研讨提纲，保障活动有序进行。通过话题研讨形成解决问题的策略与方法后，学校安排教师通过教学实践验证策略与方法是否合理、有效；最后教师进行小结。如此反复循环，不断深入。近年来各校对此开展了多层次的实践。

2010年11月15日霞茂小学校本教研开放日成功举行。这次活动实现了两大转变：1.实现问题交流向话题研讨推进，校本教研推向更深的层次；2.实现单纯课例研讨向专题研讨与课例验证相结合推进，活动过程更具针对性和实效性。青年教师蒋华东、王明月分别就"阅读教学中的'导'与'读'"和"数学操作环节，学生思维的引导与梳理"这两个专题提供验证课例。参加活动的教师，针对研讨专题的新认识、验证策略合理性和验证效果等方面展开热烈的互动研讨。至此"教学实践提问题→教师互动交流问题→筛选提炼形成话题→话题研讨寻找理论支持与验证策略→教学实践验证→评议总结提高认识"的校本教研模式在我镇基本确立。2011年中心小学举行镇级校本教研课例验证活动。活动还邀请到市教师进修学校语、数学科教研员一行六人莅临现场指导。活动以同题异构的形式展开，语文学科研讨专题为"如何进行有效字词教学"，中心小学杨雪园和李维两位教师分别结合《特殊考试》一课，进行课例验证活动。数学科研讨

专题为"农村小学数学体验学习教学模式初探",中心小学叶辉敏和许淑红两位教师分别结合《字母表示数》一课,进行课例验证活动。

往后,这种"教学实践提问题→交流问题筛选提炼形成话题→话题研讨寻找理论支持与验证策略→教学实践验证→评议总结提高认识"的校本教研模式成为我镇教研工作的常态。在进一步明确工作基本模式的基础上,我镇校本教研工作开始完善各个环节的更具体有效的操作方法。

三、注重教研专题整理与提炼,开展校本小专题研究二级管理工作

随着各小学专题研讨的全面开展,产生了一批颇具研究价值的专题,把这些专题规范起来,为促进各镇级校本教研小专题能真实、有效开展,镇教委办在期初正式制定实行《紫帽镇小学小专题管理规则》,进一步规范小专题有效、扎实开展。几年来,我镇小专题研究工作有了进一步发展。其中中心小学的"文本细节教学"、"习作修改指导策略"、"学生形成分析数量关系意识与能力的研究";紫坂小学的"读写结合"、"数学有效问题情境";紫星小学和霞茂小学的"农村小学小班化教学组织形式研究"等镇级小专题扎实开展,提高了学校教育教学水平、教师的专业素养和学生的学习效果。

我镇校本教研得以全面展开,并保有欣欣向荣的活力,离不开各级领导,特别是镇中心小学领导的大力支持与指导,也依赖于一批学科指导组成员、学科带头骨干教师的团队协作,和广大立志教书育人,追求专业成长的教师的积极参与。校本教研是一条实现教师专业成长、提高教学质量、体现学校办学特色,利于教师、利于学生、利于学校的绿色道路。我们将在这条道路上坚定地走下去。

在接下来的探索与实践的道路上,我们将围绕两个重心来开展工作。首先是巩固已有的成果,逐步改进部分实效性不佳的环节,进一步提高校本教研的效率。其次是稳步推进校本研究工作,结合实际完善创新工作机制,其中重点推进三项工作:在尝试导入"观课议课"方法的基础上,继续完善改进,实现"问题—话题—专题"校本教研机制与"观课议课"研究方法相互融合,提高校本教研工作的效度;调整教师工作绩效和学生素质的评价体系,以适应推进校本教研的深化进程;在"自下而上话题研讨到课例验证"的基础上,进一步推动小专题研究,健全校、镇两级小课题研究管理机制,促进校本研究和师本研究。

促进自主学习能力发展的校本教研摭谈

林　凤*

现阶段数学课程的基本出发点就是促进学生全面、自主地发展，因此我们在课堂教学中应科学创设情境，激发学习心向，并提供充足的时间和空间，增强学生的自主意识。在学生学习过程中，及时反馈指导，设计分层练习，让不同阶段学生都有不同的发展，并引导学生自主归纳小结，从而引导其自主探究，提高自主探究与自主学习的能力。

《小学数学教育》一书中指出：自主学习相对于"被动学习"和"机械学习"，是一种旨在促进学生自主发展的高品质学习方式。自主学习的主要特点：第一是想学，即学生具有自发的内在学习动力。第二是能学，即学生自我意识得到发展，善于学习。第三是坚持学，即学生具有坚持学习的良好品质，并在此基础上对学习产生持久的兴趣。如果一个人有学好数学的兴趣，但缺乏自主学习能力的话，势必影响他今后各方面的发展。只有当他对这门学科发生兴趣，并能主动地学时，他的能力才能得到发挥，才会取得好成绩。相反，不能积极主动地投入到学习中，就很难产生学习的动机，学习的积极性也就得不到调动，课堂学习的态度和注意力就大大减弱，学生的学习效果也会大大降低，更谈不上求知欲和探索精神的培养了。

当前小学生普遍存在以下问题：不能灵活地根据自己的学习能力、学习任务，积极主动地调整自己的学习策略。对学习方向的自我确定，探究方式的合理设置，探究逻辑的科学组合，认知目标的自我评价等方面普遍缺乏意识。作为一门学科，在学生心中居然落到这种尴尬的境地，不能不令数学教育者感到失落和忧虑。为什么小学生自主学习能力低下呢？我认为原因有三个方面：一是数学教学内容本身的问题。教材中许多知识需要学生有较强的探究能

---

* 林凤，福建省宁德市蕉城区第五中心小学教师。

力,学生这方面能力较弱。二是学生认知水平的问题。学生认知水平参差不齐,情感意志有差异等,势必造成优生"吃不饱",差生"吃不了"。还有由于小学生年龄、生理、心理特点所致,已有的生活、学习经验的积累相对较少,完全由自己做主的学习,显然是比较困难的。三是教学方法的选择。传统教学大都采用千篇一律的教学方法:在课堂上大多是老师讲,学生听;教师写,学生记;教师问,学生答。这样的课堂导致学生无法独立发现问题和解决问题,减少了学生智力的磨炼和能力培养的机会,对于中下层的学生来说一听就懂,一丢就忘,一做就错,造成学生自主学习能力逐渐下降,从而不适应我国现代发展的需要。面对这种现状,作为教师在教学中应转变教育观念,改变课堂模式,以学生兴趣为出发点,创设生活情境,激发学习心向,关注学生自主探究中的闪光点,使我们真正成为学生学习的引导者、组织者、合作者,使学生成为学习的主体,让学生从原有的被动接受新的知识发展为主动探究新的知识,从而促进学生自我学习能力的发展。

一、创设问题情境,激发自主学习的心向

教育家苏霍姆林斯基说过:"如果学生们没有学习兴趣的话,我们所有的想法、方案和设想都会化为灰烬,变成木乃伊。"因此在教学中我们要创设问题情境,激发学生的学习兴趣。这就要求我们在教学中应基于教材内容,并根据学生具体的认知学习特点,建立与实际生活紧密相关的情境,使学生自主参与到课堂的教学中。例如在教学《分数的基本性质》一课时,我在导入新课时创设了如下问题情境:唐僧带三个徒弟去西天取经,有一天悟空请八戒吃西瓜,第一次分给它 $\frac{1}{4}$,八戒嫌少;第二次分给它 $\frac{2}{8}$,它还想多要;后来孙悟空分给他 $\frac{4}{16}$,这下八戒满意地笑了,你觉得八戒真的赚了便宜吗? 此时同学们便产生了好奇,纷纷发表看法。这样由学生熟悉的生活情境导入,使学生倍感亲切和有趣,感受到数学知识就在身边,数学学习是现实的,从而让学生的思维得到拓展,激发学生的探索欲望,真正实现由"要我学"到"我要学",进而产生强烈的求知欲,形成自主参与的心向。

提供学习时空,增强自主学习的意识。现代教育理论主张"让学生动手去做科学,而不是用耳朵去听科学"。因此在课堂教学中,教师要舍得让出课堂中的

空间和时间,引导学生充分放开思维、实践探究、积极尝试、乐于交流,让学生有较多的独立获取知识的机会。如可以让学生自由提出问题,并进行充分探究和互相讨论;也可以让学生自己去观察问题,然后进行提炼概括;还可以鼓励学生勇敢质疑问题,并大胆发表不同的意见,为学生创造良好的条件,使学生能够经常性地体验到创造的乐趣,从而逐渐形成自己独特的创造能力。例如我教学《分数的基本性质》一课在引导探究环节,我让学生自己动手用长方形纸分别进行 4 等分、8 等分、16 等分,涂色表示 $\frac{1}{4}$、$\frac{2}{8}$、$\frac{4}{16}$,再比较大小,并展示比较结果,使学生初步感知分数的基本性质;接着让学生拿出一张正方形纸,把这张正方形纸对折,涂上阴影表示它的 $\frac{1}{2}$,继续对折多次,找出与 $\frac{1}{2}$ 相等的分数,接着我在充分肯定学生的每一种折法的基础上,引导学生比较并再一次体会分数的相等关系。再如,在教学《三角形的面积的计算公式的推导》这节课,我让学生动手用两个完全一样的三角形拼一拼,看一看能拼出哪些学过的几何图形,并想一想三角形的面积公式和这些几何图形有什么关系? 学生通过动手操作发现用两个完全一样的三角形可以拼成正方形、长方形、平行四边形等,并通过动手操作推导出三角形的面积公式。

从上面的案例中可以看出:如果课堂中学生自主学习的空间和时间充裕,就能充分展示学生的思维过程,学生在动手操作、小组讨论、分析、综合等数学活动中,进一步把感性认识上升到理性认识,产生了新的飞跃,从而让学生成为问题的探究者与解决者,成为课堂学习的主体,这样也自然地增强了学生自主学习的意识。

二、实施分层训练,提供自主学习的机会

美国心理学家华莱士指出:学生显著的个体差异、教师指导质量的差异,在教学中必将导致学生创造能力、创新性人格的显著差异。因此在教学中教师应对处于不同层次的学生进行指导,设计行之有效的练习,使不同层次的学生各自获得不同层次的发展。例如我教学《分数的基本性质》一课,在巩固练习阶段我设计如下一道综合练习: $\frac{3}{4}=\frac{(\ )}{8}=\frac{3+(\ )}{12}=\frac{3+(\ )}{4+(\ )}$,我根据学生实际水

平,让全班学生完成 $\frac{3}{4} = \frac{(\ )}{8}$,目的是让全班学生对刚刚学习的知识进行及时有效的练习,巩固所学知识,更重要的是关注后进生在数学活动中所表现出来的情感与态度,帮助后进生认识自我,建立自信心。让中等生和优等生完成 $\frac{3}{4} = \frac{(6)}{8} = \frac{3+(\ )}{12}$,学困生也可以尝试练习,这样做为学生提供了从事数学活动的机会,帮助他们理解和掌握基本的数学知识与技能、数学思想与方法。让优等生完成 $\frac{3}{4} = \frac{(6)}{8} = \frac{3+(6)}{12} = \frac{3+(\ )}{4+(\ )}$,中等生和学困生也尝试练习,这样做可以减轻学生心理压力,也体会到成功的喜悦。总之,整个练习设计具有梯度性、现实性、挑战性,体现"重基础、验能力、拓思维"的原则,让学生在练习中深化对分数基本性质的认识,也迎合了每个学生的认知特点,进而提高了自主学习的能力。

三、及时反馈指导,促进自主学习的能力

教学过程中需要学生解决的问题,学生有成功的机会,也存在着失败的可能性。由于学习的个体存在能力的差别,问题存在难易之分,有些学生的学习活动往往达不到教师的预期目标。对于学生的暂时失败我们要善于启发诱导,及时指导以使学生保持旺盛的学习欲望,从而让学生在宽松的学习氛围中敢于质疑,为培养学生的自主学习能力提供适宜的平台。例如在教学《分数的基本性质》一课,在总结分数的基本性质环节我提问学生:通过刚才的学习你发现了什么? 此时学生一阵沉默,不知从哪入手,我及时点拨:仔细观察例 2 中所有的等式,从左往右观察分数的分子和分母有什么变化? 那从右往左观察分数的分子和分母又有什么变化呢? 一石激起千层浪,学生纷纷争着用自己的语言阐述了分数的基本性质,此时我又提出:你能根据分数的基本性质再写出一组相等的分数吗? 学生立刻信心十足地投入学习过程中。这样设计,一方面使学生感到自己不仅学到了数学知识,更主要的是掌握了数学学习方法,从而激励学生更进一步主动学习;另一方面也让学生沟通了新旧知识之间的联系,加深了学生对分数基本性质的理解。

四、自主归纳小结，提高自主学习的能力

心理学认为：一个人只要体验一次成功，就会产生持续的对成功的追求意念和力量。对成功的良好体验，既能培养学生形成良好的学习态度，还能促进他们形成积极的情感，并养成良好的人格品质和向上的理想及信念，同时也有利于学生产生强烈的学习欲望，使他们更加热情地投入到学习中，从而坚持不懈去追求体验，获得更大的成功。这就告诉我们在教学中应建立评价主体多元化的机制，例如我教学《分数的基本性质》一课，在总结评价阶段，我说："这节课你们学会了哪些知识，是用什么方法学到的？"一时间大家又兴奋起来，有的说，通过学习我懂得了分数的基本性质，要使分数的大小不变，它的分子和分母必须同时乘以或除以相同的数，零除外；有的说，通过学习我懂得了分数的基本性质与整数的基本性质相同；还有的说，这节课我通过动手操作、小组讨论的方法学会了分数的基本性质……我又说："同学们的收获不少，你认为这节课你表现得怎样，谁表现得最好？生评价，师点评。这样通过学生的回顾和反馈，进一步巩固了知识，理解了知识的形成过程，有助于学生形成系统的认知结构，并通过生生评价，学生自我评价，学生对老师的评价，发挥了评价的激励、调节功能，帮助学生树立学习的自信心，获得成就感和满足感，也体现了课堂以学生为学习主体的理念，从而促进自主学习能力的发展。

总之，培养学生的主动介入意识，提高学生的自主学习能力，不是一朝一夕所能完成的，它是一个循序渐进的过程。因此在数学教学中教师应该给予足够的重视，坚持从点滴做起，认真分析学生个性特点，立足文本，设计行之有效的教学预案，促进课堂的动态生成，舍得让给学生课堂中的空间和时间，引导学生自主探究，并且给予及时有效的指导，从而使每个学生得到充分的发展，真正成为学习数学知识的"探索者"，进而促进学生持续和谐地自主发展，提高学生的自主学习能力。这也是对学生个体生命成长的成全与人文关怀。

主要参考文献

中华人民共和国教育部制定：《全日制义务教育数学课程标准》，北京师范大学出版社 2001 年版。

教育部基教司组织：《走进新课程》，北京师范大学出版社 2001 年版。

苏于祥：《小议课堂教学改革》，《福建教育》2008 年第 2 期。

唐建平:《自主学习实验研究》,《小学数学教育》2005 年第 7、8 期。

毛建华:《自主学习在课堂教学中的合理应用》,《小学数学教育》2005 年第 3 期。

赵红起:《引导学生主动参与数学学习活动》,《小学数学教育》2005 年第 3 期。

黄伟彬:《对学习方式的理性思考》,《小学数学教育》2005 年第 12 期。

孙晓天、胡光锑:《小学数学课程案例与评析》,高等教育出版社 2003 年版。

构建有效校本研究机制探讨

黄庆华*

新课程改革要求教师转换角色,由"经验型教师"向"研究型教师"、"学者型教师"转变。建立以校为本的教学研究制度,既是适应当代教育改革的必然趋势,也是实现教师专业化发展的重要途径之一。构建校本研究应着眼于向学校回归,向教师回归,向教学实践回归,本文拟从构建有效性校本研究机制和教师实践层面提出一些初步看法。

"校本研究"也称校本教研,是以中小学一线教师为研究主体,以学校自身的实际问题为研究对象的科研活动。然而在实际教育教学中,我们常看到一些学校对校本研究不是很重视,教研活动形同虚设,教师的教育科研能力薄弱,实施情况不容乐观。究其原因,除了教育者自身存在某种程度的不够重视外,与学校校本教研在实施过程中缺乏行之有效的管理机制密切相关。笔者认为,构建校本研究应着眼于向学校回归、向教师回归、向教学实践回归,以适应当代教育改革的趋势和发展要求。

一、校本研究基本层面分析

我校是一所省二级达标学校,目前正申报省一级达标校。由于地处山区小县,受经济发展的制约和影响,学校的优质教学资源,特别是教师的科研能力较为薄弱。很长一段时间以来,教研活动走过场、走形式的现象较为突出,许多教师只满足于做一位教书匠,对参加各种培训、研修既不积极也不热情,认为是可有可无的事,"听了未必会接受,接受了未必会管用"。一些教师一提到教研就大

---

* 黄庆华,福建省光泽第一中学教师。

吐苦水,抱有很大情绪,或不知如何进行校本研究,或为教研而教研,教学、教研两张皮的现象十分严重,教师的校本教研能力变得越来越薄弱,学校的整体教科研工作为此受到很大影响,教师专业化得不到实质性的发展。

受传统教学模式的影响,学校在课堂教学实践操作层面上仍存在理念与现实教学行为的矛盾和冲突。新课程倡导的教学观、学生观效应尚未完全凸显,教师依旧热衷于自己所熟悉的"满堂灌"教学方式,有效的师生互动、生生互动仅在少数公开课教学中偶见。其结果是学生普遍感到"上课听得懂,课后题不会",由于缺少探究能力,导致学生学习后续发展动力不足,教师的精神也疲惫不堪,普遍缺乏上升的动力。究其原因,一是部分教师尚未意识到校本研究对教师自身专业发展的有效意义,因而在实际的教学、教研工作中相互脱节,缺少两者相融的切合点,无法形成有效的整合效应。二是学校缺乏行之有效的科学的校本研究机制。基于此,笔者认为,加强中小学校本教研有效性研究不仅是适应教育改革的必然要求,对薄弱校后续发展和教师的专业发展具有更为重要的意义。

二、学校层面:构建有效校本研究机制,融教学教研为一体

学校要重新构建校本研究的有效机制,必须先从制度上加强校本研究的管理,真正使教学和教研融为一体,促进学校可持续发展。教师要树立校本研究的意识,要在观念上有所更新,要真正将教育教学实践中遇到的问题作为校本研究的"突破口",开展实效性研究,方能收到"教研相长"的长效效果。近年来,我校全面加强对校本研究有效机制的建构,取得了较明显的成效。

强化校本研究学习制度,规范校本培训目的要求。新课程的实施需要先进教育教学理念的引领和支持,获得先进理念的一个重要途径就是教师不断地学习和提升。为此,学校强化校本研究理论学习制度,要求每位教师做到"四读":每学期阅读一本教育理论专著或有关课程改革的著作,把握精髓,撰写心得;阅读一份教育报刊,了解同行们在思考什么;阅读一本人文书籍,涵养人文智慧,润泽精神空间;阅读学科教育网,收集、处理和运用相关信息为教学教研服务,并坚持校本培训不走过场,突出实效性和针对性。一是注重开发校本研究培训资源,提升学习内容的实效性。校教研室从外出培训的专家讲稿、专著和网络视频中摘取重要的培训资源,编成校本培训读书手册供各教研组学习、交流。二是向教师推荐各类教育优秀网站进行自我学习。如福建高中新课程网、福建基础教育

网、学科教育资源网等,引导教师通过学科网站论坛、博客展开交流讨论,提升专业理论素养。三是整合学校内部资源。邀请参加教育部国培计划、教研组长高端研修的学科骨干教师、省市级学科带头人、名师工作室成员等,结合自身的研修体会对学科教师开展诸如"如何提高课堂效率"、"有效的课程观察"、"教学策略与管理"等专题讲座,提高学习效益。四是构建有效的学科网络教学研讨平台。网络教学研究是提升教师专业发展的一种十分经济、实用的校本研训形式,也是缩短落后学校与优质学校教学资源差距的一种行之有效的途径。自2012年起,在省教育厅领导和省直教育部门的关心支持下,我校成功与福建省名校——福州一中进行了视频对接,从中分享到名师先进的教学理念、教学方法和教学资源。2013年起,我校成功实现同步收看省市其他名校名师网络授课展播,通过网络视频对接平台,有效地实现教学资源互动,开阔了眼界,拓展了信息源,同时有助于教师开展自我反思,大大提升了教师专业发展。

构建名师引领对话机制,提升校本教研活动实效。名师引领和教研对话主要有两种形式:一是依托省、市名师专家的专业引领。如2012年秋,我校抓住福建省普教室专家"送研下乡"、名师团队"送教下校"之机,组织教师与名师"同课异构"(含讲座),拜师取经,互相切磋交流教学提高的技艺,并就教学过程中遇到的经常性问题展开对话。类似的活动开展过多次,效果非常好。二是建立县中学学科教研员定点挂钩教研组的制度,如定期邀请教研员到校参与学科校本教研活动,指导学科组开展有效的校本教研活动。三是学科教研组之间开展同伴互助。通过课前、课中和课后会议展开相互交流对话,改变听评课议事规则,倡导不同的声音,不同的思想,不同的做法"兼容并包",听课教师敢于亮出观点,授课教师勇于倾听意见,切实转变学风和教风,形成良性教研氛围。

开展年级教学视导活动,做好教研常规督促反馈。为了激活死水,有效促进先进教育教学理念转化为实际中的教学行为,自2011年起,校长、教研教务主任、年段长和教研组长等通过不事先安排、不打招呼的非常规办法,随时"推门听课",了解教师常态课的授课情况,建立现场评课制度,听课教师对相关教学问题做出及时反馈评价,写出书面评价意见或改进性建议。学校教务部门配合年级开展年级教学视导活动,通过"听""查""会""问""研"五个方面抓好教学教研常规及督促反馈工作。"听"即听课;"查"是指对教案、作业批改等进行检查;"会"主要指的是召开各种形式的座谈会;"问"主要是进行专题问卷调查;"研"是指结合教研课题,探讨日常教学中教师专业发展的方法、途径。目前,此项制度还在进一步完善中。

　　完善教师发展手册,构建教师综合评价体系。基于对教师专业成长的迫切要求和关注,校教研室制订并完善《教师专业发展手册》,构建教师专业发展评价体系,促进教师个性化、专业化发展。《手册》人手一册,内容完整,涵盖个人年度专业发展计划、教学教研活动、教学教研各项成果(课题研究、教学案例、反思、论文等)及领导、学生、同事评价等内容,从中可管窥教师专业成长的轨迹,便于教师通过比较寻找差距,迎头赶上。同时有利于学校加强对教师队伍的管理建设,为打造各级教学骨干奠定坚实的基础。

　　建立教学科研奖励机制,促进教师科研水平提高。为调动广大教师从事教科研的积极性,我校建立一套相对完整的教科研奖励机制,对省市立项教研课题、教科研论文(含优质课、技能竞赛)、优秀校本教材、专题讲座等给予一定的经费支持和奖励。同时将教科研成果列入教师年度考核中。学校每年投入的教科研专项经费超过 3 万元,这对一个山区小县学校而言是非常不容易的。此外,学校每年开展评选优秀教研组、先进科研个人活动,促进教师更加自觉地投入教科研活动中,提升自身的专业成长。

三、教师层面:开展校本教研实践研究,助推教师专业发展

　　源于教师教育教学实践的校本研究,是一种实用性最强的研究,对提高教师专业素质具有十分重要的作用。这是因为一个教师如果缺乏科研(校本研究)能力,可能意味着只能终身做一个"教书匠";意味着缺少创新精神和工作潜能;意味着最终可能要被时代所淘汰。因此,教师应当学会最基本的校本研究方法,通过校本研究来提升自己的工作品位,提升自己的科研正能量,提升自己的教学教研素质,提升自己的形象。许多教师正是通过校本研究之路成长为名师的。

　　反思研究:教学与校本教研实践的对话。新课程不仅倡导教师教育教学理念的更新,更强调教学行为的反思与跟进。教学反思是校本研究中最普遍、最基本的形式。反思的本质是一种教学研究,但又不是一般意义上的"回顾",而是通过反省、思考、探索,解决教育教学过程中存在的问题,是一种真正意义上教学与校本教研实践的对话过程。通过反思,更新教学观念,改善教学行为,形成自己对教学现象、教学问题的独立思考和创造性见解;通过反思,使教学经验得到提炼、升华,学会理解和关心学生;通过反思,使日常性教学发展为研究性教学,助推教师专业成长。在教学过程中,教师要认真做好三个层面的教学反思。课前,

反思教学目标的设计是否围绕"三维目标"和学生认知特点设计,以达到教学目标的最优化;课中,反思教学中对生成性问题的调控和解决情况,以实现教学过程的最优化。课后,反思课堂教学效果,能否找出课堂教学中存在的问题并加以研究,以实现课堂效果的最优化。具体地说,一堂课的教学设计,授课者除了考虑如何"教"这个因素外,更应注重从学生层面进行反思设计,比如课堂中学生"生成的问题能否引发学生思考的兴趣并积极参与,教师的解答是否有助于引导学生深入思考、推动学生自主地生成感悟"[②],教师采用的教学方法(讲授、讨论、演示、练习、指导阅读等)是否利于突出重点、化解难点等等。再如,"整合"课的设计,还应当思考教学中如何构建本学科与其他学科间的联系。此外,授课者还要善于汲取"听课者的建议",从中加以改进,这样的反思才是有效的。

"同课异构":提升教师教学智慧的佳径。"同课异构"是一种以课例为载体进行的课堂教学实践研究。通过寻求最合理的教学过程和最佳的教学效果,提升教师教学的创造性,营造出一种群体研究的氛围,提升教师课堂教学的实践智慧,是一种特别值得借鉴和研习的校本教学研究模式,也是被实践证明最能提高教师教学智慧的教学方式。一次,学校历史组开展《开辟文明交往的航线》"同课异构"教学活动,高一的两位青年教师都跃跃欲试。一位年青教师在进行课例设计时,发现本课可依托的原始史料十分丰富(诸如哥伦布等航海家日志等),决定以史料为主要教学载体,开展史料教学(问题教学法),引导学生着重分析新航路开辟的原因和产生的影响。另一位青年教师则使用情景式教学。借助《大国崛起》视频,模拟当时的历史情境,带学生走进1500年前的世界,让学生有身临其境的感觉。两堂课遵循的均为实用的原则,从教学效果看,很受学生欢迎。稍稍不同的是,有文科倾向的学生(课后问卷)似乎更欢迎问题教学法,带理科倾向的学生似乎更易接受情景式教学法。说到底是一个择优的过程。针对两种教学模式产生的共性效果,教研组组织教师进行专门研讨,对两种教学模式进行比对和提炼总结,衍生出一个研究课题:"借助于不同载体优化历史课堂教学研究"。通过对课例的进一步研究,教师的群体智慧得到了彰显,促进了课例教学实践研究向科研型课题研究的转化。

课题研究:助推教师专业进一步发展。教师的课题从何而来?归根到底从教学实践中来,从解决实际教学问题中来。课题不在于大而在于精,不在于深而在于实。在平时教学中,教师不仅要认真学习相关教育教学理论,千方百计地培养自己观察问题、发现问题的能力,更应关注从点滴教学过程中将生成的问题变成校本研究课题展开研究,通过课题进一步解决教育教学中的问题,实现将课题研究成果转化为教学行为,促进教学质量提高。扎实的校本教研给学校带来了勃勃生机,极大调动了教师科研热情,进一步提升了教师的专业发展。近年来,我校教师频频参与国家、省、市课题研究并屡获殊荣。2011年高中化学组教师参与的省级课题"网络环境下化学新课程教学资源开发与应用"获省普教室课程研究成果一等奖;2013年由学校心理室主持的"十一五"科研规划重点课题子课题"在课堂中培养学生的一般认知能力"荣获国家级课题研究成果一等奖。除此之外,学校教师申报的8个省"十二五"教育规划课题正在实施研究中。

　　特别值得欣慰的是,一些青年教师通过校本课题研究,使自己的教科研水平得到很大的提升,已成为校本课题研究的生力军。高中语文组叶群老师就是其中的佼佼者。她在指导学生阅读鉴赏"戏剧名著"中发现一个有趣的群体现象,许多学生对编演课本剧极感兴趣,渐渐地萌生了课题意识。她把这一想法与组里教师进行交流,得到组长的支持,成功申报县级课题"高中生'编演课本剧'实践活动研究"并担任课题负责人,通过有意识地引导学生阅读鉴赏剧本,自编剧本和排练剧本,学生的综合学习能力得到很大提高。据统计,该年级学生自编或合作编排剧本100余部,自拍DV3盘,撰写心得体会20多篇,备课组教师撰写相关论文12篇,在CN刊物发表2篇,获国家级、省市级论文奖3篇,出色完成了课题研究任务。通过课题研究,学生从实践中感受到语文学习的快乐和感动,拓展了研究学习空间,提高了文学修养和文学鉴赏能力。教师从中品尝到成功的快乐,提高了教学质量,提升了教学研究的能力,促进了自身专业发展。

主要参考文献

董素静、赵隽咏:《中小学校本教育科研在国外》,2004年2月10日《中国教育报》。
骆志煌:《历史教学中课堂观察的理论与实践》,《历史教学》2012年第8期。

健全校本教研网络刍议

陈裕同[*]

随着基础教育课程改革的进一步推进,课堂教学也在发生着实质性的变化——课堂是开放的,学生是课堂的主人,教学效果的达成是动态的……,为此,提高课堂的教学效率是教师们追求的永恒目标——只有更好,没有最好。当然,要达到这个目标,必须不断提升教师的自身素质、不断积累教学经验。然而,教师素质的提高、教学经验的积累,除了自身的努力之外,更离不开教学研讨这一重要的渠道,而校本教研既是教学研讨的基础,也是教研的主渠道。它伴随着日常教学工作的全过程,能让教师不断发现问题、思考问题、解决问题;能让先进的教学理念得以普及;能让成功的教学经验得到推广;能让教师不断地成长!对于一个有学生 3 000 多人、拥有近 70 个教学班的"超大型"学校来说,校本教研更凸显它的重要性。以下我以数学科为例,简要阐述我校校本研究的主要做法:健全教研网络,立体交叉进行,着眼全面发展,营造科研氛围,培育研究名师,推进课改进程。

一、随堂听课——查问题

学校每学期伊始,都借县教育局开展"局长校长进课堂"这股东风,深入开展随堂听课活动。学校成立活动领导小组,抽调本校的省、市级名师、学科带头人、骨干教师组成听课小组 6 个,分年级进行随机进课堂听课,课后当场反馈,向执教者提出教学建议和整改意见,并把课堂所发现的问题记录在案,每周各个听课组集中交流,把存在的共性问题形成"提案",分别上报学校教务处、教研室、分管

---

* 陈裕同,福建省云霄县元光小学教师。

教学的副校长,这是该学期校本教研的"发力点"。例如,上学期的随堂听课活动,就发现一些特别明显的问题,"很多教师课堂上因使用多媒体频率高,忽略了板书的示范作用(如计算过程、解决问题的完整过程),导致学生书写错误率高","教师的教学受本身的'教学预设'限制,很多环节(如学生的动手操作、小组讨论等)'放不开',匆匆收场,停留于形式"等。这些问题就是上学期校本研究所要解决的问题。

二、年段研讨——找差距

鉴于我校一个年级有十几个班级,我们把年段教研"日常"化:每周二上午第二节课定为年段集体备课时间,分小节由具体教师担任"主讲",针对一周内的教学内容的每一课时的"教学目标"、"教学重难点"、"教具准备"、"教学方法"、"主要学习方法"、"教学流程的预设"等环节进行详尽的阐述(并分工制作每堂课的课件),再由其他教师补充,然后各位老师针对此备课成果,结合本班学情作"个性化"的教学预设。每周四上午第一、二节课,为年段教学观摩研讨时间,由挂钩年段的领导主持,针对教学实情,对"常态课"的教学预设与课堂实施、课堂的生成情况等作出详尽的品评,对存在问题的解决各抒己见,提出自己的建议。因此,每一次的年段研讨往往氛围浓烈,大家针对课堂存在的问题畅所欲言、效果凸显,有效地促进了课堂教学效率的提高。

三、名师工程——传帮带

"名师"之所以为名师,在教学设计、课堂教学过程中往往有着"更胜人一筹"(或先人一步)的举措。因此教师的成长离不开"名师"的引领。据此,我校把"名师工程"放在校本教研的重要位置,每学期针对教师日常教学中存在的问题和困惑,安排各级学科带头人、骨干教师为全校老师上观摩示范课,以起到"传、帮、带"的示范引领作用,为教师的日常教学解惑支招。例如,在上学期的教学研究中遇到一种现象:多数教师上课时,有一个通病——由于课前备课很"到位",课堂上往往是拘泥于"预设"之中,课堂上对学生的动手操作、讨论都近乎停留于形式,没有留足够的时间和空间给学生,学生对知识的探究不够深入、讨论问题不够贴切,为此课堂效果一般。有鉴于此,我们安排了市级学科带头人董友忠老师先为大家上了一节观摩课——六年级《有趣的平衡》,课堂上董友忠让学生根据已知信息提出所要解决的问题,再放手让学生动手操作、动脑思考、动口讨论……课堂显得轻松、活跃,老师应对自如,教学效果非常好。通过本堂观摩课,与会者都领略到"如何处理好'放手'与'掌控'的问题","如何留足时间让学生'动手操作'、'动口讨论'","如何让学生做学习的主人,真正凸显教师的主导作用与学生的主体地位"的精妙之处,有效地促进了教师的专业成长。

四、菜单培训——助提升

在开展校本研究的过程中,往往会出现一些棘手的问题:要么是研究过程中缺少理论上的支撑,要么是课堂教学中所存在的难点问题,就此我们安排了"菜单式的培训",为教师在课堂上的教学指点迷津。教师需要解决什么问题,我们就安排什么内容的培训。例如,从2012—2013学年起一年级开始使用新教材,面对教材的编排内容及要求有较大改变,教师在教学时存在较多的困惑,2012年的10月份我校就安排我为低年级的教师开了一堂"新教材培训"讲座。接着在2012年12月我为全校数学教师开设一堂"新课标(2011年版)解读"讲座,在讲座上,我把"如何处理'预设与生成',如何留足时间让学生动手操作、动脑思考、动口讨论"作为重点阐述,取得良好的收效,为教师的日常教学指点迷津。

五、青蓝工程——育新秀

为了培养教学新秀,促进年轻教师教学水平的全面提升,我们每学期都安排了青年教师的成长汇报课——实施"青蓝工程"。经过随堂听课、年段教研、名师工程、菜单培训之后,为了"检阅"青年教师(含新调入本单位的教师)的成长情况,让青年教师同台竞技,每人开一节观摩汇报课,做到"三定"——定人选、定时间、定课题。观摩课后集体评价、安排互动、最后由学校资深名师作全面点评。这样既让执教者明确自己上课的优点和不足,也找到自己的成长点,同时也让一批批教学新秀脱颖而出,更让与会者获益匪浅,得到全面的"培训"。通过"青蓝工程"这一平台,我校先后发现方云华、方梅生、方芳草、郑丽虾等一批教学新秀,且方云华、方梅生等被评为"云霄县十佳优秀青年教师",方芳草被推荐参加"漳州市学科带头人"的评选,由此可见,我校的"青蓝工程"的开展在校本研究、教师的培养方面发挥了非常重要的作用。

六、课题研究——寻策略

为更好深入开展校本研究,让校本研究为学校的教学保驾护航。我校于2010年11月申报并通过了市级研究课题"生成性教学有效性的实践研究"(现已进入"成果展示"阶段),我们把课改中教师普遍关注的问题和日常教学中存在的困惑作为课题研究的起点,把问题的解决作为课题研究的归宿,调动全校教师参与的积极性和主动性,激发他们推进课改的热情和创造性。由于研究内容和结果有助于解决教学中的实际问题和具有普遍的指导意义,因而会使校本教研更加具有前导性、针对性、实用性和有效性。所以我校坚持每两周举行课题专题研究课,每月底举行一次课题研讨——力求把教学实例与课题理论相结合,并形成研究的阶段性成果,旨在关注课堂"生成性教学"的"有效性",让全体数学教师在课题研究观摩课中掌握课堂实践的方法,学习课堂的驾驭能力,提升教学研究的理论素养,寻找教学中遇到问题的解决方法。

七、集团联演——利普及

我校在抓好校本教研的同时,还充分利用"教育集团"这一资源,作为校本研究的补充和延伸。几年前,我们县成立了以实验小学为龙头的"实验小学教育集团"和以元光小学为龙头的"元光小学教育集团"。我们元光小学教育集团有四所成员校,我们充分利用这一资源,相信"它山之石,可以攻玉",定期举行集团教学研讨——如开展"同课异构"、"课堂连接"、"专题讲座"等活动,让校本教研的成果得到进一步的验证、推广,让我校的课题研究成果接受兄弟学校的品评与检阅,使我校真正发挥"龙头"的作用。

八、定期总结——入理论

在做好上述各项校本研讨工作的同时,我们也定期进行经验总结、交流,让教师把平时的校本研究、日常教学工作的教学反思、教学案例、教学心得、教学论文与大家交流分享,并把优秀的教学案例、教学反思、教学心得结集出版,每学期出版2~3期校本教研校报《教学视点》,同时定期出版校内《优秀教学论文汇编》,把教师的优秀论文、课题研究成果刊载其中,供全体教师参阅、借鉴,并向上级主管部门汇报我们的校本研究成果,此举深受同仁与各级领导的好评。

总之,我校的校本教研是多向度的:纵可以让不同学段、不同年级的教师相互了解教学内容,采用不同的教学方法,掌握课堂教学"密度"、节奏的区别;横可以使同年级各个班级之间相互了解教学方法,做到扬长去短、共同提高;我校的校本研究是系统性的:从发现问题、提出研究方案、开展理论研究、观摩研讨、总结实施、验证推广,提供"一条龙"服务;我校的校本教研是人性化的:让教师发现问题、寻求解决策略、提供理论支撑、开展研究观摩实验、总结积累经验,为教师的专业成长提供"保姆式"的全程服务。为此,我们的校本研究定位是以人为本、"关注教学的可持续发展",为不断推进课改的深化实施,提升我校的教学质量而不断努力!

论校本研究的常态化

应永恒[*]

校本研究做实了、做好了,办学品位自然提升,根本不愁中考、高考。常态化的校本研究要做好7个工作:理论学习、在职培训、教学研究、课题研究、编辑材料、开展活动、组织竞赛。如果学校是一支军队,校长就是司令员,教研室就是参谋部;从办学看,政教处决定定位,教务处决定地位,教研室决定品位。

北京市2016年高考改革方案出台,在基础教育界引起强烈反响:语文180分,数学150分,英语100分,综合科320分——调整的焦点是英语科,砍掉50分,分给语文30分,分给综合20分。随之而来的必然是教师配置、课时安排、评价方式的调整,以致教材的编排、课程的编制都可能要进行调整。中国教育起支配作用的隐性的惯常思维是教学跟着高考转。课改从理论上显性的层面上向素质教育方向扭转,实际的情况是中小学生的课业负担越来越重,这当然与就业压力、中国人的传统观念有关,绝不是实施基础教育的中学、小学和教育行政部门有能力改变的。我们中、小学能做什么来应对中国基础教育的畸形状态呢?搞好校本研究是一个恒久有效的选择。

常态化的校本研究主要有7个工作层面。

一、理论学习(5条渠道)

搜集资料,定期编辑成册,供教师阅读。比如《教育信息报》、《教师继续教育材料》等。还可以根据学校的办学理念和办学特色,编辑各种专题,如《超常教育文集》、《特色教育文集》等等。

---

* 应永恒,福建教育学院教师。

赠送材料。许多学校教研组都要定期向科任教师推荐新书,对有普遍要求的书籍,学校集体购买,赠送给教师们。比如课改之初龙岩一中向高一教师赠送2007年一年的《福建教育》,向全体语文教师赠送陈日亮的《我即语文》,向全体班主任赠送魏书生《班主任工作漫谈》,向全体教研组长赠送余文森《当代课堂教学改革的理论与实践》等。

观看录像。现在网络十分发达,似乎什么资料都有,但教师们未必能自己找来观看,而有些很有意义的材料往往并不上网,因而有集中的时间组织观看录像也是十分必要的。如龙岩一中在我省高中课改前的2005年分周观看福建省基础教育课程改革通识培训系列录像:朱慕菊《跨世纪的基础教育课程改革》4集,余文森《新课程教学改革:成绩、问题与前景》4集,刘坚《新课程的实践、反思与行动》4集,郭元祥《综合实践活动课程与学校发展》4集,芦咏莉《新课程推进中的考试评价改革》4集,吴刚平《三级课程管理与校本课程开发》3集,对教师课改准备很有帮助。

专家讲座。各个不同层次的学校还要根据自己的实际情况请专家到本校来开讲座,与教师进行面对面的交流沟通。龙岩一中2006年我省高中课改前夕,就请过许多专家来开讲座:如钟启泉《课程改革纲要与学校文化》、程灵《新课程背景下的教师心态调适》、夏志芳《专业发展——教师的成长之路》、崔允漷《校本课程与校本培训》、孔企平《有效学习的理论与实践》、上海华师大一附中刘定一《跨学科小课题研究》;此外还请名师来开讲座:如北八中龚正行、赵大恒,天津辉华中学曲丽敏校长、张丽珊教师等,江苏中学校长倪振民、主任黄厚江等,中国科技大学教授孔燕,福建省普教室主任王永、陈小敏等。

本校教师讲座。本校教师也是丰富的资源,各个学科都有校本教研走在前列的教师,请他们开讲座是对全校师生的最直观的教育。讲座可以针对学生,也可以针对教师,可以有各种形式。很多学校还请有专长的家长来开讲座,都是很好的办法。

二、在职培训(5道食品)

以全员培训为"主食"。全员培训应是学校教师培训的"主食"。我省许多学校每个学年都要对全体教师进行全员培训。寒暑假即将结束时是全员培训的好时机,让教师们从假期状态中恢复过来,适应新学期的生活,让全体教职员工以饱满的热情投入新学期的工作中去。还可以在教育教学过程中,针对实际,请有关专家进行专题化的讲座,主要类型可以有:各级领导作报告、专家讲座、本校的教师论坛等等。

以学历培训为"菜肴"。学历培训是学校教师培训的"菜肴"。由于历史遗留下来的问题,对于学历不达标的教师,进行函授或网络的学习培训,以取得合格学历是有必要的。新形势下中学更多的则是着眼未来的研究生学历培训,鼓励教师考取教育硕士,与高校合作办研究生班也是很好的学历培训方式,对教师队伍整体素质的提升很有意义。比如2005年开始,龙岩一中与东北师范大学合办了一个60余人的信息技术研究生班,为全面提高龙岩一中教师信息技术水平创造了条件。

以专项培训为"小吃"。各式各样的专项培训是教师培训的"小吃",丰富了教师培训的"盛宴"。学校每年必须进行的专项培训应有:新教师培训,新班主任培训,德育工作培训等等。学校要派教师参加的专业性较强的培训有:参加各种不同课题的培训,各个学科的学科会议,各个学科专题的研讨会,参加高考、中考命题、评卷培训,听取有关专家所作的试题分析、考试改革方面的专题报告,不同年段,特别是毕业班教师的专题参观考察等等。福建教育学院培训种类众多,内容全面,形式多样,有条件参加的都会对教师的专业发展有推助作用。

以重点培训为"进补"。在不同的形势背景下,有许多旨在提高其阶段专业素养的教师培训,我们称之为"进补"。主要有以下几种:骨干教师培训,其中参加骨干教师国家级培训和省级培训,学科带头人培训,名师名校长培训等等;计算机信息技术培训。为了普及信息技术,让教师们更多地通过全国计算机中级考试,学校要组织有关培训;普通话培训。为了保证教师们达到国家语委办对教师普通话等级的要求,我们让教师们参加普通话培训,以达到相应的等级;新课程培训。让教师分期分批进行新课程培训,更新观念。

以课余自学为"点心"。术业有专攻,每个教师都有自己的学术专长和喜好,学校教研室定期编辑《教师继续学习材料》、《课改通讯》等材料印发给各位教师。学校还有专项经费给教师买书。

三、教学研究(5个依托)

没有校本研究的学校和教师是走不远的。

校本研究视野——以先进理念与实践为依托。理念方面,与素质教育、新课程相关的教育教学思想,外国有卢梭、马斯洛、罗杰斯的人本主义理论,夸美纽斯的"培养说"、"发展说"(发展人的智慧、才能、品德),布普纳的发现法,苏霍姆林斯基研究性学习,加德纳的多元智能等。中国有孔子"修己"、"安人"的教学目的,学思结合、时习与温故结合,心愤口悱,举一反三,因材施教等教育思想;陶行知的生活教育;毛泽东的德智体美劳全面发展的劳动者的教育方针;邓小平三个面向;柳斌四论素质教育等。实践方面,我们一般是请进来,即请专家来学校开讲座、上课;走出去,即组织落实外出参观交流。

校本研究的组织——以教研组、备课组为单位。

校本研究的内容——以教学为中心,定期将教师们的研究成果编辑成册,如龙岩一中的《中学教育探索》等;以学生为中心,定期编辑有关学习方法、心理辅导方面的材料供学生学习,如龙岩一中的《高中生学习方法与能力指导》;以考试为中心,定期编辑有关考试、考题方面的材料给师生学习,如龙岩一中的《学与考》、《回眸九八——1998届学生学习心得体会》等。

校本研究的抓手——以课堂教学的实效性为抓手。课堂是教育教学的主阵地,是校本教研的核心和关键,以课堂教学实效性为抓手从事校本研究是不言而喻的。

校本研究的形式——以丰富多彩的展现为特色:教研组、年段备课组的常规校本研究;与教务处(日常联席会)、政教处(网络、心理、综合实践)会合的校本研究;沙龙博客的校本研究;走出去(学科会、培训、研讨会),请进来(讲座、交流、参观)的校本研究;公开周课后的校本研究;以高三为中心,为高考服务的校本研究,如60天冲刺试题编制的研究,与高三讨论命题等等。

四、课题研究(5条经验)

好的课题研究,是有一定的门径的。龙岩一中的课题研究从20世纪80年代教研室成立伊始,至2011年为止,已经摸索出一些经验:

全员参与:课题研究应坚持全员参与,这是学校发展的需要,社会文化进步的需要,把自己培养成学者型、研究型教师的需要,自身素质提高的需要,各学科教育发展的需要,增添人生乐趣的需要。

分层俱进:国家级子课题:"提高课堂教学实效性研究"、"网络德育研究""研究性学习研究";省级课题:"校本校示范辐射作用"等;市级、区级课题:"新课程背景下学生语文活动的设计"等；校级课题：语、数、英、理、化、生、政、史、地、信技、通技、体、美、音等校本课题，2007 年编的《课程实验天地（三）》即是校本课题汇编。

　　规范程序：我们知道，课题研究的一般程序是：问题的提出——课题的选择——方案的设计——方法的选择——研究的实施——报告的撰写，走常规即可。

　　狠抓实效：选题要注意校本意义，过程的可操作性，结论的指导意义，应可推广、有实效。

　　留下痕迹：教师们留下过程材料及自己的论文；教研室有指导总结；教研室负责做汇编。

五、编辑材料（5 个系列）

　　教研室负责编辑的常态材料是必须成系列的。以本人在龙岩一中所编的材料为例，有如下 5 个系列。教研系列：《中学教育探索》、《教育科研通讯》、《学与考》；课改系列：《课程实验天地》、《课改通讯》、《教育改革研究》；交流系列：《学习·交流·思考》、《青年教育学术沙龙》；研究性学习系列：《研究性学习》及三种表格《学生研究性学习资料袋》、《学生研究性学习案例表》、《教师指导研究性学习案例》；其他系列：校本课程系列、科技节资料专辑系列、学科讲座系列、课题系列、学生学习体会系列。

六、开展活动（5 项活动）

　　2011 年 4 月，前同安一中校长吴忆年与笔者在同安一中的一次交谈中，打开他的电脑，介绍学校经验时说："高考与活动是学校工作的两翼，缺少一翼，这个学校都只是爬行动物，走不远，看不到远方。"仍举龙岩一中的例子来说明。

　　三大节：10 月体育节、10 月或 11 月科技节、12 月艺术节，雷打不动。

　　读书节：从国家第一个读书节开始，4 月最后一个周末，组织书店卖书，举办读书征文、读书心得班会、记者学者讲座、图书馆新书推荐等。

　　组织"三小作品"活动：小发明、小制作、小论文；"省级"的"小小科学家"几乎每届皆有入选。

兴趣小组：有太阳风杂志社、龙岩一中报社、苍鹰文学社、星空杂志社、希望之声广播电台、集邮兴趣小组，剪纸、书法、园艺、摄影、篮球等兴趣小组，都是师生高雅情趣和审美能力提升的平台。

研究性学习活动：2000年起步，三个系列约15项活动，形成学习的系统性、层次性、有序性；还有全员讲座、培训等。

七、组织竞赛(5类竞赛)

县级以上的高级中学可以也必须有计划地举办各种竞赛。奥林匹克竞赛：各科选择与学生报名；协调组建；上课，一般是教研室负责检查，发放补贴，得奖登记，发放奖金；科技创新大赛：从科技节及三小作品中选材，要获得家长和所在地的科技艺术部门的支持，包括文科类应全方位的做；电脑机器人大赛；学科竞赛：每年5月非毕业班作文、数、英、理、化、生、政学科竞赛——给普通学生、特长生一个平台；其他竞赛：教师方面，论文、案例、说课、基本功等各层竞赛；学生方面，协助各部门演讲、环保知识、邮电知识、电力杯、奥运知识、时政知识竞赛等等。

常态化的校本教研提升了学校的办学品位，因为常态关注整体，常态形成文化，常态出自在常态下生存的教师和学生。

中学校本教研的实效性

刘荣添[*]

当前,校本教研出现有政策但无对策、有热情但效果差的现象,其主要原因就是校本教研的目标不明确、缺乏抓手,没有切实可行的教研形式。落实同题异构、校本培训、课题研究三种教研形式,有利于提高校本教研的实效性。校本教研,讲了多年,也按上级要求做了多年,学校的领导和老师对校本教研重要性都有很明确的认识。但是,如何真正地理解它、落实它,使之对学校发展、对教师成长起到一定的作用,能见成效,仍然是摆在我们面前的一个重要课题。

对于校本教研,各级教育部门都很重视,下发了很多相关文件,提出了明确的要求,但到了学校这一层面,大多都是制订相应的方案回应上级文件,即使学校组织各项教研活动也只是为了收集材料,为了应付上级检查。于是出现"活动走形式,教研只是交材料"的现象,特别是课题研究,基本没有真正的研究,多是做材料,为应付检查。很多学校在校本教研背景下都设立"教科室"或"教研室",但真正有效组织教师、引领教师开展教育科研活动的却不多。应该说,教师对校本教研的热情还是很大的,教好书、教好学生是每个教师的心愿,多数教师都渴望提升自身素质、走专业成长之路,但是很多学校的很多教师都不愿意参加校本教研活动,为什么呢? 主要是因为目前很多学校的校本教研活动效果差。无效低效的、交材料式的所谓校本教研活动让教师们感到累,感到烦。校本教研是从学校自身实际出发、依托自身的资源优势和特色而进行的一种教育教学研究,其根本目的是为了改进教与学的方式,提高学校的教育教学质量。校本教研的主体是教师,最直接的结果是教师素质的提升。如果校本教研只是当作学校的花架子,只是为了搞活动交材料应付上级检查,那就背离了校本教研的真正目的。开展校本教研一定要明晰为什么要教研、谁去教研、教研什么。如果目标明确,

---

* 刘荣添,福建省武平县实验中学教师。

但是没有切实可行的行动策略，结果就会低效甚至无效。校本教研也是如此。因此，在人们充分认识校本教研重要性，明确校本教研目的的前提下，如何正确而有效地开展校本教研活动是当前迫切需要解决的一个问题。本文试图以校本教研策划者的角度，探讨校本教研的有效形式。

在多年开展校本教研实践的基础上，我们总结出以下三种有效教研活动形式。

"同题异构"——普及性教研形式。同题异构也称"同课异构"，就是同一课题的内容，由不同教师进行课前设计和课堂教学，在相同教学目标要求下，不同教师依据自身实际选择不同的教学策略与方法，体现不同的教学风格，但都要达到相同的教学目的。这种教研形式是传统的"听课、评课"活动的提升，在"同中求异"和"异中求同"的比较中，有利于促使教师反复审视自己专业水平，自觉寻找教学差距，明确自身发展目标，不断提高自身教育科研水平和教学实践能力。这种活动每个教师都应该参加，是一种普及性、全体参与的教研活动，也是学校最常规的校本教研活动。

"校本培训"——推动性教研形式。培训就是学习，如果没有专业引领和理论学习，同题异构就会出现"萝卜炒萝卜"现象，教研就会低效，教师就会倦怠。因此校本培训就显得尤为重要，我们把它定位为"推动性"教研形式。校本培训直接指向就是学习，向专家学习、向理论学习、向技术学习。通过学习更新观念，通过更新观念，推动行为方式的变化。我们确立了集体学习、专题讲座、外出学习考察、读书自修等四种校本培训的模式。

"课题研究"——引领性教研形式。教师要专业成长必须开展课题研究，课题研究是校本教研中更为深入、更高层次的研究，起引领的作用。

落实三种形式，使校本教研从概念化为具体行动，让所有的教师都能参与校本教研活动。每位教师都要参加"同题异构"活动，规定每个学期每位教师都要开课至少一节。在校本培训方面，对教师参加集体学习、读书自修都进行明确规定，集体学习安排在教研组每周教研活动中进行。一边理论学习一边开展同题异构的教学实践，通过学习改变观念，改善教学行为，同时又在教学实践中发现问题，引领着学习。比如在学习新课标期间，同题异构的主题就是"课堂教学中如何落实新课标理念"，教师们一边在学习新课标，一边在实践、观察、评价新课标下的课堂教学；新课标学习之后，我们开展"如何进行教学设计"的专题教研活动，先请专家作报告（"教学设计——有效教学的保障"），给教师购置《教与学的设计》《学会教学》《教学策略——有效教学指南》等学习用书，再举办教学设计比赛,对获胜者不发奖金,而是奖励"中国知网阅读卡",让教师学会检索资料和网络学习;这之后,我们再安排"如何听课评课"主题,又分期分批组织教师前往江苏名校(洋思中学、东庐中学等)、厦门等地学习考察。

让不同的教师能开展相应水平的研究。课题研究不是所有教师都能开展和做好的一项研究活动,所以不要求全体教师参与,让科研能力较高的教师参与或带领其他教师一起参与。如果没有开展课题研究,校本教研就会停留在一个较低的水平。引领教师参与课题研究,就是引领教师走专业成长之路。参与课题研究的教师能较快形成自己的研究领域,并能自觉地在相应研究领域中不断学习实践反思、再学习再实践再反思,从被动研究走向自觉研究。课题的申报立项以及成果的取得,是校本教研成效的最好检验。近三年,我校教师申报立项有福建省教育科学"十二五"规划重点课题1个、一般课题2个,省教育学院基础教育课题1个,市级课题5个,在各级各类刊物上发表论文30多篇。

落实三种形式,体现校本教研的三个要素。区别于传统的教研形式,校本教研是一种自下而上的教研模式,这种模式大致经历"发现问题——分析问题——尝试解决——反思改进"的过程。教师的自我反思、同伴互助和专业引领是这种模式的三个基本要素。同题异构中的集体备课、听课、评课是同伴互助的过程,其结果是较好地促进了自我反思,不但上课者在自我反思,听课评课者也在自我反思,"见贤思齐焉,见不贤而内自省也"。这种反思包含了教前反思、教中反思和教后反思。教师的这种自我反思就是走研究性学习之路,走专业成长之路,是从经验丰富的教书匠走向研究型教师、走向教学专家的基本途径。校本培训中集体学习与讨论是一种同伴互助,听专家报告、阅读教育理论、外出学习考察是专业引领,专业引领的实质是先进教育思想和教育榜样的引领。课题研究是以教育教学问题为出发的研究,是理论与实践相结合的研究,课题研究更需要自我反思能力,更需要同伴互助,更需要专业引领。

落实三种形式,有利于校本教研的立体推进。有学者根据活动的频率,概括了当前常见的10项教师专业发展活动:"阅读专业期刊或论著(每次维持在30分钟以上)"、"自由地与同事讨论一些专业问题(每次维持在30分钟以上)"、"集体备课"、"校内听评课"、"教研组的小组学习(如集体阅读、看教学录像等)"、"校内公开课展示"、"开展课题研究活动"、"听专家报告"、"参加研修班(每次至少三天)"、"参加校外的研讨会、展示交流活动"。这些教师专业发展活动就是校本教研活动。我们提出的三种校本教研活动形式,不但囊括了这10种专业发展活动,而且使这些校本教研的活动全方位、有梯度、有侧重地得以落实。

　　总之,要提高校本教研实效性,不但要对校本培训有正确的认识、要有制度经费的保障,更要有切实可行的活动形式。在开展校本教研活动时,如果能抓住同题异构、校本培训、课题研究三个方面的活动,校本教研会更有实效。

主要参考文献

韩江萍:《校本教研制度:现状与趋势》,《教育研究》2007 年第 7 期。

崔允漷:《关于我国当前中小学教师专业发展活动的调查研究》,《全球教育展望》2011 年第 9 期。

校本课程实施活动中的有效监控

林　斌[*]

校本课程开发实施的目的是照顾学生的个别差异,满足学生多样化的需要,终极目标是开发学生个体本身的创新"潜能"。这既是校本课程开发的意义所在,也是当今时代赋予学校教育的重要使命。为不断推进素质教育,真正落实"办让人民满意的学校,为学生终身发展奠基"的办学理念,我校从 2008 年开始在学校选修课的基础上研发剑津中学校本课程,构建新的课程模式,并取得了一定的成效。目前我校已研发了涵盖初中各学科及课外知识的校本课程 43 门,实现了七、八年级全体学生的全员参与,广大师生在活动中取得了丰硕的成果。尤其是我校的教学成果"有效研发校本课程,提升师生综合素质"荣获南平市政府组织评审的"2012 年南平市教育教学成果奖"评比三等奖(一等奖空缺)。南平市电视台、《闽北日报》等新闻媒体多次对我校校本课程活动进行报道,在闽北各县市赢得了较好的社会反响和评价。究其原因,有效的监控与管理机制是校本课程能否成功实施的关键。

学生选报环节的监控与管理。为了让各课程能充分满足学生需要、符合学生兴趣,每学期初在经过各教研组充分研讨、上报并经校教学处审定后,我们首先安排各拟开设的校本课程。制作好开题宣传海报,由学校统一在校园入口处进行公开介绍与展示,让学生们能通过那些图文并茂的海报了解各课程的主要内容和活动方式,并根据自己的需要和兴趣,选择适合自己的校本课程。考虑到一些校本课程受场地、条件所限,不可能不限量地接纳所有对该课程有兴趣的学生,所以我们采取了两次选择权。在发给各年级的申报表中,预先注明了各班级申报各校本课程项目的上限人数,允许每位学生申报两项校本课程。如出现第一志愿的校本课程报满的前提下,安排该学生到第二志愿的校本课程。同时,班

──────────
　*　林斌,福建省南平剑津中学教师。

主任可以主动介入,根据学生的特长和兴趣居中调解,提出解决办法,争取让每位学生都能够选择到确是自己喜欢的课程。在正式开始的数周内,学校教学处还允许学生根据开始数周的尝试,进行小范围的调整。确不适应原课程的学生可以领取《校本课程调班申请表》,依次重新申请校本课程,经原校本课程老师、年级、教学处同意后,进行个别调整。

研发教师开课环节的监控与管理。校本课程对研发教师的专业化程度、投入的热情要求很高,目前学生的知识面本身就很广,如果研发教师不能深入系统地研究所开设的课程,就不可能引导学生去深入分析和判断。因此如何促进教师认真学习,研发校本课程,不断提高校本课程研发、实施的质量是关键。我们首先积极引导研发教师深刻领会校本课程的目标,明确校本课程的基本原则和基本要求,强化校本课堂教学研究活动。在教研活动时,由教研组长组织学习相关的资料文章,请本组有校本课程任课经验的教师介绍自己的得失成败,把教师的理论培训与实践培训有机地结合起来,努力提高教师驾驭校本课程的基本能力。其次我们在绝大部分校本课程上建立了教师小组合作研发的方式。这是因为承担校本课程的研发教师基本都是我校的一线教师,他们都承担着繁重的教学任务,时间与精力有限,而且一个人独自承担一门校本课程的研发与授课,以及后续材料的收集整理,的确会出现身单力薄的状况,甚至可能会影响该课程的长远健康发展。所以,我们在确定该课程首席研发教师的基础上,积极鼓励支持由2～3位教师进行小组内部分工,以分解成数个小专题的方式让研发小组群策群力、共同开发校本课程,并安排确定好每个专题上课的具体顺序及相关专题教师上课时间。这样不仅让课程更加尽善尽美,也较好地解决了某位研发教师外出时,无人顶替授课的问题。在此基础上,各备课组在集体备课时,教学处要求备课组长检查落实本周校本课程任课教师的教案及相关准备工作,将其纳入常规备课的统一要求中。每周校本课程授课时间,由教学处安排专人到每门课程的活动班级进行教师签到及巡视,每月学校根据《校本课程签名表》上具体任课教师的名单进行绩效统计及专业化加分。这些方式较好地调动了全组教师的主动性和集体智慧,减轻了各校本课程研发教师的负担,促进了校本课程教学内容的相对稳定和延续性,使大部分校本课程既逐步形成稳定的教学素材,又能够深入探讨和研究,从而建立起完备而富有弹性的校本课程研发体系和运行机制。

学生参与环节的监控与管理。校本课程活动既要求学生整体参与,也鼓励学生积极主动、创造性地参与课程建设,但由于学生的心态是开放的、自由的、不受压抑的,这就给开课过程中对学生的监控与管理带来了挑战。任课的教师与参与的学生并不都是平时各自班级熟悉的师生,实施的又是学生自由选择的走班制,在如何确保学生的及时到位与常规管理方面,我校采取了《校本课程点名册》、校本课程专用考勤箱和学生小组合作学习的方式,取得了明显成效。我校制定的《校本课程点名册》除上课地点、任课教师、时间外,主要有教学内容、教学情况记录、缺勤学生登记(重复两栏)组成。每学期初该点名册由教学处连同每科参与学生名单下发给各校本课程任课教师,并由每节课任课教师负责当场填写。任课教师开课时先进行快速点名,若有学生缺勤(含请假),就马上记录在册,并在重复的缺勤学生登记栏多填一次。当日下午课程结束后,教师马上裁下多填的缺勤学生登记栏,并投入安放在教学楼一楼处的校本课程专用考勤箱。第二天早读课前教学处会安排专人取出各科填入的缺勤学生登记栏,并及时告知缺勤学生所在班级的班主任,马上进行落实与处理。同时,在校本课程上课期间,学校德育处与保卫科会加强校园的巡查,防止有学生擅自旷课游荡。该点名册不仅解决了对来自不同班级学生的点名管理,还记录了当天校本课程的开课情况,便于教学处不定期的抽查与监控。在规范管理制度的同时,我们也充分调动初中生的集体荣誉感和合作互助的意识,从学生自身需要规范课堂参与行为。我们要求每门校本课程开始的第一周就进行参与学生的自由组合,按一定人数平均分成数个小组,并由小组成员为本组起个响亮的名字、推选出小组长。而后每节课时,均由小组长负责点名并带领小组成员开展各项活动和竞赛、评比。在最后期末总结时,任课教师根据各小组成员的整体表现,可以评选出最佳表现奖等奖项,以此促进学生的积极主动地参与和自觉遵守常规管理。

师生评价反馈环节的监控与管理。为了让教师成为校本课程研发的主体,让学生成为学习的主人,我们加强了校本课程过程中对师生评价反馈的力度。对课程研发教师的评价从以下五个方面综合考虑,形成对课程研发者的最终评价。一是该课程的计划安排,二是自编教材和教案,三是学生与教师听课后的评价,四是上交的成果材料,五是教师采取的授课方式、运用现代教育技术的情况及活动成果等方面。评价结果不仅及时反馈给各学科研发教师,便于他们进一步研发,还直接与学校"校本课程研发积极分子"的评选挂钩。校本课程中对学生的评价我们采用了等级制(A、B、C、D四个等级)。由各课程研发小组自行拟订评价方案进行评价,其中至少包含以下三方面的因素:一是学生学习该课程的出勤表现情况,不同的表现给予不同的分数或等级;二是学生在学习过程中的表现,如态度、积极性、参与状况等,由任课教师综合考核后给出一定的分值或等级;三是学习活动的效果评价,教师可采取适当的方式进行考核。三个方面的因素中要同时重视过程与结果,最终的等级要把三方面的因素综合起来考虑。学生校本课程的等级也记录在学生的《综合素质成长报告册》中。以上的评价方式较好地促进了教师专业化成长,促进了每一位学生的健康而富有个性的发展。

历经五年的研发与实践,我校的校本课程进展顺利、成果显著,已经成为我校一道靓丽的风景线,但在实施过程中,我们也发现了存在的一些问题与难点。鉴于此,我们提出一些思索与建议。

个别学生的参与度不能持久,存在消极怠课的现象。初中生的身心特征决定着他们对新鲜事物刚开始时充满好奇心与兴趣,但这份志趣如果没有后续丰富的课程教学形式与符合学生年龄特点的组织形式,就形成不了持久的内驱力,造成一些学生渐渐失去参与的热情,甚至出现消极怠课的现象。针对这些情况,我们拟在前期研发上多下功夫,真正开发出让学生发自内心喜爱的课程。在课程活动中,结合实际情况,经严格备案后,适当允许学生重新调整所报课程。同时,强化任课教师对学生评价方式的改进,采取积极鼓励的评价方式激发学生的参与热情。

部分研发教师投入热情不够,研发水平有待提高。我校承担校本课程的教师基本上都是各学科的一线教师,他们承担着繁重的一线教学任务,受精力和时间限制,有部分研发教师在校本课程活动中确实存在着投入热情不够的情况。此外许多教师课题研究能力水平不高,局限了对校本课程的进一步研发。为解决以上问题,我们拟在集体教研上与教师评比上取得突破。强调教师之间的集体备课方式,互相学习,取长补短。学校可以组织校本课程的公开课,让有特色与取得良好教学效果的校本课程大胆展示。同时学校可以在每学期末开展校本课程的评比活动,从各校本课程上交的汇报材料、学生反馈评价、随堂听课等方面进行综合评比,对优秀校本课程的研发教师进行表彰,以此促进教师的主动性和开发潜力的挖掘。

外出实践调查活动安排不够,拓展空间受限。虽然我校目前校本课程项目众多、生动活泼,但受学校安全管理制度及相应校内外条件所限,基本上各校本课程活动都在校园内、各班级里开展,不敢放开手脚到校外的广阔天地里开展学生的实践、调查、参观、走访。这就给校本课程的活动带来了局限,不能取得更好的实践成果。面对这一局面,我们打算完善学生外出的管理制度,在向上级主管部门完善备报后,认真做好前期的准备工作,尽量多安排些教师带队,并邀请有时间的家长一同参加,共同管理。此外,我们根据课程需要,由学校出面邀请校外专家到我们学校里一同参与课堂活动,同时充分利用我校多媒体设备播放视频，让学生在校园里也能接受到课外教育。

　　校本课程的开发和实施对学校充分挖掘和利用教育资源，培养有个性、有素质的学生具有深远意义。只要我们加强各环节的有效监控和管理，就可以进一步提升校本课程的质量，推进校本课程的特色创建和多样发展，让我们的学生在这片广阔的天地里快乐成长。

校本化综合实践活动的改革

冯培光[*]

福建省建瓯市吉阳中学的综合实践活动课程开设历史久远,学校从教学内容选定、基地建设、创建"零点工作室"等方面进行尝试,走生产生活即教育的综合校本化综合实践活动之路,为地方的经济发展、教育振兴和人才培养提供动力。我们可以自豪地说,吉阳中学的办学历史就是一部知识与实践密切结合的历史,这就是我们的特色办学模式。吉阳中学始终不渝地贯彻教育先哲陶行知的"生活即教育,社会即学校;教学合一;劳力上劳心"的教育理论。

一、源远流长的校本化综合实践活动课程史

30 年前,吉阳中学"自力更生,艰苦奋斗",广大师生齐心协力向荒山要财富,开辟并栽培下 3 000 多棵柑橘树,学校每年获得了 10 多万元的勤工俭学创收。学校以橘山为实践基地,开设了独具特色的劳动技术课,学生在劳作中学习,在实践中感悟,学校的教学成绩斐然。10 年前我们从劳技课上升到校本课程,又从校本课程走向 4 年前的综合实践活动课程。

在教材开发方面,学校从个案性的以柑橘为主的劳动技术实践和讲解,到上级统一配给但不切合学校实际的劳动技术专用教材,再到符合地方经济发展模式的《吉阳四宝》校本教材及校园绿化美化实践活动。在大量劳动实践的基础上,我们迈上校本化的综合实践活动课程的新台阶。

在老师的配置上,最早是"主科"教师附带劳动技术教学,后来逐步形成几位有实践经验的兼职教师,到今天的两位综合实践专职任课教师。

---

* 冯培光,福建省建瓯市吉阳中学高级教师。

在实践活动的课时分配上，我们从 20 年前的时有时无，到 10 年前每周 2 节课。今年我们是每周 5 节课，其中，综合实践活动专业课每周每班 1 节课。此外，学校还利用长短假期布置调查研究或实践探究，如调查家乡的风土人情，读一本好书及感想，做一件有意义的事等分散性的实践活动。

二、综合实践活动课程价值巨大

学校是培养社会所需要各种人才的主阵地。吉阳中学的综合实践课程实施极大促进了学校的人才培养，学校在全市性的中考评比中，几乎每年都取得上游水平的好成绩。

吉阳中学每年为建瓯市高一级学府输送学业精进的大量学子。同时，吉阳中学每年也为地方的经济发展提供源源不断的实用型人才，这些有实践活动能力的人才在地方的经济建设和社会发展中起着举足轻重的作用，在乡镇企业、在工农业生产发展及商品流通中涌现出许多勇于创新探索的企业家、致富带头人、技术能人等。

三、走生产生活即教育的综合实践活动之路

吉阳中学为了将符合教育规律、符合社会发展需要的综合实践活动课程纳入学校的教学常规，让综合实践活动课健康有序地开展，学校近年来从以下方面对综合实践活动课进行探索改进。

实践活动目标。在校本教材《吉阳四宝》的教学实践基础上，吉阳中学综合实践活动紧紧围绕"培养学生发现问题和解决问题的能力，信息收集、分析和利用的能力，创新意识和创新能力，相互合作意识和能力，社会的责任心和使命感"五大目标，根据吉阳镇的特色，从政治、经济、环境、思想、文化等五方面进行教材挖掘，从生产、生活、生存三大方面进行实践探索活动，力求让学生获取其"终身有用的知识"。

教学内容方面的探索实践。七年级是基础知识和基本实践的经验积累期，是知识性学习向综合实践活动及研究性学习的过渡期。七年级上学期，我们基本以国家教育研究所编写的《综合实践》一书为教学和实践的重点，利用学校新建的"水土保持模拟演示区"的实践活动教育，启发引导学生将课内知识与课外

的实践活动相结合,让学生从传统的被动学习方式变为主动的学习方式;让学生感悟到综合实践活动课程的真谛,增强学生的动手能力。七年级下学期,教学内容逐渐突破国家教材,融入地方特色的经济社会知识,融入身边的知识,体验生产和生活基础常识;学会利用网络寻找与本节课相关的知识和实践内容;走近社会,深入调查,广泛实践,初步尝试研究性学习。下学期是春夏季节,是植物生长的时间,是橘花,锥栗花儿飘香的时节,是一年中降水量最多的季节,是农村、农民、农业成功失败的关键性时段。这学期,我们常态化的教学内容之一是调查研究吉阳中学草坪中人字草生长状况,通过人字草与根瘤菌的共生关系,进一步了解到自然界的神奇与美妙,认识到我们人类身边的不同种类生物对我们人类,对我们的生存环境有巨大影响作用。我们常态化的教学内容之二是调查研究吉阳的柑橘和锥栗的生产情况,研究水土保持在生产中的作用和意义,初步体会到人与自然和谐共处的重要性和必要性。感受到自己探究问题,解决问题的乐趣,培养学生的实践能力。八年级的学习过程以研究性学习为主。八年级的学生更加理性,更具成熟的思想。经多年的教学探索,我们主要从思想认识,人生价值观的养成等方面进行教学实践活动。本学年常态的研究性学习课程有两个:一是以"迷信的危害"为课题的综合实践课,我们让同学们互相调查自己或家人每年到拜神场所参加活动的次数;调查每次封建迷信活动的时间长度,活动项目,活动费用;调查地方上封建迷信活动习俗的形成,对其危害性的进行深度分析,得出破除迷信的方法等。二是从校园再规划、好的人生或好的生活习惯养成两者选一个为自己研究的课题,或者由学生自己寻找课题,小组合作研究,然后写出或作出课题的案例分析报告或作品。在校园规划的基础上引导学生尝试对我们的乡镇或者地方的经济建设作试探性的规划设计,提升学生的规划水平和人生追求,培养社会紧缺的规划型人才。

　　实践基地的建设。实践基地是综合实践活动课的根本,吉阳中学十分重视实践基地的建设。首先,我们将校园作为实践基地的首要之地。学校的草坪、花圃、校园中的鸟儿、树木、后山的柑橘林等都是我们实践的对象,诚如福建省教育学院邹开煌老师所说的,综合实践活动课程开发要有"信手拈来"即教材的信心,要让学生学习终生有用的知识为实践活动的根本目的。其次,我们采取"请进来,走出去"的实践活动模式,扩大了我们的实践基地:与吉阳镇玉溪村"金田现代设施农业科技示范园"结成联谊实践基地;将"吉阳四宝"(水空心菜、通心白莲、仙草、泽泻)设为学校常态化的课题研究内容;研究学习为什么吉阳会有四宝,怎样将此四宝焕发新的光彩。此外,学校还请科技人员到学校进行现场教学,带领学生到致富能手等的田间参观实践。广泛的调查实践活动,让吉阳中学的综合实践活动课做活做实,我们的实践基地得到拓展,我们的实践活动得到社会的认可。再次,为了进一步提升实践活动的效果和提高学生的实践活动兴趣,学校拟在近校园的农田中租用一些土地,学习实践生活垃圾有机处理的可持续发展的农业生产生活探索之路,学习"变废为宝"的实践活动,让学生从"校园人"转变为"社会人",达到培养社会所需要的实用型人才的目的。

四、创建综合实践活动"零点工作室",让师生、学校在 综合实践活动之路上共同成长

书本上的知识虽然丰富,但那只是纸上谈兵;三尺讲台虽是知识传播的舞台,但它已经不是唯一的教学阵地,远不能满足学生的求知欲。结合学校生源实际,整合校园周边丰富的人文、社会、自然等资源,进行课程的开发成了我们全体教师共同的心声,成立和壮大综合实践活动队伍迫在眉睫。

我校于去年初成立了师生综合实践活动的"零点工作室",工作室的成员有热心于综合实践活动的各学科教师,有从各班级中精选出喜爱综合实践活动的学生带头人。

工作室是师生们综合实践活动课程交流的好地方,是课题研究成果展示的好去处,学校在实践的空间资源环境和活动的人才供给两方面给予保障。

工作室分批分组进行课题研究竞赛活动,开展具有地方特色的现代信息资源、师生经验和人文资源交流活动,注意信息技术教育、研究性学习、社区服务与社会实践以及劳动与技术教育在课题中的利用,推进学生对自我、社会和自然之间内在联系的整体认识与体验。改变教师单一性的知识传授和学生单一性的知识接受的学习方式或生活方式。师生的实践能力、探究和创新精神以及社会责任感得到不断增强和提升,师生、学校在综合实践活动之路上形成共同成长的良好机制和氛围。

五、结　　语

校园中众多实践活动用的花圃草坪、联谊实践活动区——吉阳镇玉溪村"金

田现代设施农业科技示范园""吉阳四宝"的研究性学习、"水土保持模拟演示区"……众多实践活动基地让学校的综合实践活动有了丰富多彩的探寻舞台和拓展空间。回首过去,综合实践活动课程曾经是吉阳中学的"拳头产品"。展望未来,在新一轮教育改革春风的吹拂下,在教育职能部门的鼎力协助下,我们有理由相信,吉阳中学综合实践活动课程常态化之路会越走越宽,在中国校本教育改革研究的百花园里能绽放独自的芬芳。

校本教研工作中的"微研究"

曾柏玲 *

行走在"微研究"这块试验田,我们见证了教师们前进路上的思考和足迹;我们知道,有实践就会懂得,有付出就有收获。我们以教师专业成长为目标,以课堂教学为主阵地,以教师教育教学中的"微问题"为导向,构建了"微学习""微研究""微成果",向"有效"研究"高效"成长转变。

一、微学习启迪智慧

学习,是一种信仰;学习,是一个学校走向卓越的基石;学习能使一个团队提升知识、丰富智慧、增长见识。一学期以来,学校从以下几方面促进了教师的学习和成长——

实行读书工程。上学期,学校为了给刚走出校园的新教师创设"学中教,教中学"的教育教学环境,在张校长的倡议下启动了"读书论坛"活动。本学期延续上学期的活动,所有教师在书香的浸染下开始享受读书的成长乐趣,特别是在"每周一专题"的互动交流中更有"一石激起千层浪"的温馨画面。本学期共有26位教师进行读书交流,交流的书籍有儿童文学《佐贺的超级阿嬷》,教育类《爱的教育》、《苏霍姆林斯基给教师的100条建议》、《给我一个班,我就心满意足了》、《给年轻班主任的建议》、《学生第二》、《美丽的教育》,电影类《教师一定要看的15部电影》、《小孩不笨》,心理类《教育心理学》、《人性的弱点》等多部书籍。交流的主题有:"如何面对孩子的'讨厌'?""学生犯错误,该不该请家长来学校?""如何在日常教学中体现教师的智慧(机智)?""对于没有闪光

* 曾柏玲,福建省晋江市第五实验小学教师。

点的后进生,甚至是心理年龄不及生理年龄的学生,我们能做的只有等待吗?"
"夸一夸你身边的同事。""如何应用教师的期待来帮助后进生?""孩子真的笨
吗? 孩子与成人的距离到底有多远?""如何看待学生在进步过程中的反复行
为?"这样多层次、多角度地从书籍到教育教学融为一体,使得教师们体验到了
"拔节"成长的乐趣。目前,日常化的读书已成为每个教师的责任,也成为教育
教学的一种生活状态。

以学促思,以培促教。"闭门造车"只会让教师的视线更加短浅,更何况我们
学校年轻教师居多。怎样针对教师年轻化、阅历浅的特点缩短这一群充满青春
和活力的教师的成长周期? 学校创造一切可能的机会让教师"走出去",也在"请
进来"中增长教师们的专业知识,丰富教师们的教学视野,发展教师的教育教学
能力。一学期以来,学校教科室在以学促思,以培促教上做了如下工作:为了让
更多年轻的教师能尽快地胜任本职工作,学校通过引领教师们在做好自己的本
职工作后,走出校园到其他学校参加各级各类的学科教研活动 40 余场,约 100
人次,涉及教师培训专项资金 2 万多元。例如选派曾柏玲老师参加在北京举行
的晋江市第二期学科名师高级研修班活动,选派侯莉莉、林燕如老师参加在永春
师范举行的班主任培训活动,选派陈冬梅老师参加在永春师范举行的"泉州市农
村教育教学能力提升"培训活动,选派蔡秀丽、曾柏玲参加江苏行校长参观学习
活动,选派赖鸿玲、廖冬敏参加福建省教育学会小学数学教学委员会第十四届年
会活动,选派语文、数学、英语等学科的 7 位教师参加第九届全国"相约名师　聚
焦课堂"小学语文、数学、英语教学观摩研讨会活动,选派李琼老师参加泉州市、
晋江市心理健康团体培训活动,选派吴冰冰老师参加泉州市美术教师培训活动;
选派多位教师参加晋江市名师讲堂活动及骨干教师、学科教研活动等等。在丰
富的学习活动中,教师们能及时地梳理和总结学习收获并制作成 ppt 在教师
例会和教研会上交流和分享。有了学习,有了思考,有了分享,一个个教师在
一次次的交流中提升了自己的语言表达能力和教育教学能力。另外,为了享
受高效学习带来的乐趣,丰富学习的形式。本学期,学校请来了特级教师徐国
裕作题为"漫谈小学数学评课"专题讲座,市教师进修学校郭琪琅主任作题为
"静观'阅读教学',浅议'有效对话'"专题讲座,市实验小学校长助理张志刚
老师作题为"新课程背景下小学数学课堂教学有效性调控"专题讲座等等。在
一次次的专题讲座中,教师们深深感受到成长中"拔节"的艰难,体验到成长中
获取的快乐。

注重"微备课"。没有精心的备课,就没有高效的课堂;没有精心的备课,先

进的教育理论就没有了实践的场所。充分备课是上好课的前提。教学实践表明，教师在备课上所花工夫的多少直接影响授课的质量。本学期以来，学校以年段和学科为单位，充分发挥骨干教师的专业力量，定时间、定地点、定内容地开展集体备课，尤其一年段的语文组和数学组更是做到周周有集体备课，周周有理论学习。当然，其他年段备课也如期开展着。各年段教师们采用了"备一课共受益"的形式，不间断，不嫌累，认认真真地解读教材及文本，同时也学习了关联学科的一些先进的理论知识和优秀课例。一学期下来，一年段语文组集体备课12次，数学组集体备课11次，其他年段也能周周进行年段备课。通过集体备课，教师们对文本的解读更精准了，对学情的分析更到位了，对课堂教学的把控更得心应手了。集体备课是课堂及教研以外学校里另一道亮丽的风景线。学习，是一个永恒不变的话题。"微学习"的过程，丰富了教师们的学习与生活；"微学习"的平台，不知不觉提高了教师教学的底蕴，"业精于勤而荒于嬉，行成于思而毁于随"，"微学习"的力量是无穷的，教师职业和工作的性质决定了学习应成为教师的一种生活方式，所以"微学习"势在必行，会成为"五小"人成长路上的一张新的名片。

二、微实践见证成长

"不经历风雨，怎能见彩虹"，一句响彻大江南北的话语时刻在鞭策着我们静下心来学习，潜下心来实践。课堂教学是教师教育教学的主阵地，教育教学是学校发展的前提和根基。为了帮助教师们深入课堂教学，有序、有效开展教学活动，在张校长的引领下，学校教科室继续以教师课堂教学的实际问题为切入点，以实效研究为核心，开展"小而实"的主题研讨活动，运用"思维导图""十字图""AB案"等工具，帮助教师解决教学中的实际问题，在活动中指导培养教师，探索课堂教学新模式。

建构教研组"微文化"。"微文化"是教研组的标尺，是衡量教研工作开展的结果。"微文化"的建构直接影响着教研活动的开展。本学期，学校各教研组的以"年段"为单位的小组文化建构转变为以"学科"为单位的文化建构。经过多次遴选，语文教研组一致通过组名为"绿动"，口号为："成长学生　幸福自己"，组歌为《我相信》；数学组组名为"起航"，口号为"鹰一样的个体，雁一样的团队"，组歌为《最初的梦想》；综合组组名为"奇葩苑"，口号为"秋色满园关不住，五小院中一奇葩",组歌为《雄心壮志》。

课堂百花齐放。从课堂上来,到实践中去。作为课堂教学的组织者——教师,我们要求教师们应该用敏锐的眼光观察学生、观察课堂,还应该有独特的思考能力,记录下课堂中的优点和不足,从而不断树立新理念、走进新课程、构建新课堂。本学期,学校要求每位教师必须上一节公开课,年轻教师必须执教一节"成长课",做到有别于素质课,能最大限度地将自己一学年的所思所得运用在教育教学实践中。一学期以来,语文组开放22节公开课,数学组开放10节公开课,综合组开放12节公开课,而且各教研组能尽量将公开课录下来,以便更多教师翻看自己的公开课情况,及时发现不足,尽早改正错误,让课堂教学效益最大化。另外,各教研组丰富了课堂教学前期准备工作,经常性地集体备课、借班上课、指导教师听课、集体评课;再推出二度设计课堂,让全组教师听、评课。经过课堂教学的一次次磨合,无形中优化了课堂教学,也渐渐地提升了教师对教材的执行力,有效地促进了教师教学水平的提高。语文组教师姚清霞、张鸿润、洪燕燕、林燕如、林秀虹老师能通过充分磨课,深入解读文本,展现出了语文课堂中的"语文味";林惠玲、王美娇、庄思云、曾华珊、侯莉莉等大胆挑战"读写结合课",虽然指导写作的切入点把握不够准确,但新教师们对语文教学的"拦路虎"已经敢于挑战和创新。总之,一学期以来,教师们从关注课堂秩序到研究如何准确把握课时,从跟着教学设计进行教学到及时抓住学生的生成性资源,从只会按要求写教案到根据自己的见解写出有个性的教案,如语文组侯莉莉老师坚持写有个性、符合自己风格及班级学情的教案。特别是新教师们从只会观课到学会评课,从只会看课到会说课。种种的能力见证了教师们的成长足迹。

竞技百花争艳。为教师搭台子是加速教师成长的有效途径。对于年轻的学校而言,缩短年轻教师的成长周期是使学校步入规范化、优质化的关键点。为促进教师教育教学能力的提升,学校根据上级教育主管部门培训的任务,制定了符合学校教师发展的培养计划,开展了"品德与(生活)社会"学科片段教学比赛、"数学教师观课评课比赛"、"首届语文教师素养比赛"及其他教育论文比赛。希望通过更多的比赛平台,挖掘年轻教师潜能,丰富年轻教师成长经历,培养出一支综合素质良好的教师队伍。一学期以来,通过校内甄选、辅导、团队协作,教师在各级各类比赛中取得了良好的成绩。"不是一番寒彻骨,怎得梅花扑鼻香"。在团队的共同努力下,取得的成绩是喜人的,成绩的背后,我们深切地感受到教师的学科教学和实践中所需要的专业精神、专业知识和专业技能得到了质的飞跃,"五小"正在走向"优质五小"、"卓越五小"。

三、微教研丰富阅历

教育思想转化为教育行为,关键是教师。教师的教学研究能力直接影响学校的发展和学生的成长。所以教师的"微研究"能力的培养和发展是教育教学的助推器。本学期,学校继续在每周四晚上进行以校为本的教育教学研究,继续沿用四色笔在四色纸上记录下感受最深且行之有效的教学技巧和策略、方法。

"微话题"小而实。开学初,各教研组根据上学期研究的不足及本学期研究的方向提炼出四个关键词,让各组教师根据关键词梳理出自己在课堂教学中准备研究的几个小话题。例如语文组根据"倾听习惯、教学评价、教学方法、后进生的转化"四组关键词让教师们提出问题,接着进行问题分类和筛选,最后全体语文教师们经过认真思考,共同交流、讨论,确定了本学期教研的五个"小而实"话题:(一)如何采取有效策略培养学生的倾听习惯?(二)怎么合理采取评价语调控课堂,调动学生学习的兴趣?(三)如何指导中年段学生训练写作方法?(四)课堂教学中,如何培养后进生的学习能力?(五)低年级阅读教学如何进行有效识字?

数学组、综合组也分别针对自己组别的特点提炼出一些小而实的话题进行研究,并总结出些许策略。

有了小话题,教研组每周的课堂教学及研究就更具科学性、实效性,教师的教学内容的选择就更显针对性,教学手段和策略也更显高效。

"微策略"有成效。一学期以来,各教研组校本教研有条不紊地展开,也提炼出一些实在、行之有效的策略。例如语文教研组围绕小话题"低年级阅读教学如何进行有效识字"提炼出了几种识字方法:在课题揭题时识字;在拼读词语中识字;在听教师范读中识字;在具体语境中识字;在多音字对比中识字;在背诵诗歌中识字等。围绕周话题"怎样合理采取评价语调控课堂,调动学生的兴趣",设计"疑"言,引发思考;设计"趣"言,调动兴趣;设计"妙"言,深化学文等。围绕小话题"基于阅读教学下中年段习作指导的策略研究"提炼出了几个策略:品味熟识的课文内容,渗透写作方法;链接活动,说写作思路;采用课本剧表演,深化学生对课文的理解,为学生提供写作的素材;采用课文补白,拓宽学生写作思路。在写作上,还进行仿编前的言语训练;从文本入手,迁移写作方法的要点,以内容和形式为落脚点,让"写"走向有效;根据学生所处的年龄段,进行课外补白,关键词填空等,为"写"做铺垫;借用插图,训练说话,从说到写,积累写作语言。围绕"课堂教学中,如何培养后进生的学习能力"为主题总结出了一些策略:利用课文插图,创设说话的平台,降低学习难度;链接生活资源,补给文章空白,激发学生兴趣;丰富朗读形式,促进语言文字的学习应用;多样的识字方法,铺设学习平台,调动各种感官;运用评价语,激励学习热情。一学期下来,"微教研"活动在学校全面铺开,受到了很多教师的好评,他们认为这种教研方式给他们很多引导和学习的机会,迫使他们克服惰性,懂得反思和总结,是一个再学习再创造的过程,相比大而空的活动,这个更有它的现实意义。这样一次次的"微教研"犹如滚滚春潮开始蔓延到学校的每个角落,我们有理由相信:不断互助交流学习是造就一支有思想、有带头意识、敢于走在教改第一线的骨干教师队伍的最佳方法。

"微反思"重交流。"微反思"是教师教学成长的凸显途径,学校要求教师每周一次撰写教育教学反思,每月上交一篇水平较高的教学反思,各教研组针对上交的"教学反思"进行评选,获得"优秀"等级的教学反思可以购买 40 元以内的一本教育教学书籍,目前学校已经为教师们购买了三次教育教学类书籍。由于及时撰写,激励促进,教师们基本能将理论和实践相结合,从而真正提高研究和解决教学实际问题的能力,提高课程开发和建设的能力,使日常教学工作和教学研究、教师专业成长融为一体,形成在研究状态下的工作生活方式。另外,各个教研组通过认真审阅教师每周反思,针对反思中存在的问题和成功做法让其在教研会上进行交流。反思中观点鲜明、中肯的文章,将其编入学校每月一期的简报中。一学期下来,各教研组出版校本教研简报三期,外出培训简报二、三期。这样有反思、有审阅、有编辑的过程有效地促进了教师实践和总结的良性循环。叶澜教授认为:"一个教师写一辈子教案不一定成为名师,如果一个教师写三年反思有可能成为名师。"一学期下来,教学反思无数,教师的成长迈出了一大步。一分耕耘,一分收获。"微研究"见证了教师们在教育教学中从稚嫩走向成熟。

尽管一学期校本教研顺利结束了,但感觉收获和遗憾并存。因此下学期的校本研究还将继续关注教师的专业成长,以活动促成长,以研究促提升,争取让更多的年轻教师迅速成长。督促数学组和心理健康组做好市级课题,邀请市进修学校教研员下校做开展课题的相关讲座。为了提高教师对课堂教学的执行力,举行第二届"语文课堂教学比赛"及语文教师、艺术教师听评课比赛活动、数学教师专业素养比赛活动。为了促进教师专业理论的提升,将举行第二届"教师教育阅读写作比赛"活动。为了激发教师积极探索课堂教学,要健全教研组工作制度,拟定"优秀教研组""优秀教研员"评比方案。开展"推门听课活动",加强教师的课堂教学调控能力。学校是教师赖以生存和发展的舞台,作为学校教科室负责人,我希望学校继续高屋建瓴地给予教师更多更好的专业发展平台,希望上级教育主管部门也能给予更多的指导与帮助。

课题研究促进校本教研的尝试

吕玉秀*

在基础教育课程改革从文本变为行动,从理论走向实践的今天,"校本教研"已成为学校日常生活的一个重要组成部分。自2002年以来,学校先后被确定为省市课改基地校。学校牢固树立科研兴教、科研兴校的思想,以新课程为导向,立足学校实际,积极开展教学研究。

一、营造良好氛围,确保有效校本教研的开展

构建"三级"教研管理体系,确保校本教研有效开展。"三级"即校本教研领导小组、指导小组、教研小组三个管理层面。我们的宗旨是:校长、教研员不仅做校本研究的"指挥员",更要做校本研究的"战斗员",强调亲历亲为,实施全校总动员战略,整体推进主题教研的进程。在校长的领导下,全面制订校本教研方案,指导各教研组制订教研计划,发动全体教师积极参与教学研究,督促和评价学校教研工作。中心组(教研员、学科成员)成员负责学科的指导工作,引领学科的教研活动;教研室负责日常管理工作,教研组是基本组织活动单位。学校行政要挂段挂学科参加教研活动。校长、副校长等主要领导则挂薄弱学科的教研组。这既能起到指导评价的作用,也能激励教师参与的热情,为教研组活动的切实开展提供保障。

以校本教研为抓手,提高教师的科研素质。如何让教师成为解决问题的研究者呢? 我校根据"教学相长、共同发展"的原则,树立"科研发力,培训做优"的思想,坚持以"课题为载体,研训相结合"的校本培训模式,提出以"练"为核心,通

---

* 吕玉秀,福建省三明市三元区实验小学教师。

过开展多层次多形式的"练",建构校本教研平台,持之以恒地抓好教师的培训,不断唤醒、激活教师的学习热情,以改变教师的工作方式和生活方式,让教师在学用结合中得到一定的理性认识和更强的研究能力。(一)搭设教师论坛,让教师在参与交流中得以提高。教师论坛的搭设,为教师专业成长提供了一个相互学习、相互交流的平台,对提升教师的教学水平,形成浓厚的教育教学研究氛围起到了很好的促进作用。各教研组教师经过备课、上课、评课全过程参与研究后,写出研究收获和思考,然后在学校定期组织的"教师论坛"中交流。论坛讨论的问题是教研组自己确定的研究课题,这些问题是来自教学的实际问题,让教师在论坛中研讨并解决。(二)注重发掘身边先进,推广个人经验。坚持"一人学习,众人受益"的培训模式,创造条件,引导教师培训;坚持充分挖掘本校资源,以自己的教学体会与其他教师进行平等对话与交流方式进行培训,成效十分显著。(三)岗位练兵,让教师在公开课的实战中成长。学校教师公开课有人人上的达标课、年段上的研讨课、优秀教师上的展示课、课题组成员上的汇报课、名师上的示范课等。公开课要求以研究课题为研究点,提高备课、上课、评课的课题研究意识。通过上好公开课的活动,使教师苦练了课堂教学的"内外功"。(四)潜心挖掘,开发优质的校本课程。校本课程开发,给教师提出了极具挑战的问题。我们校本课程开发以学校、师生发展为宗旨,分析校情,摸清教育资源,对学生需求进行评估,合理设定了校本课程,提高校本课程开发的可行性和实效性。学校先后编写《书法》、《走进三元》、《太极拳》等18册特色课程,并把课程教材投入课堂使用,极大地促进了学生个性、爱好、特长的发展,使学生的综合素质提高,得到了大家的青睐。教师参与校本课程的开发必然促进教师科研素质的提高。

重视教研组建设,寻求教研组织的可持续发展。古人云:"独学而无友,则孤陋而寡闻。"教研组是校本教研的基本研究单位,也是促进教师专业成长的基层教研组织。我们很重视教研组建设,发挥集体的力量,互相学习,资源共享,用"它山之石"解决教学问题。强化教研组建设,推动常规教研活动的开展。一是学校以学科为基本单位全面设立教研组(语、数学科以年级组为单位)。平时按教研组开展校本教研活动,便于组织、研讨。年终以评选"优秀年级组"等激励评价机制来催生和发展教研组。二是学校非常重视教研组长的选拔和培训。教研组长是教研组的灵魂,选拔学科的带头人和业务骨干担任,并优先安排教研组长参加各类学习培训,以提高教研组长的业务水平和工作能力。三是扎实开展研修活动。"三个臭皮匠,凑成一个诸葛亮"。通过集体备课,教师相互借鉴,相互启发,使教学达到最优化,提高教研实效,促进教师成长。我们做到定时间、定专题、定主讲、定考勤，使教研指导到位、管理落实、时间保证、有专题、有准备，提高了教研的质量。"一枝独秀不是春，万紫千红春满园"，教研组发挥学科带头人、教学能手的作用，放大骨干教师的作用，以突出的个体带动优秀的群体。近五年来，在华东六省一市课堂教学大赛中有五位教师获得一等奖，四位教师获得二等奖，获得省市区级各类课堂教学比赛一等奖的有 60 多人次。在 CN 专业刊物上发表或在省级专业会议上交流的论文有 100 多篇。

二、立足课题引领，有效开展校本教研

"为了学校、基于学校、在学校中"的校本教研正是学校形成特色的一条可探索的道路。随着课程改革的不断深入实施，一个不可忽视的问题是，传统的教研模式已不适应今日课改发展的需要。以往学校教研关注的问题随意、多变，备课归备课，上课归上课，评课面面俱到、蜻蜓点水，课堂研讨没有一个明确的方向目标，没有就某个教学问题进行较长时间的深入探究，不能真正解决教学问题，不能达到研究、提高的目的。再者，由于以往教研更多关注教学，缺乏对教师专业成长的关注，再加上平时教师教学任务重，教研耗时低效，在一些教师的眼中，教研活动就是为了完成学校布置的"任务"，甚至视为"负担"，对参加教研缺乏积极性，被动参与较普遍。我校以课题研究为载体，构建"三课一体"的校本教研模式的探究，使校本课题研究得以落实，使校本教研工作发挥良好的效益。

找准课题，探索校本教研模式。(一)从问题出发，寻找研究方向。任何研究总是从问题开始的，校本教研也不例外，应以教学中的问题为起点，提高问题的针对性是校本教研由形式走向内涵的前提。因此，在校本教研工作中，我们坚持把问题课题化，把工作科研化，把结果成果化的研究思路，引导教师将日常教学工作中有教育意义的小问题转化为小课题。要求教师在教研中所提的问题不仅是自己的，而且是课堂教学中真实发生的问题。同时，各教研组把教师个体发现和提出的问题，经过反复讨论转化为教师群体共同关注和思考的问题；把本组课堂教学中发生的真实问题概括、提炼、升华为有价值的教研主题(课题)。这样，将教学中的问题提炼为鲜明的主题(课题)，以此来牵动、支撑校本教研，使其走向明晰。(二)构建"三课一体"校本教研模式。学校最常见的教研活动还是备课、上课和评课，而许多学校在这一过程中，没有一个始终如一的研究问题，研究不能解决教学问题，教研耗时低效，教师缺乏积极性。我们探索了以课题研究为

载体,构建"三课一体"的校本教研模式的研究,即一个学年里,学校每个教研组围绕一个研究课题,开展备课、上课、评课研讨,这样备课研讨、上课实践、评课反思研讨都围绕一个专题,使公开课教学的全过程变成教学研究的过程,推动了校本教研工作不断前行。

点面结合,提高校本教研实效。(一)立足高效课堂,践行"三课一体"校本教研。课堂教学是提高教学质量的主阵地,高效课堂的构建,需要强有力的校本教研为依托,加强"三课"研讨是提高课堂教学水平的有效途径。通过以课堂教学为中心,以"备课、上课、评课"三位一体的教研活动模式为手段,以提高教学质量为目的践行校本教研的新路子,从而实现高效课堂与校本教研相互促进,良性循环。一是推行共享型备课。日常备课采用个人备课—协作研讨—资源共享—个性化使用的流程。教研组每位教师都围绕研究的课题学习有关的理论,一起钻研有关教材,一起设计教案,聚集体的智慧,促进教学问题的研究。二是上课关注在教学互动中提高实效。所有参加听课的教师都要先备课,了解研究的课题和教学内容,围绕研究的课题进行课堂观察。听课要采用科学的方法,通过多种教学观察手段,掌握第一手资料,为课后研究作准备。三是评课活动注重教师的感悟(反思)。执教者和评课教师都要围绕研究课题进行反思,事先准备好发言稿。评课教师要围绕研究的课题,敢于亮出自己的观点,与同行进行思想的碰撞、交流。建立课题校本研究制度,形成浓厚的学术研究氛围。通过教研组集体备课研讨、课堂观摩、评课反思、案例分析、问题会诊等,在实践与摸索中找到解决问题的途径。(二)拓展交流平台,推进"三课一体"校本教研。首先,整合资源,提高校本教研实效。学校以活动为载体,拓展交流平台,深化校本教研。一是每年组织开展一次教学开放周或专题教学比武活动。如青年教师教学比武、教师基本功比武、教师说、上评竞赛等等。二是与市教科所开展合作教研。我校是市教科所合作教研基地校。根据教科所的安排,我们确定了数学、英语、美术三个教研组,开展合作教研试点,参与市教科所的省级课题——"学科教研组有效研修模式的实践研究"的研究。在教科所老师的指导下,制订教研组活动计划,邀请他们参加教研组活动,利用市教科所的教研力量,提升校本教研的水平。三是加强片区教研。为发挥我校省示范校、课改基地校作用,积极与兄弟学校合作教研,资源共享,一起学习,共同提高。片区学校相互参加教研组活动,开展"同课异构"教学研讨,送课下乡,交流课题研究经验,组织毕业班教学研讨等活动。四是加强同城化教研,有力地提高教师的教学水平。五是引入外来资源,丰富校本教研。如《福建教育》编辑与教师们开展教学研讨。总之,与校外的交流与合作,能带给学校更多的课改思路和启示。其次,开设校园课题研讨网站,把校本教研延伸到课外、校外。我们以学科组为单位,以每学科组的课题为研讨主题,每月由组长上传小课题,让教师们在网上自由发表意见,为教师个体学习、教学研究提供空间,从而推进了校本教研的实效。近三年来,我校就有一个全国课题,九个省市级课题顺利结题,仅 2011 年学校就被评为全国"十一五"优秀教育科研基地校,课题"以人为本,构建和谐课堂的实践研究"被评为全国"十一五"规划课题优秀成果,课题"引领学生走进课外阅读"获得省级一等奖等等。学校在区组织的教学质量综合评估中年年获得一等奖。学生素质得到全面提高,特长得到发展,在区级以上各级各类比赛中获得一、二等奖几百项。

　　校本教研涵盖了学校的方方面面,涉及的不仅仅是教学问题,而且是学校的整个教育问题。我们将树立科学的发展观,让校本教研成为一种习惯,探索出适合学校实际的校本教研机制,从而带动学校的发展。

主要参考文献

刘良华:《校本行动研究》,四川教育出版社 2002 年版。
郑金洲:《校本研究指导》,教育科学出版社 2003 年版。
戴亚东:《校本教研管理机制的构建》,《黑龙江教育学院学报》2013 年第 7 期。
李敏:《校本教研现状之分析》,《教育理论与实践》2005 年第 3 期。

公益类校本课程的开发与思考

贾 悦[*]

校本课程是从学校本土产生的,既能体现学校的办学宗旨,也是对学校课程和地方、国家课程的补充。校本课程与地方课程、国家课程相区别之处不仅在课程体系中是不同的组成部分,更重要的是校本课程体现出学校特色,更注重培养学生的实践能力,与学生实际生活结合更加紧密。比如很多学校会开设"制作泡菜"等实践型课程,学生和教师都在教学中进行探索。

一、公益性校本课程设置

校本课程作为课程最重要的一部分应遵循课程设计的科学性。现在的学校课程多借鉴西方学校课程设计,比如英美国家非常注重学生在公益活动和社区活动中的表现。很多中国学生在申请外国的学校时因为没有这项活动参与而失去很多珍贵的机会,因此学校从对学生有提高的角度上,选择了增加公益类课程。

公益类校本课程分为两类,一类是学生通过听课了解公益活动,了解公益现状。这类课程在中学课堂开设得比较少,原因主要有两点,其一是缺少专业研究的教师,将这样的课程讲满一个学期有理论高度,比较困难,其二是中学生离社会比较远,因此很难体会出这类课程对自己生活的重要性,因此在中学校园开设并不多。第二类课程是学生参与公益,比如学生会在学校的带领下走进老人院、走进特殊学校。很多学校在最后总结的过程中认为这类活动并不成功,因为在后来的活动中,很多时候合作方不愿意让学生直面接触这些特殊人群。造成课

---

* 贾悦,福建省厦门双十中学漳州分校教师。

程失败的主要原因在于公益类课程主要看重学生活动这个过程而忽略了课前的理论准备。学生不仅仅需要参与活动,更重要的是对活动的设计,他们参与其中要设身处地地为特殊人群考虑,要知道他们设计怎样的活动才可以真正帮助到特殊人群,而不是简单地做该单位工作人员做的工作。

公益类课程的改革方向应当是将理论课程与实践相结合,学生在进入公益活动开展的场所之前要先进行详细的准备工作。首先,要了解这个群体,这个群体所面对的困境和他们自身的状态。以自闭症儿童为例,首先应该明确自闭症儿童有刻板行为,交流障碍,其中的一部分智力存在障碍。在帮助他们的时候存在的困境是自闭症儿童无法体会人与人之间交流的基本感情,学生很多时候以为的"善意"实际上却对自闭症儿童造成很大的伤害。其次,学生应充分地了解这个群体,与他们建立感情后要进行活动计划。学生在去活动之前要明确活动的目的,从什么方面帮助这些人群。学生的这个活动需要教师的指导以及学生之间共同的讨论。学生在按照计划去完成活动之后需要撰写报告,在这个报告中体现出自己的工作量以及自己的收获等。有兴趣和能力的同学还可以在一次活动中提炼出探究的实验或者课题。

公益类课程去帮助特定的群体是很好很常用的思路,但是从小处着手的公益类活动也很值得提倡,也与中学生发展的能力匹配。这类活动有体验一些公务人员的工作,比如交通指挥员、图书管理员和公共场所清洁人员。学生能够维持一个场所的秩序和清洁就是很了不起的成就,即使是这样简单的任务也需要学生们的通力合作。这种课程也加强了学生的功德意识。这种类型课程学校与外界的单位有一定联系,学生不但是学习,而且有类似于实习的性质,学生能得到实际操作的知识很多。

二、公益类课程三要素

公益性课程的开发比实施过程要困难很多,因为公益性课程与社会接轨,课程成功与否受到很多因素的影响。如果在课程设置的初期学校进行足够的准备,那么课程就可能成功。课程的开发要从多方面考虑,首先是可行性,很多课程设计非常新颖,听起来也很吸引人,但是耗资较高,而且需要调动的资源多。这种课是不成功的。公益课程重点是体会普通人平常心,有时候甚至是非正常人群的生活,如果耗资过高,那么这门课程本身的设计就是不合格的。第二点是参与实践性,公益性课程的重点在于学生在实践的过程中有所收获,学生在课程中应当亲身参与,将自己的想法融入学习中,增强学生融入公众生活的社会责任感非常重要。第三点是可评估性,在学生公益性课程中常常遇到的问题是学生仅仅参加了活动,但是活动之后教师很难评价出学生的表现,如果没有评价的体系,那么学生从中得到的无论是知识还是情感上的提高无疑都不多。因此在课程设计中应当注重课程的可评价性,在课程设计中明确能够提高学生哪部分的能力,在课程上完之后也要注意学生撰写的报告,学生自主报告他们哪些能力得到了提升。

公益类课程的可行性应从资金和时间两个角度来考虑,首先是课程需要多少资金,比如调研类的公益类课程尽量选在比较近的地方,临近水源的学校可以选择保护水域的健康,而不选择沙漠化等研究主题。在乡镇的学校可以关注留守儿童,在城市的学校关注农民工子女就读等方面,学生在提高认识的同时尽量选择占用比较少资源的公益类项目。不可完全学习其他学校的经验而不考虑实际因素。其次时间因素,一个课程的时间不仅仅包括学生活动的时间还有前面教师指导、学生讨论等都算在课程的时间里,在计算课时的时候应该都考虑在内。因此课程不可以时间过长,学生花在实践上的时间不应该占全部课程的大部分,应当是 30%~40% 的时间。总课时也不应该超过 48 学时。

在高校所作的公益类课程调查中发现,课程比公益类活动给学生的东西更多,但是高中生与大学生有区别,理论性的课程对本科生来说有帮助,但是中小学生对于理论的理解还比较浅显,因此公益类理论课程对中学生并不适用。中学生应当在生活中学习,在实践中学习,中小学生的计划能力比较差,如果通过用实际的活动来增加学生的计划能力是非常有效的锻炼计划能力的方式。中小学生中很大一部分学生还不懂得如何合作,如何和别人交往,如果学生能够参与到公益类课程中,那么学生的合作能力一定会得到一定程度的提高。

实践类课程的普遍问题是很难评价,学生是共同完成任务的,教师无法完全公正准确地判断出学生每个人的工作量和贡献程度。无法评估的课程不能认为是成功的课程。在很多学校的公益类课程最后的成绩是大家基本相同的分数,或者不算分数,只给一个大概的等级,但是这种方式对于努力工作的学生有一定的负面影响。因此在课程的最后学生一定要形成一篇报告,报告需要教师指导,并且算进学生的课时当中,教师对于报告的内容评论要有量化的评价,如果学生学得不好需要重新做,直到完成这个课程的标准为止。这个报告中重点是体现出学生在活动中做了什么,学生在活动中有哪些收获,学生将这些内容整理出来,可以体现出课程的作用。

　　现阶段公益类课程在中小学课程中仅仅是一个起步阶段,虽然未来的路很长,但是在开始的时候就应该将课程设计科学化、标准化,这样学生才可以从中有所收获,而公益类课程开设的目的才能得到真正的体现,而不仅仅是表面上的功夫。

主要参考文献

　　宋垚侦、蔡映辉:《公益课程:高校同时教育课程改革新探索》,《汕头大学学报》2013 年第 2 期。

　　蔡映辉、周艳华:《大学生公益活动与公益课程育人效果的实证比较》,《教育理论与实践》2012 年第 5 期。

　　卢妙娜:《增设公益类课程,增强学生社会责任感》,《考试周刊》2013 年第 11 期。

小学校本课程"大课间活动"的实施

郑曲云[*]

2011 年 7 月,教育部颁发了教体艺〔2011〕2 号文——《切实保证中小学生每天一小时校园体育活动的规定》,要求中小学每天上午统一安排 25～30 分钟的大课间体育活动,并纳入教学计划,列入学校课表,认真组织实施。我校积极响应,于 2011 年 9 月申请泉州市教育科学规划研究课题"泉州市中小学大课间活动现状与发展实践研究"的子课题"雁山中心小学开展有效性大课间活动的探究"。从此,大课间活动便在雁山中心小学扎下根来,并不断丰富其内容,继而成为我校的一个特色。现在,我校已将大课间活动作为校本课程加以开发,从而实现三个目标:一、学校发展的目标:通过研究大课间活动的时间、内容、组织策略、评价体系等,针对我校的校情,能够找到一种适合本学校开展的、能够促进学生积极参与并且效果良好的大课间活动模式;推进学校探索大课间活动改革与发展的新途径,形成学校特色,提升办学品位。二、学生发展目标:保证学生每天一小时的体育锻炼时间,增强学生的体质,消除学生的疲劳,缓解学生的压力,培养学生的个性、情感、兴趣等多项素质。三、教师发展目标:让"每天锻炼一小时,健康工作五十年,幸福生活一辈子"的口号深入人心,融洽师生关系,构建新型的和谐、平等的师生关系。

我校大课间活动内容主要有三大板块:体育、英语、心理健康一共八套操,除五祖拳健身操以外,其余的七套操:武术操、英语操、激励操、亲子操、团体操、兔子舞和放松操,它们都是基于"让每个学生沐浴七彩阳光"的理念,由前任校长黄毅君整体策划,带领唐美贤、傅侨梅、蔡丽华、林培春、赖燕妮等多位骨干教师精心组织、科学安排、自主创编而成的。可以说,今天这样一堂变幻多彩而强身健体的大课堂,是全体雁山人智慧和辛劳的结晶。现在,我将这七套操的创编理念

---

　* 郑曲云,福建省晋江市池店镇雁山中心小学教师。

和特色向大家做一个简要介绍。

武术操。该操将武术的基本手型、手法、步型、步法、腿法、身法等进行动作分解,包括敬礼(抱拳行礼)预备姿势(并步抱拳),(一)手型变换,(二)开立冲拳,(三)马步双击,(四)开立穿掌,(五)仆步亮掌,(六)马步格挡,(七)马步斩掌,(八)弓步推掌,敬礼(抱拳行礼)等八节操的内容。每节有四个八拍,全套动作可在 6 分 40 秒内完成。该操适用于中、小学生,动作由静到动,由慢到快,由简到繁,可使全身各部位的组织和器官都较充分地活动起来以得到锻炼,并可在优雅的音乐和哨声伴奏下缓速进行,提高锻炼情趣,有较好的健身效果,易于学习和推广。

英语操。为了让我校一、二年级学生感受英语的魅力,在英语操营造的情境中产生对英语的兴趣;让三、四、五、六年级的学生保持对英语的学习兴趣,结合肢体语言强化生活中重点词汇、功能句的记忆,我校英语课题组成员联合技能组教师创编了雁山中心小学首套英语操《Happy English》。本套操由八大节组成,前四节是生活中常用的重点动词词汇,后四节是生活中常用的主要功能句。学生边说英语边做操,在欢快的节奏中学习、记忆英语知识,十分有趣。时而优雅、时而欢快、时而动感的动作结合英语说唱,可以让学生在情境中发展自主学习能力,所说唱的内容有利于学生长期感知英语的魅力,克服不敢开口的心理障碍,树立学好英语的自信心。

自我激励操。自我激励操最大的特色是选择具有激励效果的歌曲,让学生在歌词的引领下,通过心理暗示,边歌边做操,在大家的陪伴下不知不觉地树立信心。本套操有三首音乐:《雪之梦》、《我真的很不错》、《有用的人》。《雪之梦》这首曲子比较悠扬,可以让学生静下心来,宛如在森林中侧耳倾听潺潺的流水声、树木呼吸的声音;而《我真的很不错》让学生在歌词的引导下,明白每个人都是很不错的;最后《有用的人》是想告诉学生们,只要你肯,每个人都会成为有用之人,从而达到自我激励的目的。为了让学生尽快融入做操的情境,我们特意在做操前设置一首由我校六年级(2)班苏子怡同学朗诵的诗歌,舒缓的音乐,动情的朗诵,给学生极好的心理暗示。自我激励操的动作,我们更多采用竖起大拇指、握拳等有一定激励作用的动作,操即将结束时,学生们伴随着余音大声高喊:"我很棒,我很棒,我真的很棒!"激励的作用达到最高境界。

亲子游戏操。亲子游戏操最大的特色是创设一个宽松、和谐的氛围,让孩子和家长零距离地接触,从而增进了亲情。音乐有缓有急,有快有慢,如同我们的亲情,有时需要火热的爱,有时需要润物细无声的情。本套操有三首音乐:《我有一个家》、《洗涮涮》、《让爱住我爱》。在《我有一个家》中，我们只截取第一大段的歌词，让孩子与家长面对面，一起嬉戏、玩耍，让孩子从内心深处感受到浓浓的亲情；《洗涮涮》这首歌耳熟能详，很生活化，而我们的亲情更是在生活的点滴中体现出来的，这首歌动感十足，似我们浓烈的亲情，让孩子们在游戏中，在炽热的动感音乐中，感受亲情；最后的《让爱住我家》截取的是音乐的结尾部分，如歌词所述，让爱住你家，让爱住我家，这是我们最大的希望！最后音乐在一个小孩甜甜的笑声中结束，而我们的孩子最动情的呼喊"爸爸，妈妈，我爱你们！"便是他们真情的自然流露。

人际交往操。人际交往操的背景音乐是《我有一双灵巧的手》。最大的特色是大家面向圆心围成一个圈做操，学生们的动作有一定的规律，前两个小节的前四拍学生之间先互相拍手后，再做动作。而动作自上而下，目的是让他们有机会把身边的伙伴细细地从头欣赏到脚，这对孩子也是一种润物细无声的教育。我们让孩子拉起手来，往圆心靠拢，既代表了学生们团结一致，更象征着一朵朵娇艳的花朵正在我们雁山的操场上绽放。我们还让孩子们相互按摩耳朵、颈、肩、背，不但能起到放松的作用，而且可以增进学生间的友谊。搭桥游戏把孩子带进欢乐的海洋，每个班级呈蛇形的队伍很是壮观。最后孩子们能跟着音乐边拍手边迅速变回原来的队列，是如此丰富的大课间活动提升了他们的素养。

兔子舞。各班排成四列纵队，排头的学生双手叉腰，后面的学生依次搭在前一位学生的肩上，和着欢快的节拍起舞，队列的走向全凭领头学生的指挥。此操运动量适中，既能培养学生的团队协作能力，陶冶学生的情操，又能达到强身健体的目的。

放松操。学生在前面做了八套操之后，已出现疲劳，身体的各种机能和兴奋性都逐步下降，这时必须进行积极的放松活动，让学生由紧张的运动状态逐步转入到相对的安静状态。于是，我们选择了音乐和舞蹈放松的形式。所选取的音乐《萤火虫》旋律舒柔，歌词健康积极向上，再配上柔缓的、动作相对简单的舞步，使学生兴奋的情绪安静下来，紧张的肌体松弛下来，达到心静身舒的目的。

如此内涵丰富，形式多样，颇具难度的课间操，我校用了不到两个学期就在全校师生中普及应用，我们靠的是"全员参与，群策群力"。我校大课间活动实行分层管理，校长负责人员调配，副校长负责安全管理，教导处负责课时保障，充分调动各班主任及各任课教师的积极性。开展大课间活动，我们要求无论年龄大小，无论男女教师，无论校领导和教师都要参与进来。为了加强活动的协调和组织，我们在一二年段每班各增派一名专职教师协助训练，每天安排一名教师负责巡视、监督学生的做操情况。

在训练的初始阶段,我们采用主管教师培训骨干教师和部分学生,再利用每天的大课间和每周三下午第三节校本课集中培训全校师生。全校师生始终以饱满的热情投入其中,认真学习,刻苦训练,终于将七套操完整地、完美地呈现出来。

为了激励学生们做操的热情,在普及完武术操和英语操后,在全体教师的共同努力下,我们举行了全校性的课间操评比,每个学生都以昂扬的斗志积极参赛,整齐嘹亮的英语口语,铿锵有力的"吼、哈"响彻校园,蔚为壮观。

每次大课间活动,学生的进场、出场都有教师的陪同,班主任走前,科任教师在后。教师在学生方阵后面,和学生一同做操、一同起舞、一同高歌,每一次的音乐响起,都是雁山中心小学师生同唱的健康之歌、快乐之歌、和谐之歌。

这七套操如果每天都做显然运动量过大,学生容易疲沓和厌烦,所以,体育课题组经过研究,将这八套操分散在五天里,即每天除了五祖拳健身操和兔子舞是必做项目外,再安排两套操。具体安排为:周一激励操、五祖拳健身操、英语操和兔子舞;周二英语操、五祖拳健身操、团体操和兔子舞;周三武术操、五祖拳健身操、亲子操和兔子舞;周四激励操、五祖拳健身操、亲子操和兔子舞;周五武术操、五祖拳健身操、团体操和兔子舞。我们将每天的大课间活动内容输入"校园广播"系统,每套操的时间精确到秒,系统按照事先编好的程序逐一播放,从出场到退场实现音乐无人操控,不但简便高效,而且能保证广播室的负责教师也能参与大课间活动。周一至周五,每天的大课间上,不同的操轮换上阵,让孩子们感到新鲜,每天,孩子们在期待中快乐做操。这样的大课间,让我们的孩子充满活力,充满激情。

2012年12月,我校成功举办了晋江市首届中小学心理教师校园手语心理操观摩体验活动,整齐划一的动作、投入专注的神情、和谐快乐的氛围表现出孩子们在校园里"开心学习、快乐成长"的蓬勃朝气。

今年3月,我校先后派傅侨梅、蔡丽华和唐美贤教师到我们的"小片区管理"协作校东山小学传授英语操和武术操,丰富了东山小学的大课间活动内容。

自2012年底,我校学生的"五祖拳健身操"获得池店镇比赛一等奖后,更是戒骄戒躁,继续发扬吃苦耐劳的精神,一路过关斩将,先后在晋江市、泉州市比赛中获得一等奖。

我校的大课间活动还得到泉州市教科所柳惠斌老师、晋江市教师进修学校洪民族老师的亲临指导。在柳老师的指导下,我们将英语操和激励操这两套运动量相对较小、场地也无需太大的操作为雨天室内操,将教室过道、走廊作为运动场地。雨天,学生照样能在教师的组织下做操,学生"每天锻炼一小时"的要求落到实处。柳老师还为我们的大课间活动提出一条极具建设性的意见,"音乐采用分段性以让学生明确辨析,能渗透文化教育"。于是,我们在进场音乐的选择上作两个改变。其一,晴天,在进场之前,先播放我们的校歌,学生听到音乐后迅速在走廊、楼梯排好队。等全校学生做好进场的准备后,再播放运动员进行曲,学生心领神会、气宇轩昂地踏步进场,整齐、高效。其二,雨天,做操之前的音乐不是运动员进行曲,而是节奏感很强的《五环旗下》,学生一听便各就各位,走廊抑或教室便是他们体验快乐的地方。

我校的大课间活动能从人文关怀出发,从可行性出发,可以说走在全镇的前列,已经成为我校的一个办学特色,我们还将把它提升为校本课程加以开发、完善。

自从开展大课间活动以来,学生的精神面貌明显改观,变得富有朝气。由于每天保证体育锻炼一小时,学生的体质也明显增强,学生体质健康合格率大大提高了。学生每学一套操都能全身心投入,我们发现,学生的悟性提高了,动作协调能力也得到很好的发展。我校学生的"五祖拳健身操"先后在池店镇、晋江市、泉州市比赛中获得一等奖,这些殊荣得益于丰富的大课间活动。我们甚至了解到学生回家后会和家长做"亲子游戏操",亲子关系更加和谐了;通过做团体操,学生之间沟通多了,也学会了谦让。教师们在大课间活动期间,无论是学操还是做操,都全程参与,除了锻炼了身体,更学会从理论层面诠释这些操的不同内涵。任何工作只有不断发展,与时俱进,才可能历久常新,长盛不衰。

我们学校的大课间活动也有很多不足之处,还需要作进一步的调整和完善。如受到场地狭小的限制,我们目前的大课间基本没有学生自己自由的活动时间和自选的项目,基本算是全体学生一起整齐划一地在做、跳,在形式上还有一些单调。我们发现,老反复做那几套操不变化,学生初期兴趣浓厚,时间一久就觉得乏味,需要不断翻新花样,不时更换新操,而且普及起来也会很麻烦,一二年级的学生难以适应。我们全校学生在训练这七套操中耗费了很多的时间和精力,有好几次甚至占用了教学时间,这样也不太好。尽管我们还计划继续创编国学操、第二套武术操和第二套英语操,但是从创编到全校普及还有一段艰辛的路要走。如何进一步提高效率?有没有更好更加省精力和时间的方式来取代?我们还在摸索中。

小学特色校本课程建设中的快乐贴画

游美兰[*]

学校不断深化"快乐贴画,贴出快乐"育人理念,先后推出"贴画校本,快乐课堂"、"书香贴画,快乐阅读"、"贴画育人,快乐童心"、"亲子贴画,快乐家庭"、"贴画实践,快乐生活"五大贴画校本育人体系。以贴画为载体,学校育人插上了艺术的翅膀,孩子们诗意地在贴画乐园里快乐成长。贴画艺术曾被誉为"20世纪最富灵性和活力的艺术形式之一"。它的创意无限、取材广泛、形式多样,极大地彰显了人们的想象力和创造力。尤其对儿童来说,贴画创作不仅给予他们自由想象的空间,还赋予他们发现美、体验美和创造美的灵感。

2009年,承载着"创规范加特色学校、育合格兼特长学生"的办学目标,贴画艺术作为校本课程开发特色项目引进东山小学校园。三年多来,学校不断深化"快乐贴画,贴出快乐"育人理念,先后推出五大贴画校本育人体系。通过建设学校贴画艺术长廊,建立班级贴画展示台,配备学生贴画作品集,开设贴画校本课程和兴趣小组,让贴画艺术扎根校园。通过开展贴画、展画、赏画、评画系列活动,让贴画艺术延伸家庭。通过赠送贴画作品、制作贴画宣传卡、举办贴画技艺培训、聘请贴画校外辅导员,让贴画艺术辐射社区。以贴画为载体,学校育人插上了艺术的翅膀,孩子们诗意地在贴画乐园里快乐成长。

一、贴画校本,快乐课堂

编写《贴中显智慧》低年级版、中年级版、高年级版三册校本教材,并配套教师指导用书。每周每班开设一节贴画主题校本课程,由专职美术老师任课,引导

* 游美兰,福建省南平市东山小学教师。

孩子们变废为美,把生活中常见的糖果纸、坚果壳、皱纹纸、蛋壳、碎布等材料,通过画一画、剪一剪、贴一贴变成赏心悦目的贴画艺术品。孩子们在快乐的贴画游戏中动手实践,在动手实践中动脑思考,在动脑思考中创造美好,从而培育低碳环保的思想、认真细致的态度、合作友爱的情感和热爱生活的品质。

配套兴趣小组贴画教材,开展贴画兴趣小组活动。分低、中、高三个学段,选择学段贴画巧手,举办三个兴趣小组。由专职美术老师具体负责,聘请校外辅导员、贴画艺人进校辅导,倾力于精品贴画作品的指导与创作。把兴趣小组活动与优秀生培养相结合,兴趣小组学生的贴画作品作为学校艺术长廊和展室主要展览作品来源,既美化了校园环境,深化校园文化建设,又激发了学生艺术创作热情,培养了学生的自信心。

二、书香贴画,快乐阅读

把"贴画艺术"和"经典诗文"相结合,通过诵千古经典、品时代文化、展技艺之花、享艺术之美,全面推进"书香校园"文化建设。

在读书节系列活动中,结合贴画小课题研究,开展"一歌一贴"、"一诗一贴"、"一词一贴"活动。书香贴画活动让师生亲近书籍,与好书为友、与经典对话、与博览同行。孩子们流连在文学与艺术的殿堂里,诵读着一篇篇优美典雅的诗词歌赋,创作出一幅幅栩栩如生、精美绝伦的书香贴画作品。让书香走进贴画,让贴画闪现书香,既提升贴画艺术的文学品位,又让书香文化蕴含浓浓的艺术内涵,经典诵读也使我校"贴画艺术"特色办学绽放出异彩。

三、贴画育人,快乐童心

我校以贴画艺术为载体,将贴画文化与德育教育活动紧密结合,围绕爱国主义、平安教育、环境保护、节能减排、心理健康、社区实践、红领巾手拉手等主题,开展丰富多彩的贴画育人活动。结合传统节日,引导学生创作贴画,培养热爱学校、热爱家乡、热爱祖国的品质;结合安全教育,创作主题贴画宣传卡,让学生在艺术创作中学习安全自护知识;结合养成教育,在贴画艺术创作中,培养学生说文明的语言、行文明的举止,养成文明的好习惯。

贴画架桥,我校快乐育人活动精彩纷呈。新年到来,与延平区开智学校手拉手开展主题贴画教育活动,共享贴画创作乐趣,表达关爱之情;三八节,学校农民工子女认真制作贴画送给爱心妈妈,表达感恩之心;春节来临,少先队员给干休所的老干部送上贴画,表达祝福之意;六一节,举办主题贴画展,小伙伴们三五成群地评画、赏画,增进友谊。贴画与德育联姻,不仅丰富了贴画艺术内涵,赋予贴画以育人功能,也让德育奏响了快乐的艺术乐章。

四、亲子贴画,快乐家庭

邀请贴画艺人进校,以贴画的构图、选择材料、创作、装裱等为内容,定期举办家长主题贴画技艺培训,掌握贴画技巧。家长委员会牵头,组织家长进校园参观,走进贴画校本课堂,全面了解贴画艺术。

布置亲子贴画家庭作业,小手牵大手,孩子们和家长交流在课堂中学到的贴画知识。大手拉小手,家长和孩子交换对贴画作品的创作意见。成立校园亲子贴画俱乐部,每学期举办一次亲子贴画沙龙活动。亲子手拉手,以贴画艺术为话题,在不断沟通交流中,亲子之情快乐地扎根在艺术乐园里。

五、贴画实践,快乐生活

开展"美在我身边"中队主题贴画小课题研究。教师引导学生、家长牵手孩子、社区贴画艺人走进课堂,引领学生们在贴画艺园里努力地发现美、表达美、展现美和创作美。

低年段以"美丽的植物"为研究课题,孩子们牵手教师、伙伴和家长一起亲近大自然,寻找植物的美丽身影,和植物留影。了解植物的知识,制作植物知识宣传卡。保护植物,和植物交朋友。在生活中收集制作贴画的材料,创作植物主题贴画作品。让美丽的植物走进孩子们的童稚视野,走进孩子们的艺术创作,走进孩子们的纯净心灵。

中年段研究创作的主题是"美丽的动物"。在活动中,有的中队请美术教师做活动的专业顾问,现场传授贴画技巧;有的中队到动物园,实地观察各种动物;有的中队上网搜集各种小动物的图片,并和同伴分享;有的则三个一群两个一伙,充分利用集体的智慧进行贴画创作。形式多样的实践活动丰富了学生的贴画知识,提高了对贴画艺术的浓厚兴趣,促进了学生探究意识、合作和实践能力的培养。

高年段以"美丽的家乡"、"美丽的心灵"为主题,开展丰富多彩的贴画研究活动。组织学生到文化馆和专家交流探讨贴画技艺,培养艺术创造能力;通过上网、阅读、走访民间艺人,了解贴画的悠久历史、深刻内涵和独特的审美价值,研究能力得到培养;和友邻单位共建,成立社区小志愿者服务队,引导学生用精美的贴画服务社区、感恩社会,培养社会责任感。

快乐贴画,贴出快乐。我们将不断拓宽贴画育人渠道,不断丰富贴画精品工程的内涵。让古老而有活力、简单而不平凡、神奇而有魅力的贴画艺术之花,快乐地绽放在东山校园的每一个角落,快乐着每一颗幼小的心灵,快乐着每一个童年的梦想。

"儿童剧表演"的校本课程初探

林建丽 *

　　本文通过儿童剧表演教学内容、实施价值与意义的分析思考,对在小学校园内建设这一特色课程进行可行性探讨,并结合笔者所作的实验性教学的实践经验,思考如何更为有效地开展儿童剧表演教学活动。

　　儿童剧指适用于小学阶段表演的舞台剧。它包括课本剧、经典童话剧、经典绘本剧。儿童剧表演教学立足于指导儿童将所阅读的文学类作品用生动的方式在舞台上表演。儿童剧表演教学融合了语文、阅读、音乐、舞蹈、美术等学科。

　　但是在中国,儿童剧还处于起步阶段,有不少人关注,但实践很少。近几年,我国不少城市引进了西方儿童戏剧教育理论,在幼儿园开展儿童戏剧表演教学,并有不少成功的案例。有些民办教育机构以盈利为目的也开设了"儿童剧表演教学"课,收费颇高,受众较少。近几年,在不少城市有国内外的专业剧团表演"儿童剧",但门票都过高,无论是观看还是表演,同样是受众较少,影响力不大。而在中小学校园内课本剧进课堂还只是一种教学手段,有不少的语文教师将课本剧表演作为阅读与作文教学的辅助教学手段,并撰写了相关论文。但是这种表演多数还只是停留在分角色诵读文本的阶段,学生并没有很好地进入角色,还是以旁观者的身份来审视角色。

　　好的戏剧表演,不仅表演者能入情入景地表演作品的内容,而且能创造出很好的氛围,用最佳的表演将观众吸引到戏剧表演中来。儿童剧表演教学就是在教学过程中提高学生对文本的理解能力,对角色的领悟能力,以及学会用相应的表演语言、肢体语言等表演技巧来提高自己的演绎能力。总之,在小学阶段,在儿童思维成长的关键期,开展儿童剧表演教学是很有必要的。

　　作为一名语文教师,也同时作为阅读课的教师,我致力于用生动的方式来教

---

　　* 林建丽,福建省北师大厦门海沧附属学校教师。

学,也致力于用生动有趣的方式来激发学生的阅读兴趣。我曾在初中完成了一个名为"戏剧研究与南铎剧团活动实践研究"的区级课题,在初中部开展了五届年度课本剧赛,在区教育局与学校的支持下,我们有了属于自己的南铎剧场——一间戏剧表演的教室。于是,我尝试着与小学五六年级的语文教师合作,举办了一次以年段为单位的课本剧赛。

首先,我把北师大版的小学语文课本 12 册整体翻阅了一遍,挑选出 15 篇故事性较强的课文,然后把人教版的初中语文课本七年级下的《丑小鸭》与八年级上的《皇帝的新装》也挑选出来,再加上晏婴的一个故事与蔺相如的两个故事,整理出了一个有 20 个剧本的《小学语文课本剧集》,并印刷出 50 本作为教学材料。目录如下:《晏婴与崔杼》、《秉笔直书》、《晏子使楚》、《二桃杀三士》、《去年的树》、《三颗纽扣的房子》、《为了他的尊严》、《一个苹果》、《蔺相如之完璧归赵》、《蔺相如之渑池之会》、《蔺相如之负荆请罪》、《生死攸关的烛光》、《丢失的骆驼》、《西门豹治邺》、《穷人》、《金色的鱼钩》、《丑公主》、《甘罗十二为使臣》、《皇帝的新装》、《丑小鸭》。

接着,用每周一节的阅读课,把剧本集分发给五六年级的学生阅读,每个班级挑选出一个自己喜欢的剧本,熟读、分派角色,然后就在南铎剧场开始排练。课堂上,教师指导的内容有初中课本剧表演视频的观摩学习、发声吐字的技巧与方法、台位的设计、演员之间的配合、服装的设计与搭配、宣传海报的设计与制作。在一个月的时间内,除了使用阅读课的教学时间,还利用了半个小时的大课间与下午的体锻课,每个班的指导时间平均为 6 节课,再加上学生自己课下的排练时间,每个剧组的排练时间平均为 10 个小时。五六年段分别利用了下午的班会课时间进行了课本剧赛,邀请了中小学的语文教师以及学校的领导作为评委,顺利地开展了比赛活动。

然后,在第二个学期,我们让六年级的学生给三四年级的学生表演了他们的节目,这个活动称为课本剧展演。因为时间的限制,每个班级只展演了一次。在整个学年的课本剧表演(也可称之为儿童剧表演)活动的过程中,我也有了不少的经验教训。如要有效地管理班级的纪律,并尽量让整个班级的学生都参与到表演活动中来,否则,那些没有参与表演的学生会感觉到无所事事,不仅没有参与到教学活动中来,而且会破坏课堂的纪律。教师在教学活动开始前,对学生的表演能力要有恰当的评估,也要对一个月的教学能达到的结果有恰当的估计。即需要有一个学生表演水平的量表。以及对排练过程中学生可能出现的问题与障碍有提早的预测。每个剧组的排练时间表要提早列好,每次排练要确定一定的教学目标,教学活动需要一个循序渐进的过程。一定要与班级的语文教师与班主任多沟通,多探讨,共同合作,这样才能更为有效地提高学生的表演水平。带着在初中成功开展课本剧表演教学活动的经验,在小学的儿童剧表演教学活动开展得也较为顺利。儿童剧表演教学活动深受学生的喜爱。

　　精致的舞台剧《去年的树》。2013年10月26日,北师大厦门海沧附属学校十周年校庆庆典活动中,再次上演南铎剧社经典剧目《去年的树》。这是一个舞美、台词、音乐、道具、服装都制作得比较精致的作品。小演员经过了有感情朗诵的培训,也经过了舞蹈动作的编排,再加上背景音乐的渲染与服装道具的精心设计,6分钟的表演达到了视觉与听觉的最佳效果,并且感人至深。可以说是我们舞台剧表演教学的成功之作。这是日本童话作家新美南吉的经典之作,收入了北师大版小学语文教材四年级下册。课文内容为:一只鸟和一棵树是好朋友,但是,树被伐木工人砍走了做成了火柴,小鸟非常的伤心,四处寻找,最后,找到了火柴点燃的火……。将这个不到500字的童话转化为一个生动的舞台剧是一个复杂的艺术创造过程。首先,要把童话改编成剧本。改编剧本需要形象思维与想象力,不仅仅是将文本切割成为角色的对话,而是一个情境一个情境的设计,剧本中需要有场景的设计,也要有演员上下场的指导,还需要服装道具的配备。编剧在改编的时候,要注意以下几点:台词要注意达到语言流畅,表述简单顺口,声音响亮;演员上下场以及在舞台上的位置都要有提示;与文本的启发性与思想性不同,剧本必须要直接抒情,让演员能用语言把情感直接表达出来。亦即舞台语言不讲究含蓄,而讲究直白;为了表演的生动性,可以加入编者自己的情感与理解;我对文本改动较大的一个地方是结尾,结尾原文是小鸟唱歌给火听,在剧本里,我改成了是树深情地安慰了小鸟。这种改动的原因是小鸟的歌唱不好,也不够感人,改动之后,更好地体现了树与鸟的感情,更为直白。童话原文是让观众心里自己去慢慢地涌起悲伤,舞台剧是直接告诉观众小鸟的悲哀。这也就是读书与表演的最大区别,读书讲究静,在静中沉思,表演讲究热闹,在直观中感动。关于服装道具设计。小鸟服装使用的是学校五周年校庆时用来表演花朵的服装加上白色的绸布剪成的翅膀。小鸟的数量可以根据表演场地的大小来设计。在多次的表演中,我们的小鸟数量有8只、6只、15只。小鸟的翅膀在飞起来的时候非常的动人。树的服装是用墨绿色金丝绒布做成的长袖连体服,然后用仿真藤蔓做成树冠与身上的枝叶。身上的枝叶是直接用双面胶与透明胶贴着,伐木工人可以直接拔走。伐木工人的服装就是米色衬衫,黑色裤子,袖子与裤腿都卷得高高的。脖子上挂一条毛巾。道具有伐木工人的斧子与锯子。这两样道具原来是美术老师用 KT 板裁好,贴上水墨画出来的斧子与锯子的颜色,是黑白色的,门则是一个纸箱做的,颜色是土黄色。第二次表演的时候,为了舞台效果,我把斧子贴上金色的广告纸,锯子贴上银色广告纸,门则贴上大红色的广告纸。夸张的舞台效果就出来了。接着是音乐的搭配:音乐使用的是《森林狂想曲之晨曲》、动画片《犬夜叉》插曲、电影《无间道》结尾插曲,音效使用了西北风、山崩、鸟鸣声。因为找不到树倒塌的声音,我们使用了山崩的声音。关于音乐的搭配,因为不是音乐专业毕业的,说不出什么理论,只能说全凭的是设计者的记忆与经验、个人喜好以及对文本的理解。然后是舞蹈动作的设计,这个舞台剧的动作是本校舞蹈教师设计的,简单,但是很唯美。小鸟出场不是简单的飞,用几个整齐的动作既表现小鸟的活泼,也增加了舞台的美感。伐木工人是三四年级的小男孩演的,用跳跃的脚步来体现伐木工人的残忍与无情。最后,小鸟们围绕着火光飞翔以及动作整齐地倒地,既美丽又感人。所以,儿童舞台剧表演尽可能地融入舞蹈,用肢体语言来表达更多的意思。最后,我想说的是,舞台剧表演又不同于舞蹈,它最重要的是语言,一种融合了朗诵、演讲、模仿的舞台语言。小演员的吐字发音清晰响亮,声音干净有穿透力,并且充满着感情,才能直接打动观众的心。所以,在整体的编排过程中,最艰难的是演员吐字发音的训练。通过反复地训练,达到一定的效果。因为扩音设备的原因,我们这个舞台剧做了合成录音,将音乐与演员的台词在录音棚里做了合成,每次表演都是对口型,这降低了表演的难度。

　　总之,《去年的树》因为它的精美、短小,得到了很多次的表演机会,不同批次的小演员在表演这个剧目的过程中得到了舞台剧表演的体验与训练。我们今后将继续编创出更多这种短小精美的舞台剧、童话剧,让更多的孩子得到上舞台的机会,也给更多的学生观众以新鲜的阅读感受。

县域质量课改发展思考

邱少斌*

  自福建省漳浦县进入高中新课程实验以来,已进行了 8 年 24 次共 86 场高中新课程县级教研。每次教研,我们都作了认真规划、组织并具体落实到位,同时及时反馈,教研取得了预期的成果。

  重视和加强对新课程标准的学习、研究和落实。教师对课标、教材的研究仍有很大的空间,对传统教学和探究性教学的互补性、适用性,继承与发展的关系比较模糊,还表现出疑惑、摇摆和不适应的心态。同时,各校对课标及其解读以及有关新课程实验的材料推荐和学习存在一定的缺失。在交流中,许多教师的认知都存在这样或那样的偏差。因此,学校领导首先对课标在新课程中的地位要有正确的认识,对课标的学习要重在理念,重在地位的确定,要将课程标准的研读与教材内容编排进行对比学习、研究,同时综合分析每年的全国或各地的高考试卷,弄清课程标准在学科评价和试卷上的体现方式、题型创新特点和命题改革变化脉络、趋势。通过课程研究学习,试卷的分析综合和我省高考、会考方案的跟踪、把握,使全体课改年级教师努力做到理念先进、目标明确、方法得当,避免失误和走弯路。

  加强教材建设、教辅选用和开课研究。首先,加强对教材的研究。对三年一贯制的教材研究还要进一步落实,由此引出的授课过程中对教材内容的补充和拓展之深广度把握尽可能地科学,对教学进度和课时把握要得到有效地控制。因此,各校要发动教师广泛进行教材、教法、课标对照研究活动,务必使每一教学环节、活动和教材内容都能从课标找到依据和归宿。同时,建议各校订齐高中各版本教材,作为教师参考书。因为不同教材是同一课标下的产物,它体现了各编写组对课标的不同理解及对学科教学实施,学科基础性、发展性认识的差异,它

---

* 邱少斌,福建省漳浦县教师进修学校教师。

对教师在实施课程时的教材整合取舍、拓展,能提供有益的启发性,从而有利于教师对教材的科学把握和方法的正确采用。其次,重视教辅选择。教材版本和教材教辅选择使用和衔接利用问题,也应引起足够的重视。新教材中模块间、专题间的衔接研究有待加强。新教材教学内容与配套教辅材料的旧教材化在某种程度上干扰了教师的教和学生的学。因此应认真、慎重评估、选用适用阶段性和以三年为目标基础的教辅材料。教师要注意对学生的分析和教辅使用的引导,要有所取舍,不要让教辅牵着走。再次,学科开课。进入高二之后文理科已进入选修模块系列,不同学科模块系列之教学容量的多少各不相同。如理、化、生、政、史、地相对较少,因此高二下在分配课时时要特别注意研究学科模块的学习要求和量的区别。如语文的选修系列模块相对较多,这既要求语文教师在教与学的关系上作出很好的处理,也需要教务处或教研处做好协调工作,对如化学、生物等有关文理反向会考的科目,高一时订齐必修教材,高二上学期订齐选修教材,这是非常必需的。同时对教辅材料的征订也要及时到位,加强学生的训练和知识巩固,有条件的学校最好能多提供一些好的教辅材料给科任教师。不管是学校还是学科教师都应该提前做好阶段性学科工作落实和三年学科教学发展规划。

在县域质量课改中,仍存在着一些问题。

从市县"十佳(优秀)教师"推荐情况来看,近五年硬件提供情况:(一)党政获奖得分91.2%(占总人数百分比,下同);(二)近五年最优教绩得分67.7%;(三)业务成就知名度得分38.2%;(四)技能竞赛、优质课评比得分22.1%;(五)论文发表或获奖得分58.8%;(六)论著、教材教辅、命题得分36.8%;(七)指导学生获奖得分50%;(八)指导培养教师获奖得分33.8%;(九)课题及科研成果得分22.1%;(十)其他业绩或特殊贡献得分20.6%;(十一)以业绩总分为100计,得20分以上者,共21人占30.9%,其中5人得分超过40分,12人得分超过30分。从以上县级优秀教师参评人业绩硬件得分情况来看,总体情况不容乐观,特别建议学校在论文撰写、教科研、技能竞赛、指导教师和学生竞赛等方面要制订出相应的奖教条例,以期培养教师良好的教育教学工作习惯,在业务上尽快成长。

课堂教学中的问题:首先是对多媒体在教学中的运用认识不到位,一味追求课件精美或完全运用课件进行讲座似的教学,或计算机使用不熟练而一味要使用课件教学,有邯郸学步之嫌疑。多媒体在课堂中的教学应是一种辅助手段,是一节课教学中需要时借助呈现的一部分,既不能替代教材,也不能替代板书,不能为求"新"而去"根本"。第二是课堂师生互动少,很多是一言堂,特别是高中教师情况更严重,他们极少有问题的讨论和学生的质疑,由于互动太少看不到学生对课程的理解以及在课堂学习知识过程中应表现出来的获取知识的喜悦。三是在开课中有的老师没有把握好传授知识时作为传授者的自身课堂定位和"知识定位",要么过了,要么心中无数,心中无底。授课时教师要充满自信,但应注意不能把自己放于"知识"之上,以表现老师自我的目的或忽视学生的存在。四是课堂上在学生合作学习时的引导不到位,图"新"而生"乱",在课堂设计中未注意度、在课堂教学中未注意导。五是教材知识结构体系在课堂上呈现时,没有伏笔、呼应,过程的进行未能环环相扣,以达到引人入胜、渐入佳境的感觉。

初中与高中的衔接问题。初、高中衔接包括内容、学科、观念、方法、思维方式、行为方式、发展模式等衔接与发展。中考与高考对学生的不同要求,使得教与学出现了目标要求与方法应对上的差异。部分初、高中学科版本的不对应也使得以初中作为基础的高中学习在知识的积累和学习内容上出现衔接失当问题。因此,教师要及时了解学生,适当了解初中,对初上高中的学生要进行评估、调查、观察,针对差异衔接教学时要采用多种手段相结合,包括引导与自学、系统与遗漏、材料推荐与课堂讲授相互配合。在教学中要重视实际,包括教学设计,教学方案的制订要切合本校实际,学生实际,教学中要注意因材施教原则,懂得循序渐进,在基础与提高的关系中,首先是基础知识、基本能力、主干知识和基本的技能的过关。注意并处理好"学与教"的关系,"考与教"的关系,"能力与知识"的关系与衔接,注意循序、就近发展,防止跳脱拔高。复习或考试要有更多的选择、取舍、改造和加工,并特别注意及时反馈。加强学法指导。

课改中教师存在的问题。对新课程理念了解不够,对课本的编排体例、教材知识结构要进一步适应,对课本的内容难易及教学知识深广度的拓展要进一步把握,对课本的知识衔接办法应进一步接近教学实际。教师应向走在课改前沿的教师学习,在教研中学习,在培训中学习。在对课标有了相应的认识之后,结合在使用的整套教材和初中教材的完整性学习与思考,参照多版本教材的学习与了解和对会考纲要及近年高考之分析,对教学的把握应会有初步而恰当地运用,高初中及模块内知识的衔接也能水到渠成。而课改中教学方法的运用,关注点应在充分提高课堂的实效性上,加强师生之间的互动和交流,在生动而活泼的情景氛围中让学生主动地学习知识,在此原则下设置的任何教学方法,运用的任何教学方式我们认为都是恰当的。

适当增加教学投入,为教师提供必要的物质保障和实验、实践条件。如对

"多版本"教材的征订的落实;学校基本的教参资料、挂图、仪器、药品、体育器材等的补充,学校学生资料的印刷提供不能只重高三而轻高一、高二。办学经费是最主要的问题,有限的经费首先要用在业务工作的开展上。其实如果对经费进行合理分配,短中期规划使用,如有急有缓,或平均分配或分类重点投入,都可在一定的时间段内解决问题和有效地缓解困难。实验教学永远是老大难问题,学校教学设备、教学设施的落后和紧缺急待解决。班数多(如部分达标学校),开课学科多也是开展实验教学的一个约束因素。但是任何困难都不能成为不开展或不重视实验教学的借口。我们认为可以做到:鼓励教师(同学科或不同学科)在课时上进行合作;改学生实验为教师演示实验或推荐学生代表演示实验;实验采用微型化、生活化,做到一材多用;以填写实验报告或实验填图、读图的方案替代不能进行的实验等。

新课程的理想与灵魂是为了每一个学生的发展,是对"以人为本"的教育核心价值最集中、最充分的体现。从发展来看,包括学生的"知识与技能、情感态度与价值观、过程与方法"以及创新精神、个性发展和实践能力。体现在课堂上是要实现三个转变:教学重心由教向学转变,教学体系由刚性体系向弹性体系转变,价值取向由制造适合教学的学生向创造适合学生的教学转变,在教学重建上遵循"焕发生机和活力的课堂",强调师生共同成长。但是在新课程实践回归理性之后,在先进理念的指导下,在发扬旧课程传统优良方法的基础上,要找到这些矛盾关系的平衡点:整体与个体,和谐与竞争,积累与发现,综合与分析,纪律与活泼。同时在实践过程中要重新认识或思考"学与考"、"教与学"、"目的与方法"的实践适切性并落到实处。

关于教学目标管理。学校教学的根本目标是提高教育教学质量,办人民满意的教育。其中一个根本性指标就是教育教学的质量。质量的一个指标依据就是高考本一上线人数在全市排名情况。我县高考本一上线人数处于全市中略偏上水平。但从质量分析,从高考的上线绝对人数,本一上线数,优生上优校人数和我县的高中办学现状来看,还有一定的上升空间和潜力。教育局的短期规划是近年高考保六争五,在经济好转,办学条件有较大改善的情况下,经过 10—15 年的努力高考万人比上升到市前茅。因此,现阶段各校特别是以一中为龙头,二中、道周、达志等二、三级达标校为代表的第二梯队,就要很好地落实县局下达的高考奋斗目标,要做好层层落实工作,分解到班级,落实到具体人头,做好目标性管理工作。在具体的教学中要抓细、抓实、抓精。做好近三年来高考的质量分析工作,要把每次作业都当成考试,把每次考试都当成高考。

校长在学校的作用。校长作为学校第一责任人,是学校教育的推动者,因此要做尊师重教的模范,尊师表现在对教师人格的尊重,表现在提高教育教学质量的正确办学理念和创造精神,表现在能发挥教师工作中的个性发展和业务成长。校长作为学校第一责任人,还应有不计个人得失的牺牲精神,一切为了学校的发展,学校质量提高为基本追求,以知识造福学生,支持学生的进步。校长作为第一责任人,还要明确自己是业务的第一决策人和指导者,学校工作正常而有效率开展的督导者,学校制度完善的推动者,学校课程实验的引领者。

加强教师队伍建设。教师队伍建设是一项长期的任务,一支优良的教师队伍是在长时间的摸爬滚打中锻炼出来的,是成熟乃至于品牌学校的标志。所谓校以师名,无名师便难以成名校。没有一支过硬的教师队伍,也难以产生名师,即便有也只能是孤花或昙花而已。因此建设一支过硬的教师队伍,是一项长期的艰苦工作,要常抓常新,不断补充新鲜血液,要有相互学习相互促进的一个"学习型"的校园师道氛围。要在教研交流中得到提高,在教学反思中取得进步,在艰苦的教学质量提高中得到成长。但同时也要重视校—校、师—师之间的相互的良好互动。要把一个区域至少是本县区域内的教师(本学科的或跨学科的)都当成自己的益友,有区域内的整体观念,经常相互交流,取长补短。强者不骄,弱者不卑,共同取得进步。同时,作为优秀教师要有勇于进行课程改革的探索精神,有不计得失的牺牲精神,有争取更高更强更好的乐观主义精神和追求。教师队伍的建设,具体到学校还有学科教师实际教学需要的均衡性,具体到教师的成长要有参与培训的必要性(是任务也是要求),具体到常规要有制度的引导和督查,具体到课堂要有创新与传统的有机结合,具体到师生关系要有教学相长的良好心态和相互包容,总之,这是一件带有根本战略意义的、长期的、艰苦的、需要精细化实施的系统工程。

发展之道各不相同,在于不同的人关注点不同、兴趣点有差异、周围环境的影响千差万别等,使不同的人在学校教育中体现出不同的个性特征和思想(或理想或认识)的不同取向。但作为学生不管表现如何他最终都可能是某一方面的人才,是人才便必须学习。因此,我们便有了因材施教原则、启发性原则。这些原则都是建立在学生实际的基础上结合以学校的具体条件,其中最有利于发挥学生主动性的办法有三个:一是兴趣的激发和培养;二是方法上的启迪和指导;三是激励性原则使用。在此基础上对不同层次的学生在施教过程中要有近、中期,甚至是长期的规划和预案,在规划方案中要体现出可预测的动态的管理原则。

"以考定教"的基础是学生、学习和考试三位一体。首先知道在学什么，教什么，因学、教而知考，知应因考而导学促教。因此必须理清纲目关系：纲——课标、考纲、知识结构为纲；目：课标——具体要求，能力层次等；考纲——能力要求，知识能力层次，试卷体例等；知识结构——转化为教材结构——选修必修关系，主题单元关系，活动探究关系等等。纲目关系中课标考纲为统领，其他各项支链形成网络结构体系。"以考定教"还体现在对整个中学学科教材的整体把握和要求，包括对教材的再处理——取舍、拓展、合理掌握授课中的度；单元过关和课外辅导材料合理分配和选择。以考定教最终体现的是教育教学质量的提高，最终是师生的共同进步。

"以能力发展定教"，首先必须清楚学生的能力层次大致分三个层次：一是掌握知识的能力，包括记忆能力、理解能力，初步建立学习知识的能力等。二是运用知识的能力，包括分析判断能力，概括综合能力等。三是形成学科观念的能力和创新能力。对现阶段学生水平测试的数据分析以及对学生考试的能力基本要求，教师在具体的施教过程中，首先要使大部分的学生在记忆理解的基础上掌握最基础的学科知识点和形成最简单的学科综合能力，我们认为达到了这一步基本上就实现了学生基础形成的目的。而对于一部分人，理想化的设计是如果有三分之一或三分之一以上的学生能达到第二层次即运用知识，能触类旁通，能分析问题和解决问题，那么就标志着教育教学工作已经完成了基本的目标。两个层次的能力分析，第一是有利于分层教学，有利于因材施教；第二是两个能力的培养在具体的教学工作中并无法完全分开，其意义就在于如何为两个能力教学目标设计提高一个方法的指导，一个内容设计上度的规定，在过程实施中如何进行问题情景的表述。比如在学业测试上既体现激励作用又能体现能力梯度都可以给我们提供很好的启示。当然培养的最终目标是培养有创新精神，创新能力的人才，从学科的角度是要培养学科的专业人才，这是从发展的角度来认识，但发展是由弱而强，由低而高的，从现实的或功利的角度来看，建设发展目标也分层次，如以分数提高来衡量，假定学生从 50 分进步到 70 分，从 80 分进步到 86 分已经很不错，而对于优生来说，当通过我们的工作，他的成绩从 90 分提高到 93 分也是莫大的成功了。

会考宜早不宜迟。高一年级学科的开课和课时安排直接影响到会考的有关工作，从高中三年教学的目的性来说，是为高考，早会考便能更早地进入高考学习的有利状态。因此我们建议，最好在高二上就全部完成会考。因此，会考科目在高一年要全部开设，甚至在课时上适当倾斜。重视课标和会考纲要的学习，注意研究福建省高中新课程必修和选修课程开课建议及实施方法,重视学科知识体系与学科教材体系的差异研究,在此基础上对必修教材和选修教材之间的基础与提高关系,选修教材的教学拓展的深广度进行必要的评估和研讨,注意初中教材与高中教材的衔接和补充关系(如地理),注意文理科选修课中存在的基础互补之联系(如理科化学没有选修的《化学与生活》,该选修教材有利于理科生化学修养的提高和化学兴趣的培养),务必使每一教学环节、活动和教学内容都能从课标找到依据和归宿,(一)重视研究会考纲要,掌握会考方向;(二)以考纲为依据,务必刻意提高;(三)资料、会考考纲、会考办之卷,必须研修过关,适当改造编印练习等;(四)分层次达成会考目标:一是达标升级对 A 要求较高,二是不同学生成绩目标不同,有部门能达合格即可;(五)通过对会考考纲的研究,一叶知秋,在此基础上关注有关高考的信息。

重视高考研究。从国家考试中心的高考考纲、省《高考说明》、省内教材之一科多本和近几年高考,参照课标中之知识技能要求,可在某种程度上进行探求。要研究高考试卷命制情况,试卷中表现出来的能力要求,新题型、新的试卷结构及表现出来的难度要求,要特别重视省选修课 I 选课的指导意义,高考命题日趋成熟,试卷主要构成基础对三年高中教学都有借鉴作用。"十七"大提出的加快普及高中阶段教育以及 2020 高校录取比例的增加,对今后高中教育、高考改革都发出了某种导向信息,可以认为考生的增加及入学率的提高,要求高考增加区分度,同时难度则应稳定为主,不会提高,同时也要注意高考命题日趋稳定因素,包括新题型的量,试卷结构的改变,试卷难度中的基础性因素,特别注意试卷难度和区分度的关系,区分度决非建立在增加难度的基础之上的。各校要根据自己的现实情况、发展水平和任务目标及工作重点,综合研究各方面的信息,制订符合本校实际的教学目标和要求,这样针对性可能会更强,效果也会更好,对整体教育教学质量的提高也会更有帮助。

加强区域教研联动,提高校本教研质量。要充分发挥一中的龙头带动作用:讲到办学质量,漳浦一中是我县的龙头,在全市乃至于全省都处于前茅。漳浦一中的成绩,很大的一部分来自对整个学校可持续发展的战略设计,近年来的全方位的精细化工作。他们的经验值得我们学习和借鉴:他们着力创设和谐共生,能力合作新老互助的备课组,充分发挥年级组和教研组的管理功能,充分发挥校本教研的校本性;大胆引进对话机制,凸显本校特色,集中体现教研科研性;关注青年教师发展,坚持以人为本重点发挥校本教研的人本性;通过树立"合作绝对,分工相对"的教科研工作理念,有效实行教研组分工协作,集体备课,跨年段捆绑教研;强效实施"导师制"的青年教师培养制度,合理布阵年级、班级教师,及时更新软、硬件设施,充实教研组教学科研资源,丰富教师学习资源,促进教师自我学习研究的积极性和主动性。一中今后的目标应是在稳定提高的基础上向树品牌、出尖子和扩规模方向上继续发展。一中的经验和做法,很值得其他达标学校乃至其他完中认真学习。同时,进一步发挥县进修学校的教研作用。以教研员为核心,培养、带领一批认真、实干的优秀骨干教师,分片区做好课改工作计划、课题研究。在实践的基础上,总结经验,形成有较高实践和理论水平的成果,进行宣传和推广。加强教研和集体备课,特别要加快高中师资队伍的建设。必须加强年级学科备课教研,充分发挥集体研究之长。特别是在开展校内多年级教研的时候,要注重教研的针对性和主题设置中对课改年级的偏重,发挥本校教研组的集体力量,并形成良好的教研习惯和制度。以研代训,以老带新,充分发挥每位课改教师的创造性、积极性,真正落实课程、学生、教师同步成长。有条件的学校还可以向县内先进校学习,参与到先进校的集体备课中去。在做好校本教研的基础上,以学校、片区为单位,开发具有地方、学校特色或学科特色的校本课程,以研促教,教研结合,培养一批具有科研能力的教师骨干队伍。此外,进一步抓好进修校网站建设:为弥补片区教研受时间和次数的限制,要进一步发挥漳浦教师进修学校网站的作用,其中的学科论坛,保证了教师、教研员、特聘教师之间的实时研讨。个别学科还建立了自己的学科"博客"和 QQ 群,教研员材料的推荐、信息的发布及学科教学的指导意见,初步实现了全县教育资源的共享。当然,在网络教研方面我们起步慢,网络技术相对较差,但工作正在推进,在朝着制度化的方向发展。我们不但把网络教研当成常规教研的一种补充,同时也当成教研交流工作的一个重要的发展方向。目前,网站的使用尚不充分,一线教师,特别是特聘教师在网络教研中的表现作用可进一步发挥,如何制定机制进一步运用网络平台在教研中的作用,恐怕需要教育行政部门和学校校长来进一步推动。远程视频对获取先进、及时的信息资源意义重大,各校在发展高中教育的同时,亦应给予高度的重视。

课程教学模式改革的新突破

陈瑞山[*]

为了进一步深化课程改革,培养学生自主发展,打造高效课堂,福建省晋江市陈埭民族中学根据生源现状,于 2011 年 2 月启动福建省教育改革试点项目"陈埭民族中学'先学后教,异质合作,启想议知'课堂教学模式改革"。我校的改革得到省、市教育主管部门和教科研部门的重视,该课堂教学改革项目被列入福建省教育改革试点项目。目前已有 43 家兄弟中学、教科研部门、高等院校的同行和专家,以及我省生物学科的 28 名特级教师、教授和我市几十名退休老教师来校听课指导。他们采用走课、预约听课、推门听课等形式深入课堂,对我校"先学后教,异质合作,启想议知"的课堂教学模式给予充分地肯定。2013 年我校已开始全面推行"先学后教,异质合作,启想议知"课堂教学模式,力争 2015 年创建福建省教育改革先进校。

一

从中外教育名家的思想看,教育的真谛是教人成人,教育的核心是教自然人如何成为具有文化的社会人。目前国内的课改先行校课堂教学改革模式,如洋思中学的"先学后教、当堂训练"、杜郎口中学的"三三六"、山东兖州一中的"循环大课堂"、昌乐二中的"271"、江苏灌南新知学校的"自学·交流"、东庐中学的"讲学稿"、川石中学的"先学后教,自主互助"等,具体做法都离不开先学后教,目标导学,以学导教,以学定教。这种改变传统的以讲授为主的课堂教学模式,通过课前"导学案"的预习或先学,引导学生正确确立学习目标,寻找适合自己的学习

策略,其最终目的就是要提高学生学习效率和课堂教学效果。我校课堂教学改革模式——"先学后教,异质合作,启想议知"是以名家的教育思想为指导,以课改先行校的成功经验为借鉴,结合我校的实际情况而进行的。

改革的总体目标是推行"先学后教,异质合作,启想议知"课堂教学改革和实践,践行教育教学新理念,以生为本,构建生态课堂,提高学生的课堂参与度,培养学生的自主学习能力和习惯。让每一位师生的潜能都得到发展,从而实现教育质量的实质性提升,办社会认可、家长放心的学校是我们改革的总体目标。

我校的课堂教学模式强调学生在课堂的主体作用,确立以学生发展为本的理念,以"导学案"指导学生自主学习,关注学生学习的全过程和有效性,关注教师教学的全过程和针对性,最终的落脚点是学生的有效学习。

课前先按年级分学科、分课时分解给各个科任教师进行备课,然后同年级同学科教师在查好相关资料的基础上进行集体备课,并由备课组组长把关定稿,形成"导学案"。"导学案"由以下几个部分组成,即:学习目标、学习重难点、学法指导、学习内容、当堂训练、归纳整理、拓展提升等。

先学:导学明确、自主学习、预习到位、合作探讨;让学生在学习的过程中主动地、富有个性地发展。

后教:精(只教不会破难点)、好(能懂会用勇展示)、活(师生配合共提高);学生对先学中的疑惑和问题进行整理,在讨论、展示和教师点拨中解惑。

异质:学习分组、生生配对;组间同质竞赛、组内异质帮扶;实现"生教生,生学生"共同进步的目标。

合作:激烈讨论能交流,个性不同多展示;在合作交流基础上,实现共同发展。

课堂教学环节以"组间同质,同组异质"分组学习为原则,设计和组织课堂教学,倡导"讨论交流,个性展示",学生在合作与交流中,促使自己收集处理信息、获取新知识、分析和解决问题、语言表达、协作等能力得以养成和提升。

课堂教学模式有四个结构:"启、想、议、知",三个环节:"展、结、评"。启:布置预习,启发质疑,异质互检(5分钟);想:根据目标,冥想问题,师生互补(3分钟);议:任务分组,异质合作,探究讨论(8分钟);知:具体体现三个环节(27~29分钟);展——观点交流,思想碰撞,展现提升(16~18分钟);结——结对验收,精讲点拨,巩固小结(6分钟);评——达标测评,迁移应用,效果评估(5分钟)。

我校在教学模式改革上,一般是先培训后实施,对实施程序不能一步到位,要分阶段、分步骤、有重点地推进和落实。同时,成立课改领导小组,提供课改组织保障。

开展"1＋1"校本教研活动。我校在课堂发挥学生"讨论展示、合作探究"等自主学习能力的同时,创新校本教研新形式,建立课堂教学改革执教教师参加的两项"一加一"校本教研新举措。由分管教学的副校长牵头,教科室、教务处、教研组、备课组每周跟进听课,定时间、定地点专题研讨,反思教学中的得失与困惑。具体做法是一日一反思,一周一总结(即日反思周总结)。坚持在每周一下午 17:00—18:00 召开集体备课研讨会,星期四下午 17:00—18:30 召开教研反思会(即周一集备周四教研)。学校领导、教科室和教务处行政人员,每周均全程参加课堂教学改革试点年段的两次反思集备教研会。经过近一年的努力取得了显著成效。福建省教育厅网站 2011 年 3 月 20 日报道《晋江市陈埭民族中学校本教研"1＋1"显成效》:"学生回家没做导学案,不知大家有什么办法?"王少龙老师提问;"我督促学生带书回家,并让结对同学互相检查导学案完成情况……"许文林老师发表了自己的看法;吕梁钧老师说:"为鼓励中等及以下学生进行课堂展示,我采用加双倍分的办法。"3 月 17 日,虽然时钟指针指向 18:40,但我校课堂教学改革年段的教研反思会依然热度不减,这是在我校推出的校本教研"1＋1"新举措中的活动场景之一。

强化集体备课制度,编制高效导学案。导学案设计是针对高效课堂教学系统性设计的,它既是一个过程性方案,呈现从课前到课中再到课后的"导学、导练、导测、导评、导思"整个循环性学习过程与方法,又是一个师生共享的教与学文本。我们强调要发挥集体备课效能,共享教学资源,减小班级之间差异,同时还要考虑学生也是导学案创生主体。一个成功导学案的设计,必然是师生群体智慧的结晶。

尝试家长推门听课措施。让家长走进课堂,让家长亲密接触孩子们在学校的学习生活和老师的教学情况,让教学接触社会,让课堂联系实际,让"学生、家长与教师"三位一体交流,对密切家校联系和促进学生健康成长有着重要的意义。我校尝试"家长推门听课"措施,不需事先通知或约定,老师或家长均可进入课堂听课,了解孩子的课堂表现和教学情况,课后进行"三交流"。一是"家师"交流,由听课人员和授课教师交流,对教学效果进行评价,及时向授课人反馈授课评价情况,提出改进建议;二是"家生"交流,由家长和孩子交流,对孩子在课堂的所思所想所为进行反思,扬长避短,激发学生的学习潜能;三是"师生"交流,教师及时了解学生的学习情况,听取学生意见,实现教学相长。

定期邀请专家莅校指导。2011 年 3 月 22 日,晋江市教师进修学校各学科教研员深入我校听课指导。通过实地调研,教研员认为课堂师生互动、生生互动比较活跃;同学们"8 人小组"围绕"问题"自主讨论,展示"兵教兵",活动时间控制在 35 分钟左右成效显著,值得肯定;课堂中优等生当小助手帮扶待进生,各小组之间学习场面充满活力,真正体现了课堂中学生的主体作用。教研员在深入课堂发现闪光点的同时,也指出存在问题及建议,一是部分教师观念尚未转变,没有关注学生学习情况的满堂讲现象仍然存在,应继续转变观念,解放思想,让课堂成为学生展示才华的大舞台;二是教师要充分做好课前准备工作,设计好"先学后教,异质合作,启想议知"教学的各个环节,相信学生、展示学生,精讲少讲,"兵教兵"要有目标、有内容,双方互利,不图形式;三是立足教学目标设计好导学案;四是立足育人之根本,不断总结经验,为陈埭民族中学的课堂教学改革开辟新篇章。2011 年 4 月 29 日,复旦大学心理研究中心主任孙时进教授一行三人莅临我校指导"晋江市陈埭民族中学复旦大学心理研究中心实验基地"建设,同时表示今后将为我校"先学后教,异质合作,启想议知"课堂教学改革项目提供理论上的指导。2011 年 5 月 19 日,福建师大黄向真、彭新波副教授带领来自泉州市的福建省心理教学骨干、教研员一行 13 人莅临我校调研心理健康教育情况,为我校课程改革出谋划策。在考察中,许霞丽老师的《爸爸、妈妈我爱你》一课,采用"先学后教,异质合作,启想议知"课堂教学新模式,能够充分发挥学生小组学习的优势。通过相互讨论,相互启发,感染,取得了良好的教学效果,得到各位专家的一致好评。2011 年 8 月 28 日,泉州市教科所副所长施紫雄老师为我校新课改开设《深化课改背景下教师的专业发展》的专题讲座。本次讲座,施老师站在较高的视野,阐述教师在专业成长的过程中,如何把握发展方向,为自己专业成长设计蓝图。

用课题研究形式提升课堂效益。按照我校"十二五"教科研规划,每届教科研活动月于 4—5 月举行,主要安排面向全市的各种主题的教学公开周活动、专题教学交流会、教学基本功比赛、校本课程研讨、骨干教师考核、作业和预习笔记展示、"日反思周总结"校本教研、专家讲座、课堂向家长开放和校本课题主题会等活动。

领导关心指引,他校交流互动。2011 年 3 月 2 日,泉州市教育局曾文汉副局长、中教科李民一科长,晋江市教育局施正琛副局长、中教科长施世杰到我校考察课堂教学改革项目实施情况。认为我校从学校的实际出发,改变现行的课堂教学现状、提高教师的业务素质、发展学生的学习能力所开展的实践性研究应予肯定。2012 年 4 月 24—27 日,我校面向全市举行了以"先学后教,异质合作,启想异质"为主题的教学公开周研讨活动,共有 53 位教师被预约和推门听课,来自兄弟学校和本校的教师 285 人次参与了听评课活动。本次活动采用承担晋江市级公开课、推荐优质课和全校课堂教学公开相结合的办法,共开设了 33 节优质教学观摩研讨课。该活动有效地推动了我校教师对该模式的深入研究,同时也让更多的晋江同行关注并开始尝试这种新模式,达到了预期的效果。

创新班级文化建设,打造教育经典细节。我校改变"传统单一的课间操"形式,积极打造"操舞跑",就是"A 课间操＋B 兔子舞＋C 造型跑操＋D 微格体艺"大课间活动,在五个学习日的课间时间里四项活动轮动,集调节学生身心健康、培养学生团结合作精神和坚强毅力于一体,让学生们体验到"我运动、我健康、我快乐","动起来、真精彩",感受"快乐大课间,健康每一天"校园文化的乐趣。

渗透心理学原理,提高学校教学质量。我校建立近 800 平方米的"心理健康教育中心",配备较完善的设备,以优化育人环境,提升学校办学水平。

教育的过程本身就是心理活动的过程。我校心理健康教育除了开展团体活动、个别咨询、亲子教育活动、班级主题活动、社会实践活动、学生心理社团活动外,还渗透于学科教学之中,以提高学生学习能力和心理品质,这对于全面提高教育教学质量起到了显著的作用,也使我校心理健康教育工作有了质的飞跃,它比起一般的团体活动或个别咨询无疑有更重要而深远的意义。在探索学校教育质量提高的同时,心理学原理还在我校得到更广泛的应用。运用"心理学场论",营造积极向上的心理氛围。通过一系列的活动,使广大教师思想业务素质得到不断的提高,并以此积极营造一种"把岗位作为挑战,让读书成为生活,将思考当成习惯"的"心理场"。根据"多元智能理论",分类实施教学。开拓"以质量为中心,以体艺为特色"的办学新思路。从体育类到美术类、音乐类,一扇扇窗被打开,学生又重新看到了希望,激发了学习的热情。采用"激励理论",构建生态课堂。在课堂,教师以"积极的暗示"来激发学生的学习热情。如:我校在中考、高考百日动员会上,以"爱拼敢赢,感恩父母"为主题,特邀学生家长、老师为同学们加油鼓气,使同学们意气风发,面对考试充满必胜的信心。遵循"记忆与遗忘规律",指导学生学习。根据心理学的研究表明:活动与记忆积累率的关系密切。讲座的记忆积累率是 5％,阅读的记忆积累率是 10％,视听的记忆积累率是 20％,小组讨论的记忆积累率是 50％,即时使用的记忆积累率是 90％。我校实施的"先学后教,异质合作,启想议知"课堂教学模式就是这一规律的应用。应用"最近发展区理论",关注学生发展。我校实施的"先学后教,异质合作,启想议知"课堂教学模式也应用到这一理论。课堂上小组竞赛蔚然成风,师生活动有序进行,学生学习热情持续高涨。

二

我们的工作已取得了一些初步成效,今后应从以下几个方面继续努力。

新教学模式改革策略的调整。基于平稳过渡的考虑,由原来的"先破后立"调整为"先立后破"。具体是:"立",成立课堂监督评价小组,定期或不定期到教室听课,发现典型,推动典型,利用典型,推动课改,同时诊断一线教师课堂存在的具体问题,达到监控教学质量,树立典型,让教师有样可依。"破",每个学科一些相对比较成熟的典型,要求教师跟着模仿、学习,最终在新模式的框架下教学,并有所突破,凸显自己的特色。

建立多层次管理机制。学校领导、行政:制定相关制度,推动课改有序运行。教务处、教科室和教研组长、集体备课组长:将常规教研、集体备课活动落到实处;深入课堂听课,抓住典型问题调研,积极寻找办法。年段长:以评价为主要抓手,促进课改纵深发展;多宣传,营造课改气氛。班主任:做好学生的思想动员工作,激发学生学习的积极性;抓课堂纪律,督促学生带书回家,加强家校联系。科任老师:加强学生的思想工作,激发学生的学习兴趣;加强课堂反馈,多小测,检查学生学习效果;恰当利用评价制度,教师间相互听课。同时,成立课堂监督评价小组,每周至少听2节课改年段的课,要求做好详细的听课笔记,和被听教师交流心得,并附在收集的导学案或教案后面,形成听课反馈材料,每周五交给教科室归档;课堂评价小组成员要及时发现一线教师在课堂教学中的闪光点,推出典型。同时注意发现存在问题,及时与任课老师交流。备课组或教研组每月定期推出一节比较典型的,有示范效应的课,以供教师们学习借鉴。

落实先学(预习)环节。班主任要协调本班级各学科作业量,保证有足够的预习时间;集备组长要引导教师规范导学案的编制,搞清楚教案和导学案的区别,加强集体备课,提前设计好导学案或预习单;各学科教师要加强对导学案预习情况的检查力度,进一步优化导学案的设计,提高预习的实效性;充分利用评价机制,以督促学生完成课前预习的任务。

明晰教学流程,完善小组合作学习。做好小组长的指导工作。充分发挥小组长的作用,维护课堂秩序。完善结对子工程。引导学生在练习时,减少对小组过多的依赖性,达到自己监督自己。完善组内竞争机制。培训主持人,激励小组间成员分工合作,提高讨论的有效性。设计适当的检测。定时检查,了解班级每位学生的学习情况,加强反馈,及时补救,保障学习效果。把握课堂各环节时间。在教师研究课堂问题生成的同时,课前要预算好每一个展示环节的时间,要求学生在规定的时间内完成相关学习任务,培养学生的目标和时间意识。在课后交流过程中多从方法上引导学生学习,如介绍单词记忆方法,培养阅读课本能力、质疑问题能力等。

落实评价措施。继续落实和完善课堂评价机制,激励学生的学习积极性,提高讨论的有效性。主要从任课教师、班主任和年段长三个层面落实对小组及各小组成员的评价,使学生真正明确评价标准和方式,让他们知道怎样为小组赢得积分和荣誉。

"先学后教"教学模式探讨

王兴数 [*]

先学后教的教学模式,是江苏省洋思中学首创的课堂教学模式。这种教学模式主要以学生的自主学习为主,充分体现了学生的自主学习和合作学习。课前学生自学,课堂上学生讲解,课后学生自评,将课堂由教师的讲堂变成了学生的学堂。先学后教教学模式下的一节课总是从学生的学开始,学生按照教师布置的学习任务先进行自学,然后带着问题在课堂上进行交流汇报,在交流汇报中消化理解知识。教师的主要任务在于组织学生学习,并且帮助学生形成知识体系,帮助学生突破知识难点,并且规范学生的表达。一节课当中,教师的讲解时间原则上不超过 20 分钟,学生的学习时间不少于 20 分钟。在洋思中学的先学后教教学模式之前,国内已经有很多提倡学生自学的实验。如中科院卢仲衡老师的"中学数学自学辅导实验",盘锦市魏书生老师的"中学语文教改实验",常州市邱学华老师的"尝试教学实验"等,都为洋思中学的改革提供了理论依据。目前,先学后教教学模式还没有一个固定的模式。其中具有代表性的模式有:洋思中学的五步教学法,魏书生老师的六步教学法,杜郎口中学的"三三六"教学模式,山东兖州一中的循环大课堂等。先学后教教学模式在实际教学的实施过程中又会暴露出很多问题。一线教师要在实践中不断尝试,不断反思,从而解决这些问题,形成一种适合自身的成熟的教学模式。

精备课堂。先学后教教学模式以学生的自主学习为主,是不是就意味着教师备课可以少备一些?当然不是,备课还是照常备,而且备课除了备好 45 分钟的课堂教学内容外,还要备好学生课前的学习内容。备课的第一方面就是备好学生课前的自学内容,让学生明确课前要学习的范围,要达到的学习目标,并要求学生记录知识点和疑难点。备课的第二方面是备好课堂教学内容。要备好一

---

* 王兴数,福建省霞浦第一中学教师。

节课的知识体系,一节课完成后,要帮助学生通过自身努力及同学的合作形成知识体系;要备好难点,要帮助学生突破知识难点;要备好范例,引导学生进行规范书写。课前教师无法完全预见课堂上学生学习的实际情况。课前备课可能备了很多内容,但在课堂上可能学生学习很顺利,这样,课前备的内容在课堂上就完全用不上。但是如果学生学习有困难,课堂上教师就要用到动态课件等手段帮助学生突破知识的难点。传统的教学模式下,教师要讲解45分钟时间,所以备课备得面面俱到。而在先学后教教学模式下,教师讲授时间基本上少于15分钟,所以备课应进行浓缩的精备。在15分钟时间里,应建立起一节课的知识体系,展示精致的教辅课件,帮助学生突破知识难点及易混点,并且要精选范例引导学生进行规范书写。一节课当中教师讲授的时间虽然被压缩到15分钟之内,但必须完成原来45分钟的任务,而且要做到简短而精彩。

兼顾差生。先学后教教学模式,提倡学生自主学习,课堂上要求学生交流汇报讲解,原则上学生想讲的时候教师就不讲。但是中学数学知识,尤其是高中数学知识,学生讲解起来总是很费劲,往往七八分钟讲不清楚一个问题。如果课堂上学生讲得少听得多,学生接受知识的印象就不深,而且学生的综合能力也得不到提高。所以无论如何,还是应该尽量让学生多讲。但是课堂时间又十分有限,学生讲解又很费时,这是一个矛盾。所以应要求学生在课前学习到位,尽量学精,学细,这样学生在课堂上就会表达得流畅些,从而节省课堂时间。另外,在课堂上应该对学生的表达进行限时,让学生在规定的时间内完成表达,从而提高效率。课堂上,学习能力强的学生总是抢着发言,而学习能力弱的学生总躲着不敢发言。久而久之,课堂就会变成优生的独角戏和表现舞台,差生将渐渐地被排斥于课堂之外,这对差生十分不利。怎样才能兼顾到优生和差生? 在课堂交流汇报时,在学生主动发言的基础上,结合教师的提问或轮流的形式,将部分机会保留给差生,让差生也有发言汇报的机会,同时要善于发现差生的闪光点,多表扬和肯定,坚定他们的信心,从而让学生在下一次敢于上台汇报讲解。另外,随堂练习的题目要尽量安排些容易的,让差生也有的练。

环节机动。先学后教教学模式,不管是洋思中学的五步教学法,还是其他教学法,除了学的环节在45分钟的课堂之前,其他环节都基本上要求在课堂之内完成。这样在课堂的45分钟内就要完成学习检测,交流汇报,点拨提升,应用巩固,自我评价等五到六个环节。课堂环节较多,每个环节最多七八分钟。课堂上师生为完成这诸多的教学环节,显得十分忙碌,也显得十分机械。如果课堂内容比较简单,如初中的知识点或高中的逻辑章节等,题目也相对容易,学生完成每个课堂环节比较轻松,讲解也不难,这样就能顺利地完成一节课的所有环节。如果是高中较难章节的内容,如圆锥曲线、解斜三角形等内容,知识难度高,题目难度大。大部分学生课前学习压力大,课堂上七八分钟完成不了一道题。让学生上台汇报既讲不清楚,又很耗时间,这样课堂的所有环节就很难全部完成。随着课堂知识难度的变化,课堂上每个环节所需要的时间也会有所不同,而一节课45分钟的时间总量是不变的。这就需要对课堂上的环节作出取舍。在先学后教理念下,学生在课堂上必须动手去做,必须动口去讲,而教师必须帮助学生理顺知识体系,突破知识难点,规范表达。所以,学生的随堂练习是必需的,学生的动口汇报是必需的,教师的点拨也是必需的,所以这三个环节是课堂45分钟必须保留的环节,而其他环节则是可以根据课堂的实际需要而进行取舍的。

导学精当。导学案是先学后教教学模式中非常重要的方面,它决定了整个教学模式的基调,也决定了学生学习的分量。所以导学案的编拟应当与先学后教教学模式相吻合,才能达到减负高效的目的。导学案中应当具备哪些环节?当然不能面面俱到,也不能为了追求形式上的完整,机械地加入过多的环节,比如引入、小结、反馈等。如果我们深入反思一下,这些环节在学生的实际学习过程中到底有多大用处?这些环节,实际上起到的作用不大,反而会加大学生的学习负担。既然先学后教要求学生先学,而先学当然是学习课本知识,那就应该在导学案中指明学习的目标,告诉学生要学什么,学习范围多大,要达到的要求是什么,并在导学案中预留一片空白让学生将学习的知识要点记录下来。导学案中应该预设少量精选的题目让学生进行自我尝试,从而检验学习效果,发现学习问题,并在课堂上交流汇报。所以,导学案上必须有三个环节,就是学习目标,学习记录,自我小测。其他多余的环节基本上是可以省略的。另外,学生一天时间中至少同时要学习五门功课,如果每个科目都来一两个导学案,学生肯定是无法承受的。所以,每个科目都要控制导学案的分量,科目与科目之间应相互协调,才能真正让学生轻松而高效地学习。

加强监控。学生的学习过程应得到监督。学生的学习和其他任何工程一样,如果不能被有效地监督,就很难保证其质量。在传统教学模式下,教师虽然反复强调学生要在课前先预习,但真正在课前有去预习的学生不足十分之一。课堂上教师讲授时,大部分学生无心听讲,也不做笔记,还有一部分学生甚至在课堂上打瞌睡。在传统教学模式下,预习是不易监督的,课堂听课走神也是很难监督的。课后作业虽然要上交批改,但一部分学生的作业是参考他人的,也存在监督的盲区。因为监督不到,所以学习效果也就不很理想。先学后教教学模式在实施过程中应当加强学生学习的各个环节的监督。导学案学习后应检查,检查学生导学案完成的质量,检查组内是否严重雷同等。随堂检测是对学生的学习效果进行检测的重要手段。随堂检测如果能顺利完成,说明学生在课前学习效果良好。如果随堂检测无法顺利完成,说明课前学习还存在问题,这就需要教师在课堂上进行点拨。导学案与随堂检测在学生交流汇报订正后应进一步检查是否彻底完成。当然学生学习的各个环节的监督检查工作仅凭教师一人的力量是很难做到的,所以应当调动学生的力量对学习进行监督检查。学生的学习首先由学生自己进行自查,再由小组长进行检查,没有完成的及时补做,然后交到课代表处再进一步检查,最后将检查情况汇报教师,这样教师只要对部分学习有困难的学生进行指导就可以了。只有这样全方位地对学生的学习进行监督,学生才能保质地完成学习任务。

先学后教教学模式,是一种提倡学生自主学习的教学模式。它有利于提高学生的学习能力和综合素质,是与新课程改革理念相吻合的一种教学模式。在这种教学模式下,教师应当编拟好优质高效的导学案,减轻学生的负担;教师应精心备好每一节课,将课堂45分钟内容浓缩在5～15分钟;教师应深入细致地监督学生的学习,让学生保质完成学习任务。同时也要求学生逐步提高学习能力,加强自律,提高自身综合素质。每一位教师在采用先学后教教学模式进行教学的初期,会发现大量问题,这就要求教师自身进行不断地探索与反思,努力寻找出相应的策略与措施,不断积累经验,从而形成一种成熟高效的教学模式。

主要参考文献

王伟:《先学后教,当堂训练之我见》,《陕西教育·教学》2006年第12期。

许爱红等:《农村中学课堂教学模式的重大变革:解读杜郎口中学"三三六"自主学习模式》,《当代教育科学》2005年第11期。

李崖:《以学为主,先学后教》,《中学教学参考·文综版》2009年第2期。

王志数:《先学后教,让"教室"变成"学堂"》,《基础教育参考》2010年第8期。

"学教同步,导练结合"的教学模式探讨

杨金峰 *

我校处于城乡结合部,是一所农村中学。近年来,受城市化影响,教育的重心往城市化倾斜,2/3 以上本施教区学生转到私立学校就读,甚至本校教师子女也纷纷转入外校。而留下来的生源,是缺乏学习的自觉性和主动性的学生和来源于进城务工的农民工、小商贩子女,普遍存在家庭学习环境差、学习习惯差、基础知识严重匮乏等现象。这种生源现状,加之在传统教育观念的影响下,教师的教,学生的学都没能找出有效办法。为了扭转这种局面,我们决定以课堂为突破口,提出"学教同步,导练结合"的教学模式。回顾我校实施"学教同步,导练结合"教学模式一年多来,有必要进行总结与反思。

一

课堂教学模式:三步骤六环节。第一步,教师提出导学问题,学生根据学习目标和导学问题预习。第二步,教师精讲、指导与学生训练、展示穿插进行。第三步,学以致用,教师根据本节内容出题对学生进行检测,课后批改。六环节:组织教学、导学预习、讨论展示、精讲归纳、当堂检测、布置作业。通过学生的"学"(预习、展示、动手等)和老师的"教"(点拨、指导等),师生共同完成本课时的教与学的目标,在一定程度上实现了能力、思维、知识技能的训练。与杜郎口中学、洋思中学教学模式的比较,我校根据学情特点,采取的做法有如下的相异之处:杜郎口要求大容量、快节奏,我们要求掌握本课时内容与常态学习速度;学生的展示与教师的讲课时间分配不同,杜郎口教师讲课时间不超过 10 分钟,我们是掌

---

* 杨金峰,福建省龙海市第五中学教师。

握在 20 分钟左右,杜郎口的展示时间过长,老师讲课时间太少;杜郎口的反馈主要表现在课堂上学生展示,我们的反馈形式有两种:一是课堂上的问答或书写,二是通过练习作业、当堂检测来反馈学生的学习情况;杜郎口与洋思的预习是提前的,我们只要求语、数、英提前预习,其他科当堂预习;洋思的课外辅导是强化的(堂堂清,日日清,月月清),我们目前还未能做到这点,但我们注重课堂的过关落实。

我校与两所样板校课改模式的共同观点是:主张学生是学习的主体。采用的方式是让学生动起来,激发学生学习的积极性,让学生参与课堂教学;强调课堂的师生互动,虽然各校时间分配不同,但都是为了完成教学目标和学习目标;追求课堂教学的有效性——学生会学、学而会用、学有成效;强调检测的功能,让学生掌握知识与技能,形成相应层次的认知能力,并学以致用。

校情决定我校应更突出教师的主导作用,主要表现在:在备课中要备学习目标和导学提纲,就是把知识点转化为导学问题、导学表格、导学练习。有学习目标和导学提纲,学生的预习才会有的放矢。我校"学教同步,导练结合"课堂模式要求重基础、重运用、重生成,强调教师精讲,每课题有归纳、小结,复习课必须兼顾系统化复习。对于学生小组讨论我们要求只进行简单问题的探讨,我们认为同学互帮大多数情况是学困生在某一问题上询问能学、会学的同学,学生教学生的作用是有限的,不能估计过高。学生的互帮互学只能在一定范围内进行,更多的、更难的问题还须从教师的讲解或辅导上学会。所以讨论、展示时间不宜过长,因为 45 分钟时间有限。学生展示时间,如果教师控制不好,就会产生课堂热热闹闹,课后没有印象,留下来的东西不多,完成不了教学与学习目标。小组学习,主要的优点是群体影响。同龄人在一起有许多共同话题和共同语言,包括学习方面。群体的影响有榜样作用,同伴可以用其同龄人的语言和经历相互促进,相互鞭策,相互理解,相互监督,相互竞争。我校课改的课堂模式强调在教师指导下,小组分配任务讨论、交流、合作完成任务,必须将小组活动落实在有意义的学习上。杜郎口中学、洋思中学的预习是提前进行,教师也要预先准备预习提纲。我们的想法是:每天晚上要预习第二天的课程,一是学生没有足够的时间,学生晚上做完作业后,还要温习很多知识点,如:数理化的公式、学科用语;语文的诗词、段落;英语的单词等。二是预习内容多元零碎,容易混淆。算一算,一周 35 节,扣掉班会、教师会,计 33 节,扣掉音、体、美、信息、劳技 5 节,还有考试科目 28 节,平均一天 5.6 节不同科目,学生每天要预习语、数、英 3 节内容,还有2.6 节其他科内容,我们认为全部提前预习效果不好,还增加了学生负担。有鉴于此，我校的课改强调在教师的导学提纲指导下，进行当堂预习。在自主学习方面，洋思的让学生先学，教师针对问题而教。分析我校的学情，我们认为有难度，学生根据学习目标自学，他们掌握程度如何？教师难于把握，教师不能预先把握学生学习状况，就谈不上针对问题而教了。以目前大多数学生的基础和小学的传统教学模式来看，学生的自学能力是有限的。学生还在求知过程中，完全自主学习是不可能的，必须在教师的指导下，才能掌握相应的学科知识，才能达成运用知识解决问题的学习目标。我校课改的课堂模式是在教师指导下初步培养学生的自学能力，不过分依靠学生自主学习来完成学习目标。

我们的理念是在继承传统教学的优点上，结合新课程三维目标而制定的模式，此模式是为了转变教师的传统观念，为了摒弃满堂灌、注入式的教学方式，为了转变过度的师道尊严的师生关系。

在教学实践上，我们还是吸收传统教学的教学相长、有教无类、分层教学、启发指导等优点。根据时代的变化和学生的需求，我们在教育理论与手段上也添加了新课程的元素，如三维目标（过程与方法、知识与能力、情感态度与价值观），三种学习方式（自主、合作、探究），如自主预习、小组探究习题等。在初期的实践中，通过"建模—入模—出模"三个阶段，教师通过不断"实践—反思—学习"，达到成熟阶段。我校实施的模式还处在第一阶段探索，还处于"研磨"阶段。教师在导学案、导学问题、导学知识要点等基础上，进一步探究教学方式的有效性问题。

在师生方面，摒弃了传统的师道尊严，师生平等对话，教师更多是引导，而不是灌输，是鼓励而不是批评；教师不再是霸占45分钟的权威，而是把一部分时间留给同学，让学生有更好的发挥，让学生体验自主、合作、探究的快乐。让学生对教师或课本的知识提出质疑，师生平等讨论、共同解决问题。

二

实施"学教同步，导练结合"课改模式后出现了明显的变化。

课堂的变化。"学教同步"课堂模式的课堂学习教师讲得少了，学生"动"（动脑、动手、动口）的机会多了。实践新课程模式的课堂与以往有很大的不同，以往学生只要安静地听老师讲课，除发言、朗读、做笔记外，一般不允许学生讲话。实现该模式的课堂上，学生能在预习前提下熟悉知识点和碰到难点，能有针对性地自学并发现问题,能根据自主预习情况完成导学案或导学问题。课堂上学生有很多机会发言、提问,能在小组、班级上"展示成果"。此模式提供了师生、生生探究释疑的平台,学生提出问题,在教师的指导下探究问题、解决问题。

教师的变化。教学理念和教学方法都发生了深刻变化,化传授为引导。"学教同步,导练结合"模式改变了教师一言堂的教学方式,教师不再是知识的权威,拉近了师生之间的距离。教师从讲台上走下来了,不再"霸占"课堂。教师不再一味地注入,不再是"人灌"或"机灌",而是把一些时间还给学生;在引导学生学习的同时,能和学生一起探究问题。课堂上出现了师生互动,平等交流,平等参与的生动局面。教师的教育教学理念也相应发生变化,他们更注重教学设计,更注重课前准备,更注重与学生的关系,更注重课堂上与学生的知识碰撞。

"学教同步,导练结合"模式加快了新教师的成长进程。"学教同步,导练结合"课堂模式中"预习"模块是学生带着问题去阅读教材,它涵盖本节新授课的学习目标、重点和难点的内容,让学生明白本节课的学习任务,知道本堂课要解决哪些具体问题,启发学生独立思考问题,培养学生自主学习的习惯。"预习"模块提供了本堂课教学全过程的主线索,是课堂六环节的向导或风向标。其内容的设置关系到本堂课能否完成教学目标,这对教师来说更是极大的挑战。"学教同步,导练结合"课堂模式为他们指明了教学设计的方向,克服了课堂教学的盲目性,课堂实效性得到了根本保证,参与课改教师在"学教同步,导练结合"模式的框架下成长得比较快,他们的教学效果也比较好。

学生的变化。"学教同步,导练结合"课堂能更好地落实新课程"以人为本"的生态理念。以"学生为主体",学生是学习的主人,教师能在课堂上与学生平等互动。课堂上学生有时间自主学习,并在学习中自主把握知识点、提出问题等;学生有时间展示自己的才智,表达自己的情感。基础中下学生在新课程上能展现自我,展现个性,他们的学习态度也发生了转变,主动性加强,以往消极做小动作、玩手机、趴在桌上睡大觉的情形大为减少。新课程的教学模式真正地把课堂还给了学生,突现了学生在复习课中的主体地位,"以学生为主体"的教育理念也真正得到落实。

"学教同步,导练结合"课堂教学法评课研究取得阶段性成果。各教研组每一位教师对"学教同步,导练结合"课堂新授课教学模式都比较熟悉并积累了大量课改经验以后,各教研组对"学教同步,导练结合"课堂讲评课进行了六环节的探究。各组每位教师共同参研讲课教学模式,通过反复实践、讨论,不断丰富对讲评课模式的研究,而且每位教师亲自示范讲评课教学模式,为完善讲评课提供依据；在渐显成熟之时，请专家（教研员）前来共同打造，确定了课改模式。2013年市中考我校取得优秀成绩，关键在于他们在实施课堂模式中，在导学案上下功夫，在合作学习上调动学生学习积极性，到位地落实学教同步的教学思想。

三

新的教学模式在实践中还存在不少问题。

来自学生方面的困惑。"学教同步，导练结合"课堂教学模式的教学理念是"学生为中心，落实三维目标"，课堂上主要照顾中下游学生的机会多一些，对尖子学生的培养还没有找到有效的途径，对一些不主动学习或主动性差的学生也还没能找到有效途径。

教师方面的困惑。各学科"学教同步，导练结合"教学法的推进力度、进程的步调不一致，影响整体课改的预期效果。个别教师的观念更新步子慢，新的教学理念落实不到位，新的教学行为落实滞后，给整体工作的向前推进带来一定的阻力，这种现象怎么解决？教师没深入研读教材，缺少利用有效教学资源，对教学方式思考与研讨不深入。在备课方面与教学模式不一致，走老路，不能有效地在课堂上实施教学模式。个别教师组织能力不够，驾驭课堂能力不强，不能在课堂上合理分配讲与学的时间，使整个环节不能流畅地实施。特别是在小组讨论上，不能让学生认真讨论，学生甚至出现说闲话、玩闹等现象。

"学教同步，导练结合"课堂教学法作为一种教学方法，应是一种符合教学规律、教学原则等教学理论依据的可行性做法。在实施阶段似乎全凭我们教师的摸索，缺少专家指导，缺乏理论支撑，难免要走很多弯路，甚至要做大量的无用功。为了加快试验步伐，减少一些盲目性，能否借教育科研机构的课改专家为我校量身定做一套实验方案，让我校实验教师按方案要求去实践，使"学教同步，导练结合"课堂教学法更加完善，尽早实现其推广价值。课堂的有效性体现诸多元素，首先要有意义、有效率；有意义，学生能有情感体验和强烈学习需求。有效率，我们目前的标准是能掌握知识点，完成布置的练习和作业，有的课堂热热闹闹，下课却空空荡荡（特别是做起题目来没思路）。一堂课有限的讨论与探究使师生对问题讨论的碰撞不多，一学期产生不可预设的问题也极少，所以生成与拓展方面就很难得到体现。

教师能否做到充满激情，保持一份诚心、爱心、平常心，能否从中体验课堂教学的快乐,从哪方面来体现其教学价值。学生感受教师的爱心和诚心,感受平等、互助、探究的快乐等价值外,还能从哪方面得到收获,这都是我们要思考的。

教育是一种慢的艺术。教育需要一个过程。在课堂教学模式的改革路上,机遇与挑战并存,希望与困难同在。我们深知课改的道路曲折、困难重重,但只有在课改中不断"实践—反思—学习—实践"才能使教育不断发展,才能彰显教育、师生的价值。

创新"五课"教研的策略

马昌明 [*]

　　市、区、校"五课"合作教研活动的提出是基于梅列区中小学校本教研活动开展情况调研的情况和问题,意在寻求解决中小学校本教研活动存在"被教研、虚教研、泛教研"的问题。我们认为只有提升校本教研品质,才能全面提高教师的整体素质和教育质量。开展"五课"合作教研实验的目的在于立足区情、校情,面对教师的教学技能、教学问题开展真研究,解决真问题,让教师真发展。我们把"基于三大思考——把握四个要点——突出六个环节——呈现多重亮点"作为"五课"合作教研的"路线图"、"指南针",不断赋予"五课"教研以新内涵、新要求、新技能、新方法,促进教师的教育教学理念、教书育人行为、教育技术能力三者得以不断提升。

　　福建省三明市梅列区教师进修学校承担省教育改革"建立教育教学研究成果推广制度,提高教育教学质量"试点项目。近几年来,梅列区教育局、区教师进修学校联合三明市教科所,以抓好教师"备课、说课、上课、听课、议课"(简称"五课")为主题,开展市、区、校三级合作教研改革实验。

一、实验初衷——基于三大思考

　　基于问题——突破校本教研瓶颈。梅列区中小学校本教研活动始终在开展,且较规范,但是时间长了,"疲倦乏力",一定程度上存在"被教研"、"泛教研"、"虚教研"现象:一是盲从性,跟着"感觉"走,缺乏学科特点、教研组特点;二是随意性,许多教师不明白自己参与教研活动的价值取向究竟何在,订计划、搞活动、

＊ 马昌明,福建省三明市梅列区教师进修学校校长。

写小结，材料齐全，但缺乏对教研活动的系统设计，缺乏对教学问题的深入研究，每学期教研活动没有"主题"贯穿，一年、两年甚至多年的教研活动也缺乏主题主线。为什么开研讨课，想研讨什么问题、理论学习随意没定数，难以真正解决实际的教学问题；三是教师参与教研活动停留在"我的教学问题我研究"的层面，群体性的合作研究共同体没有形成，群体教研合作意识欠缺。基于以上问题，我们在寻找突破校本教研瓶颈的切入点，让教师的"教、学、研"活动落地生根。

基于共识——促进教师专业发展。如何面对教师的教学技能、教学问题开展真研究，解决真问题，让教师真发展，这是我们推进"五课"教研改革的动因。我们认为促进教师的专业成长，最终还是要落实在教师的"备课、说课、上课、听课、议课"核心技能上。"五课"教研原本在做，梅列区的教研改革只是在原先基础上改良，既不增加教师的负担，又紧扣教师核心技能提升；既能适应新课程改革形势的需要，也得到了教师的支持。我们充分发挥市、区两级教研单位的联盟力量，力图把"五课"教研专题化、课例化、问题化、系列化、流程化、成果化，改变以往目的性不明确的松散型教研为统一策划的组织型教研，把"五课"常规教研做细做实、做成常态、做出成效，让"教、学、研"活动真正成为教师教学生活的一种习惯，推动教师的专业成长。

基于发展——重构校本教研体系。教师发展、学生发展、学校发展需要科学有效的校本教研体系支撑：教师个体面对"我的学生"，研究"教什么，怎么教，教到什么程度，教的效果如何"；教研组面对"我的团队"，研究"怎么解决教学中的突出问题、普遍问题"。建立市、区、校三级合作教师研修体系，形成校本教研、小片区教研、区域性教研互相融合、互相促进的教研网络，重构校本教研体系，突出教研主题的针对性、教研形式的多样性、活动设计的系统性、活动开展的持续性、活动过程的可参与性，促进校本教研制度化、规范化、常态化、成果化。

二、推进策略——把握四个要点

"五个问题"重点解决。如何备课——教学目标和重难点的把握；如何上课——教学的预设与生成、课堂问答、板书、媒体运用、课型研究（学科文本模块教学课型、复习课、实验课、讲评课等）、教学语言的锤炼等；如何说课——说课的方法与技巧；如何听课——课堂观察的方法与技巧；如何议课——议课能力的培养、教学反思能力培养等。

"试点先行"夯实基础。2009 年 9 月,梅列区教师进修学校选择三明八中和梅列区第二实验小学作为试点学校,开展为期两年的"五课"教研实验。

"片区推进"共赢共荣。在两年试点的基础上,2011 年 4 月,"五课"合作教研实验作为省教育教学改革试点项目,全面拓展到梅列区所有中小学校。区教育局、进修校以义务教育"小片区"管理为载体,片区优质学校为龙头,以实施"五课"教研合作为主要内容,实行课堂开放、资源开放、活动开放,打造"小片区"教研共同体。

"同城拓展"辐射推广。近两年来,梅列区教师进修学校积极发挥示范引领作用,面向三元、永安、沙县,带头开展同城化"五课"教研活动,使改革试点项目向更广范围辐射、更深层次推广。这一举措扎实推进了同城化区域教研,很好地促进了三明市教科所制定的《三明市区与三元区、沙县教科研同城化建设实施方案》的实施。

三、主要做法——突出六个环节

统一教研主题。区教师进修学校根据区情校情,以教师在课堂教学过程中遇到的问题作为校本教研的研究课题,规划设计了五年分十个阶段的教研主题,即如何备课五阶段:学习目标和学习重点的把握、教学问题的设计、教学媒体的运用、教学板书的设计(技能学科实践活动的设计)、作业和命题的设计;如何说课一阶段:说课的方法与技巧;如何上课二阶段:课型研究(学科文本模块教学课型、复习课、实验课、讲评课等),教学的预设与生成、课堂问答、媒体运用、教学语言的锤炼等;如何听课一阶段:课堂观察的方法与技巧;如何议课一阶段:议课能力的培养、教学反思能力培养等。各中小学各学科可以在全区统一教研主题框架下,根据学科特点自主确定教研专题,如初中语文学科 2011—2012 学年第一学期确定教研专题为"如何备课——教学媒体的运用",第二学期为"如何备课——教学素材的选择与使用"。

规范教研流程。各学校按照"九步法"组织教师开展学科教研活动,即:围绕主题——找准问题——理论研习——教材研读——专题研讨——集体备课(形成教案)——教学实践(实施教学)——反思评价(交流反馈)——验证性展示。

丰富教研形式。区教师进修学校、市教科所教研员根据"五课"教研推进的每一个阶段、每一个模块内容组织开展形式多样的教研活动,让教师在"学中做、做中学"。专题研讨、模块集备、同课异构、同题异教、教材盲备、课题研究、课例分析、片段教学、读书沙龙、名师教学专场展示、骨干教师优质课巡展等成为校本教研、小片区教研、同城化教研的主要形式。

统一集备要求。集体备课在全区学科教研主题框架下确定研讨课题,实行"三定三统一",即定时间、定内容、定中心发言人,统一教学内容、统一教学要点、统一教学进度。流程为"四段九步":即自研教材阶段——个人初备;集体研讨阶段——同伴议课、修正教案;上课反思阶段——课堂展示、印证预设、课后反思;修正提升阶段——二度议课、二度修正、验证性教学。

活化教学展示。"五课"教研实验和教师岗位大练兵活动的有机融合,常态化的教学观摩与每年2～3项教师教学技能培训和竞赛活动相呼应,提升教师驾驭课堂教学的能力和水平。技能培训和竞赛有:教案设计、片段教学、课件制作、说课评课、两笔一画、试题命制、理化生实验操作、音体美学科技能、英语口语、语文诵读和下水作文、幼儿园教玩具制作和简笔画等。

深化教学反思。在"五课"教研中,梅列区教师进修学校经常性地组织开展各学科教学反思活动,培养教师对自己的教学现象、教学问题进行独立思考和创新性见解的习惯。对教师的反思文章择优发表在《梅列课改》、梅列教育信息网、梅列教师进修学校网上。

四、主要成效——呈现多重亮点

梅列区"五课"教研实验正在改变"被教研""泛教研""虚教研"的现象,使之真实、扎实、充实。如初中语文学科2012—2013学年教研专题为"教学问题的设计",学年初区教研员提供相关的理论文章供各校学习,各校又不断补充新材料,通过网络共享,"理论学习"专题化、动态化。各校、各片区或全区进行研讨活动时,皆以"教学问题的设计"为讨论焦点,开课者、听课者也围绕专题写教(听)后反思,教研员从中选择优秀者在全区讲座交流,分享、推广。以此提升初中语文教师的教学功力。这样的真教研成为常态,人人受益。

提升了教师教育教学的技能。三年来,梅列区中小学教师参加全国、省、市各级各类各学科教学比武获特等奖、一等奖均位居三明市12县(市、区)首位。2010年以来,连续三年小学英语学科三位教师参加全国小学英语教学比武分别荣获特等奖和一等奖;2010年福建省首届中小学教师教学技能大赛,三明市中小学教师获省三等奖以上 39 人,其中梅列区 18 人,占三明市获奖教师总数的 46.15%；2012 年全区选拔参加市第二届中小学教师教学技能大赛,荣获一等奖的教师有 33 位,占全市一等奖的 55%；2012 年省第二届教师技能大赛,梅列区参加省赛的 33 位选手有 21 人获奖,奖项覆盖省赛一、二、三等奖,获奖面达 63.6%。

促进了骨干教师队伍的成长。全区现有特级教师 11 人,省"名校长"培养对象 4 人(占全市 50%),省"名师"培养对象 2 人(占全市 50%),227 名教师获得省、市、区学科带头人、骨干教师称号,初步形成了省、市、区三级名优教师梯队。目前以区名教师领衔的市级名师工作室 6 个(占全市 40%)、区级 6 个,成员 97 人。

关键教学事件的提取与内涵分析

杨梓生[*]

听评课活动是重要的校本教研方式,其目的在于改进教师教学行为、促进教师专业成长、提升理性教学智慧。然而,目前许多学校普遍存在教师不愿承担公开教学、不愿参与听评课活动的现状。究其原因,在于公开课教学观摩研讨活动中执教者与参与者未得到应有的提升。为何听评课活动低效? 如何改进教学观摩研讨活动? 这是值得教研部门和基层学校深入反思并积极探索的问题。

一、对有效听评课的认识

为何目前听评课效率不高? 在笔者看来,是因为组织者与参与者缺乏深入研究,导致听评课教研活动普遍存在听课目的不明、观察要素不清、课后反思不深、评议缺乏检验等。于是,执教者为公开课而公开课,参与者为听评课而听评课。正因如此,导致听评课这一重要的校本教研活动难以达到预期目的。

为改变这一现状,有效开展听评课活动,显然必须在听评课活动目标的制定、课堂观察要素的确定、课后的反思研讨、研讨后行动跟进等方面做足功课。在笔者看来,听评课是否有效取决教学评议是否具备如下几个特征:有效聚焦(聚焦于听评课活动目标);有理有据(依据课堂教学行为与教学结果、结合教育教学理论进行评议);可接受性(执教者及参与者能够理解与接收);可迁移性(评议可迁移到后续教学行动中)。要确保评议有效聚焦、有理有据,强调有效开展课堂观察;要确保评议可接受、可迁移,强调有效开展评议活动。

　　* 杨梓生,福建省龙岩市普通教育教学研究室中学高级教师。

二、有效听评课模式之建构

立足于有效听评课活动的上述认识,笔者结合调研活动,提出"基于关键教学事件的提取与内涵分析"的听评课模式。教研活动时,听课者先根据教研目标与主题,借助于课堂观察技术,观察课堂学习的结果以及课堂教学中的教与学行为及其相对应的活动氛围(课堂中可直接观察或直接感受的内容),提炼出对强化听课者教育认知或与听课者原有认知相冲突的关键教学事件;在此基础上,深入反思隐藏于关键教学事件背后的"教学理解"、"学科理解"和"学情理解"。评课时,在观察与反思基础上,对教学活动的经验进行总结,对教学活动的问题提出改进的意见。

三、"基于关键教学事件的提取与内涵分析" 听评课活动的实施

"基于关键教学事件的提取与内涵分析"听评课活动的实施,主要包含三个环节:应用课堂观察技术获取关键教学事件、对关键教学事件的"三重理解"进行研析、在研析基础上做出行动跟进。

(一)应用课堂观察技术获取关键教学事件

在听评课活动中,首先必须通过课堂观察提炼关键教学事件,从而为教学评议提供事实依据。要有效获取关键教学事件,必须开展有效的课堂观察,而有效的课堂观察需要观察者明确观察对象、掌握观察方法,在此基础上对教学过程与教学结果进行加工处理,抽提关键教学事件。

根据教研主题确定观察对象。一个教学系统包含教师、学生和教学媒介(如教材等)核心要素,教学的本质是教学系统中三要素之间的互动,教学效果取决于三要素互动的成效。听评课活动中的教学评议,就是根据听课时在课堂上观察到的系统中三要素的互动过程与结果,对教师的教学素养等作出分析、研究与评价,从而实现强化优点、修正不足的目的。因此,课堂观察对象显然是教学系统中三要素互动情况(包括哪些要素间的互动、围绕何内容互动、互动的氛围如何、要素间采用何方式互动、要素间互动的结果如何等)。然而,对于一节课,包

含课的导入、新课学习、归纳小结、课堂练习等多个环节,而且每一环节中系统要素互动(含对象、内容、氛围、方式及结果)也是纷繁复杂的。因此,在课堂观察活动中,不可能有时间与精力全面地观察系统要素间的所有互动。而且,即便有可能进行全面的观察,也会因为不同人的关注点不同而不同,这将不利于后续研析评议的聚焦。因此,在具体的听评课教研活动中,应根据教研活动的主题,将某些教学内容与片段的三要素互动及其结果作为观察对象。如提高试卷讲评教学效果的研究,可将讲评教学中教师暴露学生思维的方式与结果作为观察对象。

确定观察点与观察方法。在确定观察对象的基础上,还需将观察对象进行分解,确定具体的观察点及观察方法,这是有效观察的前提与关键。确立的步骤为:根据教研主题与内容,开展相关教育教学理论的学习,为观察点的确立和评价标准的建立奠定基础;在学习与研究基础上,对观察对象进行分解,确定观察点(具体包含互动的对象、内容、氛围、方式和结果等)及评价标准,并以观察量表的形式予以呈现;根据观察点的内容特征和学校实际条件,选择适宜的观察与记录方法,以便及时、准确、全面地观察并记录下所观察的内容。如提高试卷讲评教学效果的研究,在确立教师暴露学生思维的方式与结果为观察对象的基础上,可对这一对象作如下的分解:教师暴露学生思维采取的策略,选择哪些学生作为思维暴露的对象;暴露思维过程学生开展哪些活动;学生活动在何种氛围下进行、学生参与状态如何;暴露思维活动的结果是否与预期相符等。

在课堂观察中提取关键教学事件。如前所述,课堂所观察的对象是课堂教学系统中要素间的互动方式、行为、氛围及其结果,这些内容便构成教学事件。因此,从这个意义上讲,课堂教学实际上是由一系列反映教学系统要素间互动过程与结果的教学事件组成的链条。对于主题教研活动来说,在一节课的教学事件链条中,有些有意义、有些没有意义或者意义不大,这就需要听课者去识别、去判断。在实践过程中,听课者以怎样的标准去识别、去判断教学事件呢? 其核心思路是:听课者结合自身的认识,找出那些紧扣教研主题、能强化听课者原有教育认知或者引起听课者原有教育认知冲突、并对职业生涯、专业发展具有普遍意义的教学事件。这些事件将成为主题教研听评课活动中的关键教学事件。具体到表现形式上,下述三种教学事件将成为听评课活动中的关键教学事件:听课者认为授课者处理得较成功的教学环节;听课者认为授课者处理得不完美或有问题的教学环节;听课者既无法肯定、又无法否定的教学环节。为何这些环节能提炼为关键教学事件? 第一种情况将能强化听课者原有的教育认知,而第二、三种情况将对听课者的原有教育认知产生冲突,第三种情况因听课者无法作出优与劣的判断,因而对原有教育认知也将产生冲突。在听评课活动中,如何记录呈现关键教学事件? 由于教学事件由课堂教学系统要素间的互动方式、行为、氛围及结果等要素构成,因此,记录、呈现关键教学事件至少应包含教学目标与情景、教学内容与活动、教学结果与评价三个方面。

(二) 研析关键教学事件

关键教学事件提炼出来后,还应研究分析这些事件是如何强化活动参与者原有教育认知或者如何对原有教育认知产生冲突的。这是有效听评课的核心所在。如何研析关键教学事件呢?

我们知道,任何行动背后都隐含着行动者的行动假设,教学活动也是如此。教师课堂教学的每一个行为,都隐含着教师的"三重理解",即"教学理解"(即教师持有的教学理念、对教学本质与规律的认识等)、"学科理解"(即教师对教学内容及其价值、教学目标的理解)与"学情理解"(即教师对学生具有的认知水平与思维方式的把握)。因此,对于关键教学事件的分析,就是要深入揭示课堂中教与学行为及其结果背后隐含的执教教师的"三重理解"。

对"教学理解"的分析。"教学理解"属于教师头脑中的专业思想与理念,是教学行动的指南。有怎样的"教学理解",决定着教师有怎样的教学行动。同样的,教师采取怎样的行动,对应着教师有怎样的"教学理解"。对于"教学理解"的分析,涉及的方面很多,但最本质的有三个方面,即教师是如何认识教学的本质、学习的条件和学习的结果。评课时,对"教学理解"的分析,就是要透过"关键事件",分析教师头脑中是如何认识上述三个方面,教师所持有的"教学理解"是否符合新课程理念和相关教育教学理论。具体来说,就是要分析教师是否认识到教学的本质是教学系统中三要素之间的互动以及教师的价值在于促进三者有效互动、是否认识到学生学习是在一定条件下(需要学习者主动参与、需要良好的学习环境、需要基于学生原有的认知)自主建构的过程、是否能帮助学生有效整合学习的结果(建立起意义联系、整合出知识脉络、促进认知的建构)等。

对"学科理解"的分析。"学科理解"对应为教师是如何理解教学内容与价值、教学内容间的逻辑发展关系、教学应达成的目标和确定如何的策略来实现教学内容的价值与教学目标的四个方面。简单地说,就是面对所要教学的内容,老师将"为何教(即执教内容的学科价值、地位和作用、内在联系与逻辑发展关系等)"、"教什么、教到什么程度(即教学目标要求)"以及"怎么教(即执教时采取怎样的教学方法、安排怎样的活动来实现教学价值与目标等)"。分析时,要通过课堂教学行为与结果,看看教师是否明白本教学内容在教材中的地位和作用、教材内容之间的内在联系和前后逻辑发展关系等,看教师所制定的目标是否体现了多元性(三维)和适切性(符合课程标准及学习者的水平),看教师所采用教学方法、所安排的教学活动、所设计的教学流程是否有效地促进教学目标的达成。

对"学情理解"的分析。对于"学情理解",对应为教师对学生前经验、认知水平与思维方式的把握,体现为执教者面对一个教学任务,根据过往经验和学生年龄特征等,判断学生具备与该学习任务相关的前经验及前经验的科学性如何,判断学生是否具备与学习任务相适应的思维方式与能力水平,判断对该学习任务的解决可达到怎样的认知程度等。这是确定教学起点、制定教学目标、选择教学方法与手段的基础。分析时,就是要透过关键教学事件,看看教师如何导入新课、如何激活学生前经验、如何组织教学过程、如何呈现教学内容、教学内容深广度的确立、课堂训练达成情况及学生学习状态等,以此来揭示执教者的"学情把握"。

立足于关键教学事件内涵把握的听评课,就是要立足于执教者"三重理解"中的一个或多个方面进行深入的分析,并将执教者的"三重理解"与听课者的"三重理解"进行对比分析,从而强化听课者原有教育认知或产生教育认知冲突。在此基础上,与执教者一起总结课堂教学的成功经验,商讨教学中存在的问题并提出改进意见。

(三)评课后的行动跟进

目前的听评课教研活动,往往止于听课后的评议。然而,评议是否正确、是否具有可操作性、是否具有迁移性、执教者和参与者是否真正内化等情况并未得到进一步的检验,出现教学研讨与后续教学实践"两张皮"的现象,从而未能有效地发挥听评课的应有价值。为改变这一现状,提出了评课后行动跟进的要求。

具体到操作,就是基于关键教学事件研析基础上,要求公开教学执教者进行二次备课、二次教学,参与者进行二次观摩、二次研讨。即执教者在整理、归纳评析意见的基础上,对评析意见进行消化吸收,并对本课题内容进行第二次备课。在备课基础上,进行第二次公开教学,其他教师继续围绕教研主题和教学研讨改进建议进行第二次听课。听课时,参与者继续提取关键教学事件,并进行第二次教学研讨。第二次研讨的重点工作,是基于第二次观摩所提取的关键教学事件,探讨第一次研讨时提出的建议是否正确、是否具有可操作性、是否具有迁移性、执教者与参与者是否内化等。操作时,侧重从评议转向反思。反思角度如下:

对于执教者,重点从如下四个方面反思:和第一次教学相比,自己的第二次教学作了哪些调整?作出调整的依据何在?第二次教学时,教学是否按照调整的预期方向实施？是否达到预期目的？对比两次教学设计与教学效果,你有哪些方面的收获与体会？如果让你上第三次课,你将会作怎样的改进？

对于听课者,反思自己第一次研讨时的经验总结是否在第二次教学中得到强化？提出的建议在第二次教学中是否得到落实？哪些事实佐证了自己的判断？第二次教学效果和第一次教学相比,是否得到改进并体现在哪些方面？基于第二次教学提取的关键教学事件,哪些方面的教学经验还可进一步总结、教学中的哪些问题还需进一步改进？等等。

四、收获与反思

本听评课教研模式在我市部分重点中学进行了一年半的尝试。从实践层面看,取得的成效主要有三个方面:一是帮助建构起一种较为有效的听评课校本教研模式,促进学校听评课深入开展;二是培养了教师的反思与实证意识,即如何结合课堂观察有效地开展反思评价,如何通过教学跟进来验证自己的反思评价情况;三是激发了教师公开教学与听评课活动的热情。一些承担公开课教学的教师说:"如果以后的听评课活动按这种模式开展,我愿意承担所有的公开教学。"

然而,在实践中也发现,目前教师教研总体水平不高,如何在课堂观察中提炼"关键教学事件"、如何基于关键教学事件进行有针对性的"三重理解"深度剖析并提出合理化、可操作性改进意见的水平与能力还有待进一步提升。为此,加强听评课技能培训与引领示范,将成为未来一个阶段的重点工作。

小学链接式课堂教学探究

王周闽　　陈登连 *

为了全面落实新课程理念,有效推进校本教研,促进教师专业化成长,我们立足实际,深化省级教育教学改革试点项目——"小学链接式课堂教学探究"课题实验。"小学链接式课堂教学"是辩证唯物主义普遍联系原理在教学领域的创新应用,它以促进"系统把握"、"整体建构"、"循序渐进"等教学原则有效落实为宗旨,追求教学效益的最大化,将三维教学目标融为一体,环环相扣、课课推进,从而促进学生全面发展。多年的"小学链接式课堂教学探究"实验的开展,开创了具有我校特色的校本教研模式,形成了良好的辐射效益,受到了各级领导及同行的高度好评。新时期,如何有效地开展校本教研,下面我就结合实践谈几点认识,以期抛砖引玉。

一、查摆问题,立足实际促管理

建立教师成长档案,实施因材施教战略。教学质量是学校发展的生命线,而教研工作是促进教学质量提升的重要因素,构建学习型教研团队是学校创新发展的重要保障。为了全面了解教师的发展需求,我们在全校 233 名教师中随机抽查了 133 名教师进行了问卷。在"新课程下,您最需要学习的是什么"的调查中,11.28%的教师表示最需要参加"学科基础知识学习",24.06%的教师表示最需要参加"教学理论学习",56.39%的教师表示最需要学习"课堂教学实践(如何上课等)知识"。数据表明,随着学校办学规模的不断扩大,教师队伍年轻化的步伐加大,不同年龄段教师对知识的需求呈现出个体差异性,为此,我们建立了教

* 王周闽、陈登连,福建省南平实验小学教师。

师专业成长档案,针对不同年龄段的教师实施"因材施教"。经过几年的努力,目前广大教师已形成了浓厚的自主学习意识。

提高教师职业认识,促进教师专业发展。俗话说"态度决定高度",教师积极的工作态度能有效促进教学问题的解决,从而极大地提高教学质量。在"您认为自己可以达到的职业高度是什么"的问卷调查中,56.39％的教师表示为"一般教师",18.05％表示可以达到学研型教师,15.04％的教师表示为"学科带头人、骨干教师",10.53％的教师表示"不多想,走到哪算哪"。可以看出33.45％的教师对自身成长充满积极的态度,但我们也清楚地看到还有10.53％的教师表示"不多想,走到哪算哪"。身正为范,学高为师,要是教师在教学工作中抱着"不多想,走到哪算哪"的消极态度,又怎么能引领学生朝着远大的人生目标迈进呢?"不多想,走到哪算哪"这是一种职业倦怠的表现,如何改变这一现状呢? 在实验中,我们采取教研工作与教师年度考评、岗位聘任相挂钩的办法,强化过程管理,实现了"要我研"向"我要研"的转变,达到了"人人有阳光"的教研心态管理目标。

二、搭建平台,创新思路促交流

在实验中我们搭建了两个教研平台,即常规教研平台与网络教研平台。有效地推进了实验工作的开展。

常规教研,常抓、常新。讲求实效是校本教研工作的重要原则。教师问卷调查数据显示,有77.44％的教师对"主题发言＋互动交流"的教研方式表示"认可",94.74％的教师对课改论坛互动交流的活动成效表示满意。为此,我们每学年第一学期开学初均开展课改论坛活动,让全体教师共同参加到论坛活动中来,提问题,谈看法,在思维的相互碰撞中提升校本实验的认识。在活动中,我们深入开展"六课"活动,形成多头并进态势。六课并举,即亮相课、汇报课、出师课、示范课、互赏课、比武课等同步运行,层层把关,环环推进。

三课促成长。为了加速青年教师的专业化成长进程,学校为刚考入学校的新教师配备了教学经验丰富的老教师为师傅,承担青年教师的学习、工作、生活的指导任务。为期三年的师徒结对活动,徒弟在师傅的指导下逐年进行亮相课、汇报课、出师课的公开教学活动,即新教师进校第一年进行亮相课教学,第二年开展汇报课公开教学,第三年进行拜师结业课公开教学,接受校考评组的考评,成绩合格方能结业。如2012年11月,30位新任教师参加了为期两周亮相课活动。在活动中,青年教师们充分利用活动契机锻炼自己,他们积极备课,钻研教材,虚心求教,平日里争取多听师傅的课,多汲取师傅的意见,多次磨课,提高课堂教学技术。在亮相课教学活动中,各青年教师一展风采,取得了很好的成效。

新教师"三课"制度为刚走上工作岗位的青年教师搭建了历练的平台,在活动中个个新教师紧跟师傅的步伐,师傅们更是倾心做好传、帮、带工作,这项活动的开展,有效推进了校本教研进课堂的进程,让每一位教师都将课堂变成校本研究的实验场。

示范课显成效。为浓厚校本教研氛围,有效落实"小学链接式课堂教学探究"课题实验,学校教研室加大力度做实学科教研组的公开课研讨活动,将公开课教学研讨写进教研室工作计划,要求各学科组联系实际,结合课题拟好研讨主题,每学期至少开展八节教讨课,将公开课教学作为教研组长、教研员考评的重要内容。此举,将课题实验工作落实到实处,提升了教师的问题意识与探究意识,促进了教师从"教学型"向"学研型"转化。

互赏课见风采。为了加强学科教师间的教学工作交流,我们开展了"备课组教师磨课活动"及"跨学科互赏公开教学研讨活动"。首先,学校规定每学期每位教师至少在备课组内开一节公开课,大家共同围绕一个主题进行磨课,力求通过研磨活动着实解决存在的问题,将教学经验提升到理论认识。其次,加强学科教师间的联系,互相取长补短,开展"跨学科互赏教学研讨活动"。通过跨学科互赏教学研讨,引领教师跳出学科看学科,有效地拓宽了教师教学研究视角,有效地促进了校本教研的创新发展,全面推进了学生综合素质的提升。

比武课出名师。为了加快名优教师的培养进程。学校结合教师岗位大练兵活动,每两年举行一次青年教师教学比武活动。比武活动内容包括:课堂教学、论文写作、课件制作、粉笔字书写、教案设计、教后反思六大项。比武采取封闭式进行,实行评委现场打分,现场亮分。本项活动的常态化开展,为学校选拔各级各类教学竞赛选手奠定了坚实的基础,有效提升了教师专业素质与参加校本教学研究的意识。

网络教研,常试、常新。走进信息时代,网络成了人们学习与工作离不开的平台。有效地利用信息技术可以突破时空局限,拓宽教研视野,加快校本教研发展。在实验中,我们一方面引导教师参加网络教研,如参加"新世纪小学论坛研讨群""新世纪数学研讨航母群"等QQ教学研讨活动。今年暑期,教研室陈主任通过"北师大数学工作室呱呱房间"向全国各地的专家、同行作了"小学链接式课堂教学探究"课题实验专题发言,受到了在线教师、专家的一致好评。另一方面我们创建了"三人行教研 QQ 群",组织本校教师参与互动交流,同时吸收校外同行加入教研群。网络教研平台的搭建,让广大教师有着"天涯若比邻"的感觉,拉近了教研探究的距离,有效地推进了我校数字化教研工作的进程。

三、三级联动,层层递进促发展

组内联动促发展。学校以备课组为校本教研工作的基本单位,每周安排一次备课组研讨活动,做到定时、定点、定人。活动采取中心发言的办法进行理论学习,加强教法、学法、练习设计等问题的探讨。两年来,数学组积累了《链接式课堂教学年段过关资料》6 册,累计达 20 余万字。通过组内集备、组内磨课等活动,打破了传统的教师单打独斗的局面,形成了同伴互助的团队合作教研模式,为学校各个校区的均衡发展作出了重大贡献。

学科联动促创新。为密切学科教师间联系,有效落实全面发展的教学理念,我们开展"学科互赏教学研讨活动",让不同学科教师通过互赏、互学活动,反思教学,实现教师跳出学科看教学、求发展的新局面。在实践中,我们开展了心理健康教育、语文、技能学科等互赏公开教学研讨活动共 5 次,参与教师约 450 人次,有效地促进了教师团队的专业发展。在校本教研中,我们还实行了年级教师每月一次的教研工作例会制,会上大家摆问题、谈经验、讲策略,个个倾情参与,达到了很好的研讨效果。

校际联动促提升。采取走出去、请进来的办法,加大了校际联动的工作力度。一方面,我们积极安排教师走出校园欣赏外校教师的精品教学,回校或进行学习汇报,或进行翻版课教学,有效地扩大了学习效益。另一方面,我们也时常请专家、教师到校作公开教学或专题讲座。两年来我们主办了省级语文、市级科学学科教学研讨活动共 3 场次。三是加大城乡学校教学交流力度,两年来安排30 余位教师到结对子学校开展支教工作。多次与对子学校联合举办了"城乡学校教学互动交流研讨活动",受到了延平区夏道中心小学领导及教师的一致好评。校际联动,进一步浓厚了校本教研的工作氛围,将我校"小学链接式课堂教学"种子撒向乡村,不但有效地促进了教师专业素质的发展,更提升了校本教研的辐射效益。

四、多方参与，营造氛围促提升

所谓的多方参与是指校本教研中教师、家长、专家、学生共同参与研讨，形成了多元互动、多向交流，多维发展的喜人局面，有效地将课题实验工作落到实处，取得了良好的活动成效。

领导参研有促进。首先，校领导做表率，层层抓落实：一是一层班子引领示范。如分管教学的王副校长执教了《解方程复习》公开教学，解开大家多年的"复习课该怎么上"的困惑，为教师进行复习课教学树起了榜样。二是二层领导以身作则。如教研室陈主任采用"先学后教"的教学模式，执教了《字母表示数》一课，获省一等奖。三是三层教学管理人员扎实推进。如教研员每学期在组上执教一节公开教学示范课等。其次，加大教研工作的指导力度，充分发挥教学骨干力量作用，开展教学专题讲座活动。两年来各学科组累计开展讲座 56 场，培训教师 3 200 余人次。公开课教学研讨、讲座等活动的开展，让教师们立足同一主题，从不同视角评课、议课、思教，通过多方思维碰撞，形成集体智慧，有效促进了教师团队的专业发展。在教研中我们以生为本，让课堂成为服务学生的主阵地，深化研究性学习探究，有效提升学生的学习能力。两年来，有 120 多名学生文章发表在《闽北日报》《读写天地》《孩子》等刊物上，参加福建省科技创新比赛先后有 12 人分别荣获省二、三等奖。学生学习力明显提升，六年级毕业生在高一级学校学习，学习方法科学，成绩优秀，受到了各初中、高中学校领导、教师的高度好评。

家长参研有收获。教育工作是学校、家庭、社会的共同责任。为了开掘家长教育资源，我们通过搭建班级家长 QQ 群、家长学校、家委会、校讯通、家长开放日等方式密切家校联系，与家长共同探讨教育教学大事。深入开展一年一度的家长开放日教学研讨活动，让家长与学生同课堂，让家长与教师共研讨。如 2013 年 4 月，我校以"家校携手共建美丽课堂"为主题，隆重举行"家长开放日"活动。活动期间家长通过随堂听课、亲子活动、对话咨询、问卷调查等方式进行了互动研讨。家长开放日活动向社会展示了我校校本教研工作的新风貌，家长们表示我校"课堂内师生关系民主平等，和谐融洽，教师尊重学生"，家长对"开放日活动"满意率达 100%。

专家参研有成效。为了提升教师教学理论水平，促进教研工作的专业发展。

在实验中,我们聘请市普教室冯兵主任、陈全席老师作为学校教研工作首席指导专家,成立了学校教研工作专家指导团队,定期举行讲座、听评课等教研活动。在活动中,专家讲座用生动的教学案例诠释新课标,让教师们对新课标有了更加深入的理解,提升了教师的理论学习能力,有效地促进了课题研究的开展,让教学研究更好地服务课堂教学。

五、科学评价,落实制度促完善

师徒结对制度。为了充分发挥老教师的传、帮、带作用,加快青年教师专业化培养步伐,学校出台了《师带徒工作管理办法》,对师徒资格认定办法提出了明确要求,并对师徒主要职责作出了明确规定。规定指出师徒在保持学与教关系期间,师傅享受徒弟所获奖项的奖励,通过《师带徒协议》量化了考核标准,如师傅要加强对徒弟的理论学习、教学实践的指导,徒弟上课前一周要将教案提交师傅批阅,每周师徒互听一节课等。目前,师带徒活动形成了我校校本教研的一道亮丽风景,深受青年教师喜爱。

子课题实验制度。随着学校办学规模的不断扩大,各级对课题实验工作的关注度不断提升,课题实验工作成了学校教研工作的重头戏。为此,我们以教研室为龙头,不断完善课题研究制度,形成校级课题一年一申报、一结题的实验制度。2012年各学科组累计开展21个课题实验,学年末校课题评审小组依照《南平实验小学课题实验评估办法》进行了全面评估,取得了阶段性的成果,有效促进了课题实验的常态开展、越升发展。

互动交流颁证制度。为了提升教师自主参与教研的意识,我们充分利用教师职称评审、岗位竞聘、年度考评等评估机制,加强教师参与教研过程的督导评估力度,强化激励措施,对教师参加公开课、讲座、互动论坛等主题发言及执教教师,及参加各级教学比武的指导教师实行颁发荣誉证书、公开课教学证明书、指导教师证书、教学比武荣获证书等。教师校本教研互动交流证件制的落实,实现了“要我做”为“我要做”的教研转变,形成了人人争相参与的喜人教研局面。

师生多元评价制度。为了全面推进素质教育,切实减轻学生课业负担。我们全面落实省颁课程计划,采取了多元评价的办法,全面落实学生成长卡评价制度,让学生、家长、教师共同参与评价。我们还认真组织开展语、数学科期末单项测试、英语学科期末测试,技能学科教师问卷测评工作。多年来,师生多元评价工作取得了可喜成效,得到了学生、家长及社会各界的高度认可,我校在市普教室组织的学生评价改革交流会上作了"落实多元评价,促进素质教育"专题交流,受到了与会领导及同行的一致好评。

科研成果奖励制度。为了激励教师投身校本教研,学校教代会出台了《教师教育教学科研成果奖励办法》,对课题实验、文章发表、公开课执教及指导教师、指导学生获奖等分别给予一定物质奖励。这一制度的落实,有效扭转了教师"研与不研一个样"的思想认识,形成了"我参与我提升,我投入我发展,我成长我快乐"的教研认识,极大地提升了教师参与实验的热情。

在全体教师的共同努力下,历经近八年的链接教学探究,目前链接教学思想已融入课堂教学的方方面面,深深地在我校扎根,在闽北开花结果。实验中,课题组成员勤于探索,勇于创新,善于总结,数十篇论文在 CN 刊物,省、市论文汇编上发表交流,得到了社会各界的高度评价。提炼出的"链接式课堂教学内涵",链接观点("整体建构观、就近联系观、动态链接观、线性发展观、多元评价观、优化链接观"),链接策略("目标链、知识链、生活链、思想链、延伸链、发展链、情感链"等)及"链接教学模式"(创设情境,聚焦问题;尝试猜测,自主探究;交流验证,内化认知;提炼思想,拓展延伸),已向各学科、各地区形成了辐射,取得了很好的辐射效益。"链接式课堂教学"环环相扣、逐层递进,为课堂教学带来了新气象,在实验中,一大批乐于探索,勤于研究的中青年教师先后进入省、市级骨干教师,省级学科教学带头人队伍。

省级"链接式课堂教学探究"试点项目实验,有效助推了学校校本课题实验的创新发展,今后,我们将继续努力,争取做大、做强学校的教研工作。

中学反思性教研活动探讨

廖湖生[*]

在教学研究过程中,要善于探索教学过程中的得失,做一个反思型的教师。教学作为一项智力活动,需要教师不断进行反思和检讨。而公开课后的集体教研活动,更需要教研组成员对公开课进行评价和反思,让反思性教研活动碰撞出智慧的火花。

在反思性教研活动中,我们有一个较为成功的案例。2012 年 12 月 3 日我校刘秀明老师开了一节《氓》的教学公开课。教学中,刘老师设计了这样六个教学环节:一、导入新课;二、检查字词掌握情况;三、朗读全诗,感知内容;四、分析性格特征,探究悲剧根源;五、比较《致橡树》,感受新女性;六、课堂小结,布置作业。课堂教学设计完整。课堂教学实施中,刘老师在探究人物性格上进行了一次颇具新意的尝试。刘老师让学生从诗中找出女主人公对"氓"的称呼有哪几种? 找出这些称呼,分析从不同的称呼背后传达出女主人公对"氓"的感情变化。学生回归文本,从中找出这些称呼:氓——子——复关——尔——士——其。找出这些称呼后,让学生讨论这些称呼后面所隐含的情感。氓(民)——子(敬称)——复关(借代)——尔(你)——士(对男子的统称)——其(他,第三人称),这些称呼的变化,隐含了女主人公对氓的情感变化,由初识称氓到敬称,表达喜爱之情、敬重之情到借代复关的昵称,表达情侣间的亲热到第二人称的你,情感已变淡到士,对男子统称的痛斥到最后用第三人称"其",表达怨愤之情、决绝之意。

教学中,刘老师改变了原来传统教法中让学生讲述这首诗讲述了怎样的一个爱情故事,让学生概括出诗歌内容由恋爱——婚变——决绝的过程,由粗线条到细节中体会女主人公情感的变化,让学生真正进入文本,体味女主人公的情感

---

* 廖湖生,福建省厦门海沧实验中学教师。

世界。教学着眼点的改变改变了教的方式,改变了学的方式,改变了课堂气氛,学生在自主互助中学习,在探究中学习,增强课堂教学的有效性,在教师中引起了较大的反响。

在随后的教研活动中引发了教研组成员的热烈讨论。

刘秀明老师在说课中表示,这节课的教学设计尝试从女主人公对氓的变化中去把握人物情感,进而把握人物形象,揭示主题。一个小的创意,一个新的尝试,给课堂带来了生机,让教研活动也火花四溅。

申会刚老师说:"对教材挖掘到位了,教师就能从字词中找出情感变化的脉络,回归文体,去深挖细探,会有新的收获。教学中要做好字词的落实,字词的理解。让学生养成一个习惯,去寻找类似的成语,查字典。日积月累,打好基础。"

周慧珠老师说:"高中新课程学习,强调学生的自主学习,课堂的互动,往往忽略字词的积累,这堂课给我的启示就是要回归文本。"

谢益清老师说:"文言教学中的字词互证,对理解字词含义很重要,在知识迁移中起重要作用。平时教学中,教师做好这方面的引导,日积月累,这样翻译文言的能力会得到提高,对文言思想内容的理解和把握能力也会提升。"

张一雄老师说:"文言教学要揣摩语言,反复读,如'反是不思,亦已焉哉!'这些虚词和标点所表达的情感,只有反复读才能体会女主人公的态度是如此的决绝和坚定!"

教师们还对《氓》中地点的选择如"淇"进行了讨论,"淇"是女主人公爱情悲剧的见证地,用"淇"水有岸来反衬男子的变化无常,表达女主人公的愤怒。

教研中教师们各抒己见,见仁见智,通过教师个人的教学实践与刘老师的这堂课进行对比,反思对照。反思性教研展示教师评课能力和教师的个人教学智慧。反思性教研可以从以下四个角度进行研讨。

反思性教研关注教学目标与结果的达成。教学公开课是否成功,教师在课堂上教学目标是否达到,教学是否有效? 课堂教学中,教师采取什么措施来实现教学目标,这些措施是否有效? 课堂教学中,教师采取的措施是否关注学生的反应,课堂气氛是好是坏,师生间的互动是否关照学生的兴趣与需要? 这些都是教研中要反思的。教研中反思了这些方面,有利于评价教师公开课的成功与否。

反思性教研关注教师的思考和探究能力的培养。教学是一种复杂的智力活动,课堂教学需要教师的生成智慧,需要教师发现问题、解决问题的能力,需要教师及时总结反思的能力。因此反思性教研要求反思型教师也必须是研究型教师,有能力进行相应的教学研究,有能力对公开课进行相应的评价。

反思性教研关注积极的教学态度。教师在教学反思时必须具备开放的心态、责任心和全心全意的精神,用积极的心态去教学、去反思、去研讨。教师用积极的心态开展教学,教师用开放的心态从多方面听取意见,教师在反思时用挑战自我的勇气去反思课堂中出现的问题。用一种开放、民主、关怀的态度去对待教学中的问题,用一种乐观、积极、向上的心态对待学生、感染学生。

反思性教研关注教师之间的合作与对话。反思性教学过程是一个交流与学习的过程。教师间在教研中交流思想、分享经验,发挥团队的力量,共同促进教学。教师的反思性教学、专业学习和个体的教学能力在不断地教学实践中成长,在教学研讨中成熟。在与同事的交流中,反思活动的价值就会凸显;在与同事的观点碰撞中,能点燃教学智慧的火花,提升个人的专业水平;在与同事的交流合作中,共同分享、共同成长。

以上关注的是反思性教研活动的内容,这些教研活动实际上是一种学习。这种共同学习是一种“论辩”,教师以不同的角度和方法去探讨问题,是一种无拘无束、自由开放的学习交流方式。教师在交流研讨中,既能反观自我、反思教学,又能激发情感,碰撞出智慧火花,在教研中成长。

主要参考文献

徐辉:《现代西方教育理论》,重庆出版社 2006 年版。
钟启泉:《普通高中新课程方案导读》,华东师范大学出版社 2003 年版。
郑杰:《给教师的一百条新建议》,华东师范大学出版社 2005 年版。

研究性学习与科技创新大赛的结合

郑金嵘*

    青少年科技创新大赛是由中国科学技术协会、教育部、科学技术部、国家环境保护总局等几家联合举办的一项青少年科技创新项目和科学实践活动的综合性科技竞赛。研究性学习的常态有效实施,则为科技创新大赛提供了平台和沃土。研究性学习给力科技创新大赛:持续的兴趣、丰富的选题、方法的指导、过程的跟踪。

    兴趣是最好的老师,也是创新灵感迸发的原动力。在枯燥乏味中不会存在持久的探索热情,更不会有创新创造。而研究性学习不仅能激发学生浓厚的学习兴趣,并且可以保持长久的探究热情。研究性学习"学什么"、"怎么学"、"跟谁学"、"哪里学",都由自己决定,高中生根据自己的兴趣,选择自己喜欢的问题,确定专题,像科学家那样进行研究。武平县是著名的绿茶之乡,我们学校开展了"茶——家乡的骄傲"综合主题研究性学习。学生充分利用茶乡的资源优势,走出教室、走出课本、走进社会、走进生活、科学认识怎样种茶、制茶、泡茶、饮茶。学生初到茶山,那真是兴奋,在茶山上唱啊、跳啊。可是回到教室,又被高高的课本压得抬不起头,对茶的研究兴趣似乎烟消云散了。这时教师激励学生撰写考察心得,并向报刊荐稿。当学生的心得文章《茶话浮生》等在《闽西日报》发表后,他们的兴趣又被激发了。学生继续利用课余时间深入茶园,仔细观察发现一种"可爱的"小绿叶蝉,这种蝉是夜间觅食昆虫,专门啃食茶树的嫩叶新梢,给茶农造成不小的损失。如何才能消灭小绿叶蝉,又能保护无公害绿色环保有机绿茶品牌、保护"地理标志保护产品",学生尝试一种新型无公害歼灭的办法取得了成功。由此,学生研究的科技创新项目"防治茶小绿叶蝉的无公害复方中草药试验研究"获得第 28 届福建省青少年科技创新大赛二等奖。研究性学习就是从生活

---

   * 郑金嵘,福建省武平县第一中学高级教师。

中发现问题,确定主题,新课程改革强调科学领域与生活世界的融合。研究性学习的研究内容与生活情趣越贴近、与社会环境生活经验结合越紧密,学生自觉接纳程度就越高、兴趣就越强。当研究性学习的成果在过程中不断被认可,被赞扬,研究性学习就会成为学生自主学习、科技创新研究的催化剂,能够增强学生的学习兴趣和动机,激发探索科学奥秘、参加科技创新大赛的热情。

科技创新大赛项目来源于哪里?研究性学习无疑是学生科技创新项目产生的重要来源!每年200个左右的研究性学习课题,为参加科技创新大赛保障了创新项目。选择好课题是走好研究性学习的第一步,也是走好科技创新大赛的关键一步。科技创新要体现学校的教育功能,面向全体学生,研究性学习积极为学生搭建科技创新平台。研究性学习的课题资源可分为共性的和个性的。结合武平实际,可形成五大综合主题,并据此来开展研究性学习。(一)自然环境:主要是从研究人与自然关系的角度提出的课题。如"走进国家级自然保护区——梁野山"综合主题研究性学习,主题下再细分一些小课题:梁野山生态旅游资源的开发、梁野山野生红豆杉的分布及保护研究、梁野山珍稀野生金线莲的人工培植、梁野山瀑布景区污染调查及治理建议等。(二)社会生活:主要是从人与社会关系的角度提出的课题。如"茶——家乡的骄傲"综合主题研究性学习:武平绿茶病虫害的防治、怎样饮茶才科学、怎样打造武平绿茶文化品牌等。(三)历史文化:主要是从研究历史与人的发展角度提出的课题。如"走进百家姓古镇"综合主题研究性学习:百姓姓氏对联——微型族谱、语言孤岛军家话的考察及保护策略研究、百家姓古镇文化探秘及开发等。(四)个人发展:主要是从关注个体成长的角度提出的课题。如"设计未来"的综合主题研究性学习:规划就业之路、学生勤工俭学与未来发展的联系探究等。(五)科学技术:主要是从科学技术与时代发展角度提出的课题。如"节能系列"综合主题研究性学习:全关机电脑节能插座、节能开关、节水——我们在行动等课题。我们评选出优秀的研究性学习课题成果,通过提升,作为创新项目参加科技创新大赛。我县参加的28届省科技创新大赛获奖作品均来源于研究性学习课题。

研究性学习给科技创新大赛以方法指导。项目"磁—铁吸附力穿透水泥石灰沙浆的实验及其墙面无痕张贴的应用"的指导,是一个比较成功的例子。教师首先指导学生发现问题,提出课题。让学生走出教室,用慧眼察看周围的世界,通过观察和分析,发现:纸片(宣传材料)的张贴,无论是用胶水、糨糊,还是用双面胶带、透明胶带,都将给墙面(底板)造成污损。塑料薄膜(广告)的张贴,通常是用钢钉将薄膜钉在墙面(底板)上的,这会对墙体造成很大的伤害。对这些问题有了深入些的思考之后就可确定课题了。其次指导学生的实验，学生的实验结果与事先的预想完全不同，在这个关键点上，老师先检查他的实验设计，重新设计实验，反复实验 100 多次，得出实验数据。然后又指导学生运用这些原始数据，用统计学的原理进行分析，得出结论：磁铁间的吸附力随水泥沙浆、石灰浆以及空气的增厚而减弱；水泥沙浆和石灰浆对磁—铁吸附力的影响大致相同；a、b、c 三种磁扣的磁力 a＞c＞b；同时使用多块磁扣时，可以增强磁—铁间吸附时的稳定性。通过该项目的创新实践，学生的科学探究能力得到很好的锻炼，学生良好的科学思维习惯得到了培养。教师的指导重点在于不断促进学生的科学探究能力。

开展研究性学习有助于对科技创新大赛的过程跟踪。学校为了研究性学习的常态有效实施，设置《研究性学习手册》、研究性学习档案袋，也是便于跟踪过程、积累资料。一项研究成果的取得要较长时间才能完成，可能要数月甚至数年。在这一过程中，指导教师一方面要对学生的研究项目了如指掌，做好研究方向的修订、研究方法的指导、研究手段的改进等工作；另一方面要对学生的研究课题做好资料（原始记录、文献、照片、声像）的收集整理工作。笔者指导的"走进百家姓古镇"综合主题研究性学习，历时三年，每年都有该主题下的小课题研究项目在省科技创新大赛上获奖。在这三年的跟踪指导中，笔者注重资料的积累：制作了课题的专门档案袋，收藏学生的研究草稿、实物等资料；在电脑网页收藏夹中建立"百姓古镇"文件夹，所有有关百家姓古镇的网页均收藏其中，方便查阅古镇动态，并在电脑 E 盘中设置"百姓古镇"文件夹，收集学生原始材料，有学生采访、考察的录像、录音、照片、考察日记、心得。并用比较精美的档案袋收集较珍贵的材料，如在报刊上发表的学生的优秀作品，像《闽西日报》发表的"走在古镇上"。笔者根据对学生研究性学习三年的跟踪，撰写了研究性学习综合报告"走进百家姓古镇"，参加福建省第 28 届科技创新大赛，获科技教育活动类第 4 名（三等奖）。

研究性学习如此给力科技创新大赛，可以想象如果学校能常态有效实施研究性学习课程，那么该校学生就一定能在各级科技创新大赛中摘金夺银。

主要参考文献

王文琪、邓小飞："研究性学习百论"，《研究性学习与创新教育》2008 年第 4 期。

霍益萍："研究性学习的特点和课程定位"，《课程·教材·教法》2010 年第 11 期。

注重对学生课堂学习兴趣的培养

陈金坤[*]

　　随着新课程改革和新课程理念的不断实施和逐渐推广,注重对学生学习兴趣的培养日趋紧迫,也是当前思想品德学科教师迫切思考和解决的问题。重视学习兴趣培养、注重课程教学改革、提升课堂质量、关注学生全面发展正是新课程理念在课堂教学中的充分体现。因此,在教学中,教师要充分调动学生学习的积极性、主动性和创造性,为学生构建一个轻松、愉快、自由、和谐、开放的学习氛围,形成以学生为主体、教师为主导的课堂机制,从而提高课堂效率,增强学习兴趣。

　　新课程的指导思想是全面贯彻党的教育方针,大力推进和实施素质教育,以教师为主导,学生为主体的课程改革,教学过程是师生交流、积极互动、共同参与的过程,注重培养学生的思维能力、创新能力和解决实际问题的能力。它打破了传统的思想品德课中以识记或简单机械记忆为主的教学模式,它有利于激发学生的思维热情和创造力的培养,有利于提高课堂 45 分钟质量。在这样的课堂中,教师不再是高高在上的权威,而是一种民主、平等、和谐的师生关系,使课堂教学走上有序、健康的发展大道,从而推动思想品德课的教学向纵深方向发展,以此达到对学生兴趣的培养。

　　启发式教学是教学实践中应用广泛的教学模式,它能最大限度地激发学生自觉、主动地思考和学习,并且对问题的情境进行有效探究,在这种教学模式中教师可以先预设一些问题情境,如可提前收集一些材料、图片、导学案、案例分析等。在这个过程中,教师可以组织学生带着问题去学习和思考,从而激发学生的探究思维和探究能力,培养学生的创新能力。让学生多角度、多层次地发表自己独特的见解,教师可以引导学生从不同的角度去思考,通过学生对问题的不断探

---

　　* 陈金坤,福建省莆田市城厢区南门学校教师。

讨来激发学生的潜能。要不断地创设延伸问题,从而让学生在讨论中获得新知识,培养新能力,完成知识的有效迁移,达到思维和能力的培养,也让学生在愉快的氛围中获取新知识。这样做改变了思想品德课传统的说教模式,提升了课堂的实效性。如我在上八年级"生命健康权"这一课时,通过设置一些图片,如汶川地震、印尼海啸让学生懂得生命的宝贵。通过导学案的设计,如什么是生命健康权、生命健康权的重要性、法律是如何保护生命健康权的设问等,学生带着问题去思考,从而达到本节课的学习目的,让学生学有所得,学有所成,在不知不觉中体会了生命的宝贵和重要性,让学生们更加热爱自己的生命,以此达到本节课的三维目标。

一、结合时政热点,让学生热起来

　　传统的教学模式,教师只是照本宣科,不注重联系社会生活中的热点话题,这种教学模式制约了学生知识的全面提升,使得学生学习的空间小、知识狭窄,不利于学生全面可持续发展。随着时代的发展,信息传媒的普及与推广,学生接触面日益深化。显然,他们需要一个更大的舞台来施展他们的才华,在这样的背景下,教师需不断地在新课程理念的指导下,树立以教材为依托,结合学生的实际生活,以学生能力的培养为先导,引导学生面向更广阔的社会生活空间。让他们能够运用课本所学的知识去联系社会生活中的热点话题,让学生去关心国家和社会的发展,去感受祖国日新月异的变化,从而更加热爱社会主义制度,达到了情感上的共鸣与升华。如我在上"可持续发展战略"这一课时,结合党的十八大报告中多次提到的"政治文明、经济物质文明、精神文明、社会文明和生态文明建设",把生态文明建设提高到一个新的高度和重要位置。在讲科教兴国战略时,我列举了我国在科技方面所取得的辉煌成就以及我国在科技领域所取得的重大突破与创新。如神舟飞船与天宫一号的成功对接,它们大大地提高了我国的国际地位和国际影响力,使我国成为继美、俄之后第三个掌握空间出舱的国家。航空母舰"辽宁舰"的正式起航,极大地说明我们的科技前进的步伐大大向前迈进,在成就的背后,有着我国经济实力的提升,也凝聚着几代航天人不懈的努力,通过这样课程与社会热点的结合,激发了学生的学习热情,也激发了他们的爱国情感,增强了他们学习政治的兴趣,大大提高了课堂效率。

二、借助于多媒体的辅助教学，让学生乐起来

多媒体是伴随着新技术、新发明的推广和运用应运而生的，它的运用冲破了旧的教学观念、模式，丰富了课堂的教学手段，营造了一个轻松、愉快、温馨、和谐的课堂教学氛围。教师通过多媒体的应用，渲染了课堂的氛围，将与教学有关的知识通过图像、影像、声音、动漫、视频等方式，在课堂上展示出来，极大地调动与激发了学生学习的热情，从而改变了思想品德课枯燥、单调、无味的印象，使学生们获取了更准确、直观的知识，可以把课文中难以理解、抽象的概念更形象、直观地表达出来，极大地增强了思想品德课教学的效果，调动了学生学习的主动性，让学生由被动学习转变为积极学习，使学生对抽象的概念有了感性的认识，这样，同学们在愉快轻松的教学氛围中获取新知识，达到了思维与能力的培养，也提高了课堂教学的效率和质量，同时，利用多媒体教学，教师可以轻松地将课文中的板书、案例、习题、作业等制作成多媒体课件，提高了课堂的利用率，增大了课堂信息的容量，减少了由板书所带来的一些额外的时间，教师可以充分地利用多媒体的辅助教学手段更好地驾驭课堂的能力。如我在上《情系祖国》这一课时，借助于多媒体的辅助教学手段，由一首"我的中国心"导入新课，让学生在音乐中感受到对祖国的热爱，也通过一些历史的图片，展示了中华文化的独特魅力，如四大发明、丝绸、剪纸、京剧等图片，让学生感受到中华文化博大精深、源远流长。这样，更容易激发学生的爱国热情，也为弘扬中华文明作了很好的教育。

三、注重学科之间的渗透，让学生活起来

随着经济全球化的日益渗透，科学技术的迅速推广，人才已经成为当今时代最重要的资源，尤其在科技迅猛发展的今天，社会更需要全面发展的人才，这就需要我们培养学生多方面的知识与技能，提高他们的综合素质。新课程改革的理念也非常注重对学生全面能力的培养。注重综合能力的提升，它要求学生具备综合能力的素养。这就需要教师要注重多个学科间的渗透与应用，让学生在思想品德课上不仅学到知识和做人的道理，也在不知不觉中学到其他各学科的知识，使学生在课堂上达到多样化的发展，掌握多方面的知识与技能，以拓展他

们的视野，丰富他们的知识面，开拓他们的思维空间，从而顺应时代和社会发展的需要。如我在讲授《我与父母》这一课时，播放了陈红的《常回家看看》这一首歌，优美的音乐、和谐的旋律，激发了学生对家的渴望与感知，也引发了他们对父母的爱，这样，不仅给学生带来美的感受，也让学生在快乐的课堂上学到了知识，增强了教学的效果。又如我在讲授《科学发展观》这一课时，我先把学生分成两组，展开辩论，一组是经济的发展与保护环境相矛盾，另一组是经济的发展与保护环境相协调，通过同学们激烈的思辨，精彩的演讲，列举了大量古今中外经济发展与环境的相互关系，在大量的事实与数据面前，他们达成了共识：经济发展可以与环境保护相互协调，这样，既达到了教学的目的，又达到思辨的效果，提升了课堂的效率。

总之，注重学生兴趣的培养是深化思想品德教学改革的需要，也是实施素质教育的必然要求。作为思想品德课的教师，要在教育实践中不断研究新课程的理念，不断探索新课程改革的路子，立足于改革和教学的实际，与时俱进，开拓创新，着重培养学生的创新能力和创新思维，这样才能激发学生的学习兴趣，才能促进课堂质量的提升，也才能促进课堂效率质的飞跃。

思想品德学科校本教研探讨

庄千朝[*]

　　基础教育课程改革的深入开展,在农村初中学校的实施中遇到各种各样障碍,其中教学理论教研与教学实践相脱离是最大问题。而校本教研能有效地将教学理论教研与教学实践链接和融合,使得传统意义上的教学理论教研在实践上得以弥合,这对提升基础教育课程改革的实效性有着积极作用。推行校本教研,对于农村初中教研水平的提高、教学成果的巩固意义非凡。然而,农村基础教育设施薄弱、师资水平有限,对校本教研推行造成了不小的阻力,导致农村初中校本教研出现了形式各异的问题,而本文选取了初中思想品德的校本教研作为教研对象,分析初中课程校本教研存在的问题,从初中思想品德角度探讨校本教研的问题解决方法和改进方案,以期对校本教研作为基础课程改革的重要途径有所启示。

一

　　进行校本教研实施存在的问题的分析与探究,首先必须对校本教研内涵进行深入剖析、理解与延展。因校本教研的重点在于针对课程教学中出现的实际问题,以教学理论为基础,开展探索性的反思教学实践活动,再将实践经验加以总结,反过来完善课程教学理论。因此,将校本教研的基本内涵具体化,然后运用到初中思想品德课程实践中,以思想品德课程标准、教学大纲为指导,以品德课程专业教师为教研主体,针对品德课程教学实践中的实际问题,展开教研探索活动,改进品德教学实践,为思想品德课程改革横纵向深入扩展奠定基础。农村

---

　　[*] 庄千朝,福建省福鼎市第十一中学副校长。

初中思想品德校本教研应独具特点,充分利用农村乡土教学资源,开发特色农村思想品德教学实践活动,实现农村思想品德教学的特色发展。所以,在校本教研框架下的初中思想品德课程探究活动,对农村学科教学的改进与发展有着极大促进作用。

校本教研是初中思想品德课程革新的发展趋向。初中思想品德课程革新的内容涉及广,从思想品德课教材、结构和作用,到课程教学研究、教学实践活动等。初中思想品德课程的革新,在于教学指导思想的更新换代,在于教师素质养成方式的转型,在于思想品德教学理论研究方式的转变,更在于教学实践活动与教学理论研究结合方式的更新换代。经过数年的课程改革实践,教育改革似乎遇到了瓶颈,停滞不前。而校本研究的出现与广泛应用,为初中思想品德课程突破改革瓶颈创造了机会,提供了可能性。过去的课程改革通常依赖于课程教研机构与课程改革专家的探索,而专家更专注于教学理论研究,只当点评者不当授课者,很少亲身参与到教学实践活动中,其有效性大打折扣,这就是当下课程改革逐步失效的原因之一。而校本研究在校园中建立校本科研体制,将长期工作于教育第一线的教师规划于教学科研体系,以学校教师为教研活动的主体,实践、检验和发展初中思想品德课程教学理论,有效地深入开展课程改革与实践。因此,校本教研是初中思想品德课程革新与发展的大势所趋。

校本教研是初中思想品德课程专业化改革的发展趋向。教师在长期教学活动中会遇到各种各样的教学问题,也能够总结出相应的应对策略,但对于思想品德教学研究的认识和理解较为零碎、缺乏系统性,对于教学的改进推广具有一定的难度,对提高课程教学的实效性的促进作用是有限的。同时,专业教学研究人员的引领与指导是初中思想品德校本教研的基本要素之一。在专业教学研究人员的指导下,在保障教学方法研究上的充分自主性的前提下,展开教学研究活动,将教学理论与实践有效结合起来。

校本教研是推进农村特色初中思想品德课程教学的发展趋向。农村中学教育实施的环境和条件,来源于当地的教育环境,有别于城市,更不能照搬照抄城里的成功教育经验指导实践农村教育。因为农村各个学校、各个学科的教学实际存在差异性,以统一的专业教学理论为教学指导,难以有效实现基础教育目标。而校本研究充分尊重学校个体的自主性,其初中教师从本校本学科教学实践过程中遇到的问题出发,依托农村教学资源,切实提高初中思想品德教学的实效性,促进农村基础课程教学的发展。

二

基础教育领域在"教研兴校"的思潮的引领下,思想品德学科校本教研活动的质量得以明显的提升,具体表现在:基础课程教研活动涉及面越来越广,涵盖内容越来越丰富,思想品德教研活动的深度也得到了加大。基础课程教研活动,尤其是农村基础校本教研,成就显著。但也存在着影响思想品德校本教研活动开展实效性的问题,主要体现在:思想品德校本教研主题的选择;思想品德校本教研活动开展形式;思想品德校本研究的反馈。

选题缺乏现实性和可行性。农村初中思想品德课程校本教研,应该以教师在思想品德课程教学过程中遇到的具体问题为教研对象,服务于思想品德课程教学实践。但实际的实施效果则与规划存在较大差异,体现在两个方面:第一,品德课程教师在校本教研的选题方面缺乏实效性,不是来源于教师从自身教学实际问题中提炼的教研主题,而是学校教研主题或来源于教学科研机构。第二,品德课程校本教研开展缺乏实效性,教师缺乏对校本教研与教育科研的区别性认识和理解。校本教研的目的意义何在,教师不清楚。学校开展校本教研只是建立档案应付检查,对于校本教研无从管理,各学科教研开展缺乏指导性和检查性,这在一定程度上也限制了各学科校本教研活动的有效开展。

教研活动注重表面忽视实质。农村初中思想品德校本教研活动流于形式,主要表现在三方面:思想品德教师缺乏开展校本教研活动的动力和动机,教研只为完成任务;思想品德相关教研活动频繁,主题不明确,随意性强,导致教师疲惫,降低思想品德教研活动的实施效果;思想品德校本教研成果评估与反馈形式化,缺乏教学实践的检验,教研活动效果难以维持。

教研内容空泛、维度狭窄。农村中学教育实施的环境、条件、教育资源的独特性,在农村初中思想品德校本教研过程中被忽略,没有充分发掘利用本土教学资源;教研工作重心放在教材和教师。思想品德学科教研内容空泛、维度狭窄,对农村教学实践的指导意义不大,不利于农村思想品德基础课程教学的改革创新。

农村初中思想品德课程校本教研在主题的选择、教研活动的开展形式、教研主体与教研内容等方面存在的问题,可归结为由于农村学科教师科研能力较弱、时间有限,成为思想品德教师在校本研究上缺乏自主性的原因,使得思想品德校本教研活动的优势难以得到发挥,教研活动偏离现实教育意义。对此,对农村初中思想品德课程校本教研提出以下几点改进措施。

三

(一) 确立思想品德课程校本教研制度,落实校本教研具体实施方案

设置专门的各学科课程校本研究小组,组织学科教师进行定期的教研交流活动,学校在校本教研活动上给予足够的时间与空间,并在制度和资源上给予必要的支持,但不能以此为干涉理由,应给予思想品德学科教师在校本教研上的充分自主性。同时,学校要确立学科校本教研制度,落实思想品德学科校本教研具体开展方案的实施,形成各学科校本教研的有序开展评比考核。

(二) 对思想品德学科校本教研活动的实施过程进行有效的监督和管理

农村中思想品德师资匮乏,一些教师身兼几个班的教学任务,教学工作沉重,在这种情况下,有一部分教师认为进行校本教研活动增加负担,不愿意花费时间和心思积极参与校本教研活动。因此,学校管理应对思想品德课程校本教研予以高度重视,针对校本教研活动的实施过程建立健全有效的监督和管理制度,采取有效手段鼓励教师多参与思想品德学科校本教研活动,考核评比优秀教研教师并给予一定奖励。

(三) 进行思想品德学科校本教研培训,提高教师科研素养

农村中学思想品德骨干教师拥有丰富的学科教学经验,但对于科研确是新手,要将教学实践上升到理论层次,实现感性教学向理性教学的飞跃,具有一定难度。对此,专业学科教研机构,可以组织一些科研交流活动,对教师进行校本教研理论和方法的培训,传递思想品德科学的校本教研思路和方法,提高思想品德学科教师科研素养,为思想品德学科校本教研的实践活动的有效开展奠定基础。

(四) 开展校际校本教研交流活动,增强思想品德学科校本教研成果交流

初中思想品德校本研究虽是针对个体学校和思想品德教学实践问题进行的教学科研活动,但学校与学校之间、学科与学科之间,并非毫无联系,相反,他们之间可能存在各种共性,存在着可以互相分享的教研经验。如果专业教学科研机构和学校能为校际校本教研交流创建平台,增加校本教研成果交流的机会,使得农村初中思想品德课程校本教研走出单一校园,让他们多了解其他学校校本教研的动态和成果,与优秀学校进行直接交流,效果将会更好。具体形式有:1.同类学校交流活动。同类学校在教学活动实施方面具有相似性,在教学实践过程中很可能遇到相似的问题,组织同等水平学校交流活动,可以有效针对问题进行深入探讨,促进学科校本教研的发展。2.优秀思想品德学科校本教研成果的基层推广活动。这为农村中学向名校学习提供了机会,帮助农村中学接触校本教研前沿的研究成果,吸收优秀学科校本教研经验用于思想品德学科校本研究实践中。这些校际交流活动的开展,有利于扩展农村初中学科校本研究的视野,促进农村初中学科校本教研的开放性发展,综合利用先进经验和方法,扎根于农村特色教学资源,提高思想品德学科课程改革的实效性。

(五)充分挖掘农村特色教学资源,促使思想品德学科校本教研专业化

农村在思想品德课程教学方面拥有得天独厚的教学资源,学科校本研究应立足充分挖掘农村特色教学资源、在尊重农村教育特点的基础上加以开展,促使思想品德学科校本教研专业化,提高农村中学校本教研的实效性和可行性。

(六)充分挖掘教师教研潜能,提升思想品德学科教研队伍整体素养

思想品德学科校本教研活动要取得有效成果,教研专业化指导是必备要素。而农村中学地处偏远,校本教研专家亲临指导难度较大,导致农村初中校本教研活动缺乏有效的指引和规范。思想品德学科校本教研需要专业化引领,但专业化指导并不等同于专家指导,农村中学可以立足自身、依靠自身的力量,通过"走出去"和借助于网络培训等形式提升专业化水平,充分挖掘教师的教研潜能,提升思想品德学科教研队伍整体素养。

思想品德校本教研有效地将教学理论教研与教学实践链接和融合,对于提升基础教育课程改革的实效性有着重大作用。同时,有助于改变思想品德学科校本研究的现状,从学科教研专业机构、学校、教师三个层面进行反思,从主观上来解决问题,树立能做好校本研究的信心,为提高思想品德学科校本研究水平和促进其研究专业化出一份力。

主要参考文献

王晓宁:《农村初中思想品德课教学现状的个案研究》,东北师范大学硕士论文,2008年。

朱凤军:《试论初中〈思想品德〉课程资源的开发与利用》,东北师范大学硕士论文,2007年。

孟宪乐:《农村"立体化校本教研"与教师专业发展》,《课程·教材·教法》2006年第4期。

刘畅:《创新校本教研机制 实现教师自主发展》,《中国教育学刊》2008年第6期。

思想品德教学应拒绝"过度包装"

严剑花 *

在思想品德课程改革过程中,许多教师对自己的课堂教学进行了精致的包装。然而一旦陷入"过度包装",就会使课堂教学本末倒置。本文剖析了一些思想品德课堂教学"过度包装"的现象,分析了其产生的原因,同时提出了一些防范"过度包装"的建议。随着基础教育新课程改革的逐步推进,思想品德课堂教学改革的口号被时时提及,许多教师在课堂教学中进行了有益的尝试,盘活了原本略显枯燥的思想品德课堂教学。然而,不少教师却常常使课堂陷入了一些"过度包装"的误区中。

一、思想品德课堂教学的"过度包装"现象

(一) 课堂组织形式上,一味追求新奇花哨

一些教师在课改大潮中,误以为只有让课堂标新立异,才能显出与传统教学的区别,才能吸引学生的注意力,博得同行特别是领导的赞誉,才能凸显课改的成效,于是他们极力追求课堂教学的新奇化,让课堂花哨起来。

学生座位排列一反常态,呈现出多样化的特点。有些教师在课堂开始时总热衷于重排学生座位,或分成数个小组,或围坐一圈,而且经常变换花样,出乎学生意料。在这些教师看来,不管课堂是否真实需要,只有重排座位,才是课堂教学改革成果的最直观体现,结果学生除了在课堂上花了几分钟时间动动桌椅,并没有感受到课堂与过往有太多不同。

课堂活动设置有如演出般华丽。有位教师在讲授粤教版九年级第三单元第

---

* 严剑花,福建省莆田市涵江区白塘镇中学教师。

一课《活跃在世界舞台上的中国》这一内容时,变戏法般地从讲桌里掏出一副乒乓球拍,让两位学生隔空比划了一阵,正当学生们一头雾水之际,这个教师又取出了一个地球仪并开始拨动,然后告诉学生:新中国外交的重大突破就是从中美两国乒乓球队的交流开始,用乒乓球这个"小球"转动了地球这个"大球",开启了新中国在国际舞台上的新篇章。这样的课堂活动,更像是一种噱头,除了博学生一笑之外,实在体会不到其他的实质意义,甚至削弱了学生的有意注意,影响了课堂教学任务的完成。

多媒体课件美轮美奂。谈到课堂教学改革,绝大多数教师都认为必须使用多媒体课件进行授课,个别教师甚至极端地认为这些课堂不能动用粉笔,所有的教学内容都必须使用课件予以展示,否则就会被扣上传统教学的帽子。于是,在课件的制作中,视频、动漫、声音文件满天飞,课件背景更是令人叹为观止,一张张精致的幻灯片不停地闪现,让人目不暇接。一节课过去了,教师除了动动手指翻动幻灯片并对幻灯片内容进行口头解释外,再没其他动作,仿佛只有这样,才更能体现教师教学水平的提升和课堂教学改革的成功。其实,这样的多媒体课件在教学过程中所起的作用往往是适得其反,学生抓不到一丝重点,师生均被多媒体课件给绑架了。

(二) 教学过程假民主,真专制

众所周知,传统教学模式有个显著特征,就是教师在整节课中喋喋不休,搞"满堂灌""一言堂",把学生当成收音机,绝不给他们思考的时间,更别说提出对教学内容的个性见解。为了显示课改的决心,不少教师极力撇清与"满堂灌"的关系。然而他们并未真正地把学生当作教学活动鲜活的主体,依然牢牢掌控着课堂和学生的思维,将计划中的教学内容细化为一个个问题抛给学生,变"满堂灌"为"满堂问",在"问"的过程中又使尽浑身解数将学生引入自己事先设想好的"标准答案"里。这种教学,看似民主,实则专制,只是给传统的教学方式披上了一件漂亮的课改外衣。

有些教师倒也重视学生在教学中的主体作用,经常在课堂上组织各种讨论活动,期望收获学生的独立见解,但在实施过程中,也出现了一些偏差,显得课堂上师生之间、学生之间的互动彻底形式化,只是为了讨论而讨论,少了对教学的实际帮助。

讨论话题难度较低且有比较清晰的观点支撑。这种讨论话题很容易调动学生的积极性,在讨论过程中叽叽喳喳,各抒己见,煞是热闹。然而,这种讨论往往"营养"不良,热闹过后学生并没有太多的收获。

讨论话题难度太大,让学生无从下口,不知所云。前文提及的那位在课堂上演示"小球转动大球"的教师,在讲到新中国在国际舞台上的重要作用这一话题时,给学生布置了"全球化下的中国如何维护世界和平与发展"的课堂讨论题,明显脱离了初中学生的学识水平,学生们虽三五成群,却只能如坐针毡,沉默以对,讨论自然不了了之。

由于受到课堂教学时空条件的限制,学生讨论往往尚未充分展开便草草了事,匆匆收场,并没能取得预期的教学效果,更谈不上通过学生的自主讨论碰撞出智慧的火花。

凡此种种,均是教师为体现思想品德课改精神,完成教学任务而对课堂教学的"过度包装",不料反而使自己像鲁迅先生笔下的阿Q先生,听说革命有好处,为出风头就革命去了,却完全只是跟风,没有一点儿自己的思想和主见。这些现象的出现有着其深层次的原因。

二、思想品德课堂教学"过度包装"的原因

教师对思想品德学科课改精神领会不足,只食其味却不知其精髓所在。不少一线教师没有认识到思想品德课是一门以初中学生生活为基础的课程,以引导和促进初中学生思想品德发展为根本目的具有显著思想性、人文性、实践性特征的综合性课程,从而无法深入进行课改探索,只能给自己裹上一层课改的外衣却沿袭着传统的教学模式。

教师自身教学技能和素质欠缺。当前从事初中思想品德课教学的教师,几乎都是从传统教学模式的熔炉里淬炼出来的,他们的思维在一定程度上固化了,认为思想品德就是简单的说教,现在突然对他们提出课改要求,难免无所适从,只好做一些课改表面文章,却不改传统教法。

学生能力不足。不可否认,随着网络科技的迅猛发展,当代中学生的视野拓宽了很多,但平心而论,又有多少学生会主动利用网络指导自身的课业学习?他们在学业方面的能力并没有得到有效提升,反而受了网络的刺激,认为思想品德课所传授的知识都是"老古董",对教师的教学不屑一顾,所以许多教师为了迎合学生,只好加强对课堂的包装。

考试升学的现实压力。在课改的大背景下,考试升学依然是课堂教学的指挥棒,这是一个不争的事实,升学率直接关系到每一所初中学校的命运,关系到

每一位教师的职业前景。教得再出彩，考试一团糟，难免换来领导、同事、学生及社会各界的声讨。更何况要改变思想品德课堂教学的陈旧状况决非朝夕之功，这就导致了教师们不愿冒着"风险"切实推进课改工作，而仅是将课堂包装得时髦一点而已。

包装，是指在商品流通过程中，根据各种不同的情况对商品利用各种容器、材料、辅助物等所进行的操作，这样做的目的是为了销售更多的商品，获取更大的利润。如果把思想品德学科知识比作商品，教师为了向他的顾客——学生兜售更多知识，促进他们健康成长，而对自己的教学进行包装，这无可厚非。然而，我们应该认识到"过犹不及"的道理，如果包装过度了，必然使教学工作失衡。

三、如何避免思想品德课堂教学的"过度包装"

教师思想要转变。每一位思想品德教师都要准确把握课程性质，真正认识到自己的学科绝不是一门简单说教的学科，更不能自我轻视，认为思想品德是"说起来重要、考起来次要、忙起来不要"的边缘学科。我们应当笃信，思想品德是一门实践性和实用性都很强的人文科学，它要解决的是"如何做人，做一个怎样的人"的现实问题，对学生的学业发展乃至终身发展都有着极其重要的作用。教师的观念转变之后，就会主动学习课改知识，吸收他人的成功经验，用以指导自己的教学而不是醉心于做课改的表面文章，学生也能从课堂教学中汲取有益的营养，引导自己成才。

在教学的全过程中尊重学生的主体性地位和身心发展规律。只有将学生真正当作课堂教学活动的参与者，发挥他们的积极性和主动性，才能不摆课改花架子，使思想品德课堂教学从"云端"回到"人间"。首先，注重课程知识与学生生活实际及其他课程的内在联系，认识到本学科源于生活，同时极具张力和开放性。教师如果不能注意到这种联系，课程就难免单调枯燥，也就不可避免地会采用过度的包装来装扮自身。其次，要强化学生的情感体验和道德实践在思想品德课程学习中的重要作用。实践是道德学习的重要方式，经常性地开展有针对性的情感体验和道德实践，不但能激发学生的道德意识，更能引导他们主动参与思想品德课程学习。这样，教师也就不用费尽心思对课堂教学进行包装了。再次，改变以考试成绩作为道德评价唯一标准的僵化模式。考试只是检测学生知识掌握程度的手段，绝不能反映出学生的道德水准。思想品德的评价应注重多维性，包括对学生在学习、生活中的情感、态度、行为、能力等的观察,特定活动项目成果的评价等。日常评价方式多样化后,必能促进学生自觉参与学习。

唯物辩证法的一般原理告诉我们,形式与内容是互为表里的,没有无形式的内容,也没有无内容的形式。因此,思想品德课堂教学需要包装。但同时我们也应认识到,内容决定形式,形式依赖于内容并为内容服务。所以课堂包装必须恰当而不能"过度",否则,一旦脱离了内容,这种形式也就成了无本之木,无法存在了。作为一名思想品德教师,我们应沉心静气,认真把握课程真谛,拒绝课堂教学的"过度包装",以有所作为的姿态参与到思想品德课程改革中。

主要参考文献

吴一凡:《初中思想品德新课程教学法》,首都师范大学出版社 2010 年版。
中华人民共和国教育部:《思想品德课程标准》(2011 版),2011 年 12 月。
朱小蔓:《新课标,变在哪儿》,2012 年 2 月 15 日《光明日报》。

思想品德教学中的合理预设

陈群平 *

随着素质教育的推进,越来越多的学校更加重视学生的综合发展,更加看重课堂教学的效率、和谐的氛围。对中学思想品德教育教学而言,如何以学生为根本,对课堂内容进行合理预设,巧妙生成高效和谐的思想品德课堂是教学中不容忽视的问题。本文以《思想品德学科课程标准》要求为基础,结合课堂教学实践的经验,对合理预设生成和谐思想品德课堂等相关内容进行探究,以达到促进再发展的目的,也希望对相关研究有借鉴意义。

传统的教学方式刻板单一,课堂教学多数以注入式为主要的教学方式,很难调动学生的学习热情和积极性。新课改实践下的新课堂,教学不只是教师教、学生学,更是师生之间积极互动交流、共同发展的过程。随着素质教育的一步步推进以及课程标准的完善,课堂教学过程中的合理预设和有效生成引起广大教育工作者的关注,也为教学改革提供了明确的方向和目标。

合理预设,是指教师在备课环节对教材内容、教学过程进行合理的预测设计,对课堂教学过程中可能会涉及的问题预先设置并给出答案,从而使教师在课堂教学中能够更好地引导点拨学生,实现课堂的顺利进行。有效生成,则是指在课堂教学中,能够适时根据学生的学习状态、师生互动问题进行恰当的拓展,师生进一步交流互动,从而使课堂氛围更加和谐,构筑高效课堂。

对于优秀的教学活动来说,课堂预设和生成是相辅相成、缺一不可的。教师是课程实施的主导,在教师的合理预设引导下,学生的学习探究热情得到激发,才能成就和谐的课堂。但是如果完全依赖课前预设的内容进行教学,忽略了学生的主体性,将对学生的自主探究学习产生极大桎梏;而简单追寻生成,则会造成课堂教学的盲目性,使得课堂教学混乱不堪。因而,合理预设并能够适时适度

---

* 陈群平,福建省莆田市南门学校教师。

拓展生成,是提高课堂效率的重中之重,也是思想品德课程教学活动中对立统一的教学方法。

一、有效沟通,预设对准学生需求

学生是教学活动的重要参与者,也是教学活动的主体。合理的课堂教学预设不单单要结合课堂教学内容,更要以学生需求为根本。师生交流,找准学生需求以及分析教材,适当选择教材内容都是课堂教学合理预设的重点和关键。

对于教育者而言,实现与学生的充分、有效沟通,则是教学成功的开端。每个人都有自己的思想、喜好和行为方式,处于青春期的中学生尤甚,因此想要课堂预设能够取得良好效果,就得对学生"投其所好",这也就是要在备课环节做到所谓的"备学生",和自己的学生进行有效的沟通并找准他们的需求就显得极为必要。

初中思想品德教学,涉及的内容更多集中在对初中学生人生观价值观的引导和塑造上。在教学过程中,更重要的是学生的参与和师生的互动,了解学生在学习生活中的问题,并解惑答疑,从而让学生更好地对教学内容了解掌握,实现学有所思、学有所悟、学有所得。这不仅需要教师的认真教学,更需要得到学生的充分认可和配合。因此,首先需要了解学生的兴趣爱好、认知基础、知识储备、思想动态、价值观念等,这些都是预设过程中非常重要的出发点。作为教育者,尤其是从事中学思想品德教学的教育者,必须坚持在课堂上是老师,在课下是朋友,全方位了解学生需求,从而实现教学过程的有效预设,让备课取得更好的效果。

例如人教版八年级思想品德上册《男生女生》中有个教学环节——把握青春期情感,这个话题对于青春期的少男少女而言是个敏感话题。处于青春叛逆期的学生,简单灌输说教易引起他们的抵触,起反作用。那么如何在避免引起学生抵触的前提下,对他们进行适度的引导,这是我在备课环节遇到的瓶颈。通过对学生的观察和了解,我以模拟案例和男生女生 QQ 日志对比展示的全新方式,触及早恋这一敏感话题。在教学中改变传统的说教,让学生自己感悟、正视男女生交往的情感问题。课堂上学生抛开了羞涩心理、敞开心扉,在交流讨论中产生思维碰撞,形成多元观点。这个预设的最大亮点,就在于抓住了学生的心理和需求,让学生有话可说、有话敢说、有话能说,有利于学会多角度全面看问题,学会慎重对待和理智把握青春期情感。

二、关注后续,预设把握教材内容

　　教材内容是教学的依据,是课堂学习的主要载体和基本资料,更是课程标准的细化体现。但由于教材面对群体众多,有着统一性和无差异性,其内容并不适合所有的教师和学生。因此,在教师进行教学预设过程中,就必须结合学生的认知需求和具体教学实践要求,在对教学内容的整体掌握下合理选择重组教材内容,从而让教学预设和教学活动更加切实可行,提高课堂教学效率。

　　例如人教版八年级思想品德下册第六课《珍惜学习机会》分为两目:维护受教育权利、履行受教育义务。但是教材对此着墨不多,学生对受教育既是权利又是义务的观点难以理解。所以在前一课时《知识助我成长》的教学过程中,我进行了伏笔安排。先通过展示希望工程受助学生的求学经历,引导学生感悟教育对个人成长的重要意义,领会"知识改变命运"、受教育是公民的权利的道理。在这种认识基础上,我抛出预设的问题——"知识难道仅仅改变的是个人的命运吗?"立刻引发了学生的讨论。甚至部分学生还结合历史教材和对国情的认识,举出了二战后日本崛起离不开教育、科教兴国战略等例子。我及时抓住学生所举的例子,归纳出"对于民族、国家来说,教育成就未来",所以受教育也是公民的义务。在此基础上,归纳出"受教育既是公民的基本权利,也是公民的基本义务"可谓是水到渠成,实现了对教材的延伸拓展,也为下一课时《珍惜学习机会》的教学打下铺垫。这个预设的最大亮点,就在于关注教材的跳跃性,通过预设逻辑性问题,为新知识的学习打下基础。

三、适时拓展,引导高效和谐课堂生成

　　《思想品德课程标准》(2011 年版)明确提出,有效的教学活动应该是不断生成的。由于课堂上学生是教学的主体,教学活动具有很多难以提前预设的可能性。因此合理高效的教学过程,绝不是教师单方面的课程内容灌输,而要加入有效的师生互动和讨论,让学生积极参与到课堂中来,在不同思维的碰撞中产生精彩的火花。作为教育者要用发展的眼光去看待课堂教学环节,敢于跳出课前的预设流程,避免单一的教案宣讲,并能够结合学生的学习需求,在与学生交流的

过程中进行适时拓展,引导学生对课堂内容的深入探究,发散学生思维,实现高效和谐课堂生成。

例如在人教版八年级下册《维护消费者权益》一课中,预设的教学中重点在"侵权行为发生后,维护权益的途径"。但在教学过程中,学生显然对"交易过程中如何防止侵权行为的发生"更感兴趣,频频对一些有奖销售陷阱、消费购物常识等问题引发激烈的讨论。这个时候,我立即让学生就"如何在交易过程中,不给不法经营者可乘之机"进行分组讨论,并在全班范围交流一些消费知识和案例。这个环节的拓展,使学生的参与热情高涨,学习和掌握了不少可贵的消费知识。

四、联系时事,强化学生对思想品德的认知

初中思想品德是一门与社会联系比较紧密的学科,把一些时事带进课堂是保持思想品德课堂生命力的重要条件,有利于提升学生的情感认知,培养学生的爱国情操。因此,在思想品德课堂教学中,教师要根据学生的学习特点和认知经验,如学生学习思想品德的心理特点和思维习惯,以及当今人们普遍关注的社会问题,在学习书本知识之外,把学生带进社会大课堂,紧扣思想品德学科的时代性,引入典型的时事材料,善于创设情境,激发学生的学习热情,以强化学生的认知。

比如,在学习《在竞争中和平发展》,教师可以向同学们阐述当今社会是开放与竞争并存的社会,世界各国的关系一直是各界关注的问题。并利用一定的时间,带领同学们走出课本,讨论当下国内国际的热点话题和新闻,如一些国家的政治体制、经济和文化形态,以及近些年来,国际上都发生了哪些大事,这些事情对其他国家造成的影响。还可以利用多媒体向同学们导入竞争社会下中国外贸所面临的机遇和挑战,培养他们辩证的思维意识,能够用发展的眼光看待国际形势。这样,学生的视野被大大拓展了,有利于学生把所学的课本知识与社会问题有机结合起来,并能从中发现问题、提出问题、分析问题、解决问题,以强化学生对思想品德知识的认识,提升学生的实践创新能力。

《思想品德课程标准》(2011年版)要求课堂教学活动更加注重学生的综合素质发展,倡导培养其自主探究与合作学习能力,也意味着教育者的教学活动必须坚持以学生需求为根本,对教学活动进行合理安排。这是教育改革和素质教

育发展的必然结果,也是社会发展的必然要求。在初中思想品德教学过程中,只有坚持有效沟通,预设对准学生需求;分析教材,适当选择教材内容以及适时拓展,引导高效和谐课堂的生成才能进一步增加学生参与的热情和积极性,实现其综合素质的提高发展。

　　合理的教学预设是课堂教学活动的基础,适时拓展有效生成则是课堂教学活动的关键。只有将预设和拓展生成相结合,才能实现有效的课堂教学。

主要参考文献

卓桂兰:《在思想品德教学中突显学生的主体地位》,《快乐阅读》2011 年第 12 期。

刘敏:《浅谈初中思想品德教学》,《学周刊》2011 年第 13 期。

朱煌:《浅议思想品德课堂中预设与生成的统一》,《科技信息》2008 年第 28 期。

王锐鹏:"让预设和生成和谐共舞,共同演绎精彩思想品德课堂",《新课程研究·基础教育》2009 年第 4 期。

胡赛娟:"转变观念促进思想品德新课程教学",《考试周刊》2007 年第 30 期。

思想品德课学习方法探析

康建凡[*]

　　思想品德课程综合性强,风格独特、内容丰富。要取得绝佳的教学效果,我们必须教会学生去辨析,用思路让学生去研究,融内容于思路,汇风格于方法。结合思想品德的实际内容和能力目标,教学过程中应当坚持用正确的学习方法。学做学问、学会辨析、紧抓课本知识点,以不变应万变。做到读活书,活读书。思想品德是一本理论密切联系社会现实生活的活书,需要不断地去探索科学有效的学习方法。

　　思想品德课整合了心理健康、道德、法律和国情的相关知识,以培养现代公民应具有的心理素质和技能、人文与道德素质、法律意识、社会责任和实践能力为宗旨。这门为青少年学生思想品德健康发展奠定基础的综合性课程,有着丰富的内容和独特的风格。内容丰富,教师难免口若悬河、口干舌燥;风格独特,学生不易理解,容易疲劳昏睡,因而教学效果欠佳。为了使思想品德课上得既生动有趣,又效果绝佳。前辈同行们从多个方面进行有益的探索:培养学生对思想品德课和教师的情感,唤起学生学习思想品德课的信心,明确学生的学习主人翁责任,明确学生的学习任务等,绞尽脑汁、见仁见智。

　　思想品德课无论如何是一定要上好的,学生是一定要教好的。我们必须想到更多的是怎么教,教什么。用方法教学生去研究,用思路让学生去探索,让学生自己去领会思想品德的包罗万象、无边情趣,注重素质教育与应试能力并重,学习知识与思考问题并举。教学过程中应当坚持结合思想品德的实际内容和能力目标,坚持用科学有效的学习方法。

　　学做学问。"学问学问,先学会问"。新一轮思想品德课改革是根据现代先进的教学理论和教学过程中可能有的实际情况精心设计的。值得指出的是,思

---

　　* 康建凡,福建省莆田第四中学教师。

想品德试题内容体现新课程倡导的"自主、合作、探究"的学习方式,重视对知识技能的训练和检测,注重与社会实践和生活实践的联系,兼顾情感态度和价值观的培养。可是,有许多学生却不以为然,漫不经心,想到哪答到哪,文不对题。还有许多学生"感情澎湃,直抒胸臆,组词造句,文采飞扬,答得酣畅淋漓"却一无所得。精心设计的充满人文关怀与闪耀人性化光芒的思想品德试题,不是成了路过街头的问卷调查,就是成了高调呐喊的抒情散文。七年级上册导学练习第15页上有"假如你是班级中的一员,你能为班集体争取优秀文明班级做些什么?"一题。有的学生写的如诗如歌:"啊!班集体,如果你是……";有的学生回答的是他们平时的一些具体琐碎的雷锋式做法:"捡纸条,擦黑板,扫卫生……"。这类的答卷充分显示出学生对于试题的思想性把握不够,没把学过的知识要点联系起来,并灵活运用。不懂得从大的方面来把握一个优秀的文明班级是怎么样的,比如班集体凝聚力强,人人自觉维护班集体荣誉,每个人的个性在集体中张扬等。对设问的指向性不明确,这是解答试题的通病。问题主要在于平时对学生提问的训练不足,对学会怎么提问题的注意不够。粤教版思想品德七年级上册之第三单元第三课的"文明交往"一节,问题简单,问法众多。建议教学时就可以把标题让给学生自由提问。一则课堂互动,气氛活跃;二则学着问的思路直观生动,为学生所接受;三则教师无须太多说教,学生不用死记硬背,又在不知不觉中掌握了课本知识。

学会辨析。朱熹有言:"学问须条分理析。"不过此处应该强调的是梳(整)理、区分和归纳能力。思想品德内容丰富,概括精准,如果到处都是重点,自然也就成了没有重点。一味地死记硬背,定然扼杀学生的积极性和创造性,甚至产生了逆反心理。可是,懒于去记课本的基本概念,疏于对要点定义,则考试中必然捉襟见肘,慌张失措。特别是遇到近似或类似的知识点时,必然是费时徒劳,满头雾水。九年级思想品德第一单元第二课中,对各种所有制形式进行了详细的介绍及准确的鉴定。不过学生在回答问题时,特别是在选择题的答题中,混淆不清以至于张冠李戴。结果是一错数题,不知所措。究其因:乃是辨析的功夫在教学中没有做够。建议在学习中以图示形式帮助学生理解。首先让他们分类分点,或以圆中圆说明包含关系,或以大小括号说明大小关系;接着用四种标准进一步明晰各种所有制经济的定义、地位、作用及其政策;然后各个击破,通过整理,概括出每个所有制的内容;最后,让学生用自我感觉最简洁、最关键的字词连成口诀,杜绝混乱。例如集体、部分、共富、公组(集体经济即生产资料部分劳动者共同所有,体现共同富裕原则,是公有制经济的重要组成部分)。八个字也许就使学生明确了集体经济的含义,也很好地区别了与国有经济的定义、公有制经济的范畴,非公有制经济的地位,一举多得,轻松难忘。中学阶段青少年学生的记忆力是比较强的,只要肯下功夫,不怕记不住,就怕记混淆,这是条分。一条一条分开来记,由多到少,由少到精,连起记忆的串串珍珠。辨析另一关键词是理析。九年级全一册之第一单元第一课中有关一个中心、两个基本点的定性描述,这也容易导致学生张冠李戴,除了采用上述之条分形式帮助记忆外,最好能够用理析方法,帮助学生真正地从内到外去理解这三个观点,要把知识从猜测的感性认识到科学的理性认识,须把社会实践和自身实际联合起来。有人说国是大家,家是小国,我想:国事亦如学业,什么是本,什么是要,如何能强。(念什么,念不念,怎么念?)教学中不妨先来引导学生对自己学业的本、要、强先做一个审视,然后再联系上述三个观点,经济建设与书本学习是本,是根本要求;四项基本原则如同学习的态度和思想观念,是生存基石;改革开放则类似于学习的方式方法,是路,是发展进步的活力源泉。这般教学就能轻而易举,水到渠成,达到知识、情感、态度价值观的多重效应。既让学生明确学业的方向,又能使本节知识事半功倍,印象深刻。这般教学也能使教师课堂方式多变:或关心、或鞭挞、或征询、或独白,嬉笑怒骂,皆成文章;言谈举止,无非说教。辨析功夫,一则激发师生上课激情,二则辨清知识,从而久久难忘。

紧抓知识点。闭卷累,开卷难,几成定律,思想品德闭卷考试的部分试题,在于考察学生的识记背诵情况,着重于养成学生的基本功和学习态度。以一分耕耘一分收获的高回报率刺激学生的学习积极性,扎实进一步学习思想品德的必要的知识基础。我们在期初阶段一般采用闭卷考试,在复习巩固阶段则统一为开卷考。记得在刚刚教学"非公有制经济"这一框的内容后,几位教师各出了一份试卷。非公有制经济作为本框重点,无一例外地,每个教师都出了这道题。可是问法却是千变万化,各人的问题表述不尽相同,非公有制经济迅速发展的原因、作用、意义、地位、含义、定义和思考等不一而足。例如有的教师就能别出心裁:"作为一名知名企业家,请你对地方某企业的发展出谋划策。"问法可谓万变,答题却是不变。因为整个思想品德课中,有关非公有制经济的介绍就只有第1单元第2课第16页最后一段连着第17页最前一段内容。只要我们稍作调整,添些动词,经过一番语言组织就不难得到较高的分数。假如能够全部答齐巩固非公有制经济的地位,发挥非公有制经济的四大作用,坚持和完善国家对非公有制经济的制度,则整个答案就十分完美,天衣无缝。上述训练亦有益于开卷考试的平常准备。"平时如战时,战时如平时。吾能不变而应万变,实曾经万变而后不变。"细数思想品德课程凡 20 个单元共 61 课。第一,目录的学习尤为重要,每一课的题目就是目标、就是主题、就是关键词。以目录为目标的知识网络,能有效防止大大小小的得分之鱼漏网。熟悉并掌握目录内容是迅速、准确地应变各种题目的前提。此为一不变。第二,关键词的把握是解开试题的钥匙。教师教的是关键词,课标写的是关键词,试题考的是关键词,卷子批的也是关键词。开卷考带来了很多的言之有理,即可得分的开发性答案。言之有理的理在于有没有抓住主要观点,即有没有抓住关键词,一般而言,关键词一出现,得分起码在三分之二以上,甚至有些题,我们在批改试卷的实践中,有时关键词就是答案的全部。在紧张忙碌的改卷中,面对参差不齐的试卷,关键词是对目录或一个课题的再细化。抓住了关键词,答题的准确性和严密性自然也更深了一步,接下来的表达和举例就会不偏不倚,有的放矢。此为二不变。第三,知识目标的内化。把所学的知识内化为思想品德,外化为自己的道德行为,是新课程改革的价值趋向,是培养社会主义新型人才的第一道关口。知行目标的考察无时无刻,无处不在地体现在题目的事例和问答之中。2010 年的莆田市中考试卷的第27 题,就考察了学生的知与行。"列举责任在家、在校、在社会中的具体体现"。这是一道开放性很强的题目,批卷过程中,仅写个"好"的为数最多,好孩子、好学生、好公民,词语的贫乏也从另一个侧面反映了学生对于知行的茫然和无知。从书本上看,我想对于家庭道德、传统美德、社会公德、个人品德、公共道德的教导俯拾即是,而在日常生活中这些思想品德更是比比皆是,可谓处处有心皆学问。如果我们在平常的教学中多留个心眼,每做一题,便联系一生活实际,每上一课,即作一道德养成提醒,学生的知行目标是可以内化为情感,升华为行动的。书本的知识是经过千锤百炼的,答题时永恒不变的是知识点,开放性试卷尤着重于联系知识点。因而,在平常的答题训练或课堂讲解中,请不妨采用 1+1 的模式,前 1 即是关键词、中心句或主要理论观点,后 1 则为书本、实践及自身所见所闻的社会经历的事例举证。如此以理论联系实际的反复强化,学生对于题意的把握和语言组织的逻辑性必然是沉稳有效的。这样就可以做到以不变而应万变。

　　诸多建议原只想让学生能交上一份让大家较为满意的思想品德答案,然不巧成文。确实,政治开卷考试不是写写抄抄,更不是读读看看,思想品德是一本理论密切联系社会现实生活的活书。读活书,活读书的目的是为了培养自主创新型人才。因而,思想品德是一门锻炼思路、讲求方法与教会思维的课程,惶恐期待之余,亦希望能为切实提高思想品德教学在方法上做点有意义的探索。

主要参考文献

广东省教育教材研究室、广东省出版集团课程教材研究中心:《思想品德》九年级(全一册),广东省教育出版社 2005 年版。

广东省教育教材研究室、广东省出版集团课程教材研究中心:《思想品德》九年级(全一册)教学用书,广东省教育出版社 2005 年版。

黄杰锋:《"问题——情景为线索"政治课堂教学有效性的反思》,《思想品德课教学》2010 年第 5 期。

张惠英:《靠智慧引领学生前行》,《中学政治教学参考》2010 年 9 月初中教师版。

多媒体技术在高中政治教学中的运用

林燕钦*

随着信息技术的普及，多媒体技术在教学中的运用越来越广泛。多媒体走向高中政治课堂也成为一种趋势。多媒体作为一种新型的教具与学具，有其特有的优势，但也有一定的弊端。本人作为一名高中政治教师，结合自己的教学实践，就多媒体技术在高中政治教学中运用的必要性，在实际运用中面临的问题以及应该采取什么样的对策浅谈几点看法。

伴随着现代科技的飞速发展这一东风，教育开始逐步走向信息化。在这一浪潮中，高中政治课教学采用多媒体技术势在必行。一般认为，多媒体技术是指把文字、声音、图像、动画、视频等多媒体信息进行交互式综合处理的技术。无论是在省级、市级还是校级公开课上，你都能看到多媒体的影子，教师对多媒体技术的运用是否娴熟已经成为衡量一堂课成功与否的标准之一。可见，在课堂教学中运用多媒体技术几乎成为现代教育的一个标志。

一、高中政治教学中引入多媒体技术的必要性

从高中政治这门学科的内容和特点来看，高中政治包含经济生活、政治生活、文化生活和哲学生活这四个必修模块。相对于其他学科而言，这些内容理论性强，部分知识过于抽象化，导致学生会觉得枯燥无味，提不起学习和探究的兴趣。同时，政治学科另一个明显特征就是它富有时政性，上课所采用的材料必须与时俱进。特别是政治生活中的案例必须时时更新。比如上到《我国的人民代表大会制度》这一课题时，所采用的教学案例必然是以第十二届全国人民代表大

---

* 林燕钦，福建省莆田第十中学教师。

会为主,不能再停留在第十一届全国人民代表大会上了。内容过时激发不了学生的探究欲望,学生可能会觉得索然无味,最终会让课堂走向寂静。而且学生会觉得教师备课不认真,从而降低教师在学生心目中的印象分,进一步影响到师生感情。

从多媒体技术本身的特点和优势来看,因为多媒体有它的独特之处,它可以展示课堂教学所需要的文字、图片、音频、视频等素材,改变了以往教学中以黑板为主要教具的课堂模式,丰富了课堂素材的展示形式,把课本中静态的、枯燥无味的、不易于学生理解的知识点和材料融合到画面中去,能刺激学生的听觉和视觉,引起学生的注意力,调动学生参与课堂的积极性,激发学生学习政治的热情和兴趣。特别是碰到夏天下午第一节上课的时候,面对昏昏欲睡的学生,教师也提不起劲。如果能在课堂中引入一些声音或者视频,等于给沉闷的课堂注入新的活力,能马上活跃课堂气氛。对教师来讲,在课堂教学中采用多媒体技术,也在一定程度上把教师从板书中解放出来,使教师摆脱了粉尘的困扰,也能对教师的职业病起到缓解作用。而教师节省了板书的时间,特别是对高三复习课而言,课堂安排上会更紧凑些,提高课堂教学效率。从教师的备课环节上看,多媒体技术可以很好能实现教师之间与网络间的资源共享,丰富课堂教学资源。总之,多媒体技术的优势可以很好地弥补高中政治学科理论性和时政性强的特征,优势互补,实现资源的优化配置。

二、多媒体技术在高中政治课堂中的运用现状及问题

教师自身素质的影响。多媒体技术本身是一种信息技术,这就对教师自身的技能提出了新的要求。教师对多媒体技术掌握得好,上课时才能保持授课的连贯与流畅,才能避免因为教师自身技术的欠缺而导致课堂环节的断断续续。特别是对一些年纪稍大的老教师而言,确实需要花费一些时间和精力才能把多媒体技术学会。而在备课的过程中,教师在课件的制作及网络资源的利用能力也因人而异。好的课件,符合教学目标及学生认知特点的课件,富有艺术气息的课件,令学生赏心悦目的课件,能给学生产生视觉上的冲击,能在课堂一开始就吸引学生的注意力,以及他们的求知欲望。

部分教师对多媒体技术过分依赖。在备课过程中,部分教师为了课件的精美,版面过于花哨,每张画面几乎都要有动画等图标来吸引学生的注意力,这样

学生是被吸引了,但重心都在动画上,反而忽视了对知识点的关注。部分教师过分迷信课件,一节课的幻灯片会有 30 多张,图片、视频不断。而在课堂中,部分教师就是在不断播放幻灯片,就像播放电影一样,自己完全充当放映人员,整节课都围着电脑、鼠标转,无法走到学生中间去。这样把自己置身于课堂之外,无法实现与学生的身心交流。虽然新课程提倡要充分发挥教师的主导作用,但这种被课件牵着鼻子走的课堂,完全拘泥于课件的课堂,是属于全预设性课堂,看不到激情的火花,掌握不了生成性的资源。因此,如果对多媒体技术本末倒置,完全摈弃传统教学的有点,过分夸大多媒体的作用,必然也会走向失败。

三、多媒体技术在高中政治教学中释放"正能量"的策略

准确定位,加强师生之间的互动。作为高中政治教师,要辩证地看待多媒体技术在教学过程当中所起到的作用,不能过分夸大。必须明白多媒体技术不是课堂的主体,而只是一种教具,它是用来辅助教学的,是一种授课手段。但同时又要意识到运用多媒体技术不仅仅是一种授课方式,更是教师与学生交流沟通的方式。对于学生来说,多媒体技术也是一种新型的学具。学生可以在课后利用它来收集资料,在课堂上可以利用它来展示自我。特别是富有政治学科特色的课堂环节——时事播报,学生可以提前准备一些图片、音频等来结合加以阐述,更加形象生动。而且这种展示可以提高学生的表现力,也能提高学生临场发挥的能力,这样才符合新课改要求说的在课堂教学中要充分发挥学生的主体地位,培养学生的支配资源,使用信息的能力,为学生的自由探索提供广阔的空间。

资源共享,加强师师之间的协作。教师队伍正在逐步走向专业化,但每个教师还是有自己的特点与风格。现在各个学校都强调集体备课,在这一过程中,教研组内教师集体研讨,同伴互助,把集体的智慧集中起来更能提高备课效果。正所谓"众人拾柴火焰高"。所以高中政治组内教师可以在集体研讨后进行分工协作制作课件,大家根据班级学生的实际和自己的教学风格特点对课件进行修改,以实现资源共享。当然,资源共享不仅仅局限于同校的政治教师中,还可以通过网络在全国范围内实现。大家可以把自己制作的课件和命制的试卷发在自己的 QQ、博客上或者百度文库上等一些教学网络平台上,与其他地区的教师一起分享。同时自己也可以利用别人的教学资源。这样的交流能把教师们的点滴水积累成一桶水,更能满足学生和课堂的需要。

　　以生为本,激发学生的学习兴趣。高中思想政治课内容与学生的生活实际有一定的距离,这是学生对政治课兴趣不高的原因之一。所以教师在备课的过程中,教学设计和课件在围绕教学目标的实现同时更要充分考虑到学生的认知特点及能力特征。所采用的教学资源要贴近学生、贴近生活、贴近实际。要因地制宜,因生施教。比如讲到《新时代的劳动者》这一课题时,在本校上课我用多媒体展示"北大学子卖猪肉"的案例来刺激学生的思维。而去外校开课时,我就结合当地的实际,采用视频《黄飞达的成功经历》。黄飞达是当地一个名人,他制作的玫瑰簪子等手工艺品在《甄嬛传》中屡次出现。这个案例极大地激起了学生的自豪感,一下子把自己融入当时的课堂中去,更激起了他们成为新时代成功劳动者的斗志,要活得精彩,过得有尊严。事后这节公开课被高度评价,这个案例成为这节课的亮点。原因就在于它贴近学生的生活实际,能激起学生学习的兴趣。

　　巧用生成,诱发学生的思维火花。任何课堂都是预设与生成的统一。好的预设是成功课堂的前提,它让课堂有序。运用多媒体技术的课堂必然是富有预设性的课堂,特别是在多媒体课件这方面,教师必然会精心制作,而且当场改动的可能性比较小。但如果教师只是把课堂停留在预设的条条框框中,对学生的突然发问和课堂中的偶发事件视而不见听而不闻,教学的实效性必然大打折扣。所以教师在授课的过程中要有生成性的意识,课堂教学要留有"意外"的空间。而诱发生成性的因素是多样的、不固定的、不可预测的。比如在上到《处理民族关系的基本原则》这一课题时,我在讲民族平等,突然有个声音冒了出来:"民族哪平等了,高考少数民族都加分,我们都没加呢!"顿时,全班都起哄起来。针对这一突发情况,我灵机一动,问大家:"你们与西部一些山区的高中生享受的教育资源一样吗? 如果将来让你们去西部念大学,愿意不?"大家都摇摇头。后来我利用这个机会很好地诠释了民族平等并不意味着民族之间没有差别。我想这比自己原先要讲的有说服力多了。可见这种不期而遇的生成性资源是美丽的,课堂会因生成而精彩。总之教师要充分利用这些生成性资源来深化知识、升华课堂,更有利于构建平等和谐的课堂氛围,发展和谐的师生关系。

主要参考文献

　　《普通高中思想政治课程标准(实验)》,人民教育出版社 2005 年版。

　　许水龙:《多媒体辅助教学在政治教学中的实践与思考》,《集美大学学报·教育科学版》2002 年第 4 期。

　　崔维亚、赵宝:《论多媒体在中学政治教学中的运用》,《传承》2009 年第 20 期。

问题式教学法在中学政治课教学中的运用

陈建振[*]

教学方法,顾名思义包含教的方法与学的方法。教法与学法是一种互动、统一的关系,教师的教法直接影响到学生的学法,影响着学生的学习和成长。常言道:"教学有法,教无定法,贵在得法。"一种能促进师生互动、生生互动充分开展、能激发学生学习主动性和积极性的教学方法,就是合适的教学方法。填鸭式或满堂灌的教学方法,学生被动听讲,死记硬背教材知识,剥夺学生独立思考的机会和权利,就很难培养出"四有"人才。所以我们在教学中必须重视教学方法的选择,重视教学方法的研究,不断改进教学方法,探寻适合课堂教学和有利于学生成长的教学方法。

南宋教育家朱熹说:"读书无疑者,须教有疑。"在西方,问题教学法也颇受重视。如苏格拉底善于用问答方式来激发和引导学生;近代美国教育家杜威提出了"五步教学法";当代有的外国学者有"知识的增长永远始于问题"这样的观点等。问题式教学方法,一种以问题为核心的教学模式,教师结合具体课的特点再根据教学三维目标的要求,把三维目标转化为不同层次的问题,诱导学生思考、回答问题。与问题式教法对应的是学生的问题式学习法。通过教师的引导和启迪,学生搜集信息,提出或发现问题,通过小组讨论解决问题。学生在自主解决或分享解决不同层次的问题中产生新的认知水平。

问题式教学方法的核心在于"问"。在政治课堂教学中处于主导地位的教师要善于挖掘、开发教材中的问题资源。教师不仅要"善问"——要善于在单元、课题、框题上寻找问题,在正文、辅助文中寻找问题,在概念、定义上寻找问题,在学科知识纵横比较中寻找问题,在解题思路多样化上寻找问题,要善于诱导学生发现和提出有价值的问题;而且要"会问"——要懂得问什么,该怎么问。问题既要

---

* 陈建振,福建省仙游第一中学教师。

源于教材又要适当高于教材,所设置的问题,应是通过学生努力能够得着的高度,以激发学生思考和解决问题的欲望和动机。

一、结合教材实际,善于挖掘教材所蕴含的"问题"资源

首先,善于挖掘每一框的标题所蕴含的问题资源,引导学生积极思考问题。现行的政治教材的编排结构,分专题、框、目三个层次,框是构成课文的基本单位,每框大体按一学时安排。每一框的标题往往蕴含着丰富的教学资源,我们可以运用问题式的思维把它串一串,由浅入深,开发起来可起到事半功倍的效果。如必修二有《创新是民族进步的灵魂》这一框题。我在备课时就对标题进行剖析:这个标题讲的是创新的作用,创新的重要性。要解决创新的作用,首先必须弄清什么是创新。为了让学生理解什么是创新。我们可以从创新的字面上,引导学生充分发表什么是创新的看法。创:创造、创作、开创等;新:新事物、新思维、新发明、新概念、新制度等;创新即创造新事物、发明创造、制造出新的功能、创立新制度等。接着,结合学生对创新含义的理解,要求学生对创新这个词进行组词,并列举创新的例子有哪些,如科技创新、理论创新、制度创新、文化创新、思维创新、知识创新、管理创新、教育创新、自主创新等。创新的例子:如鲁班发明了锯子;袁隆平的杂交水稻;手机的前生今世——大哥大,按键、触屏、翻盖、平板,智能手机;"一国两制";"社会主义也有市场"的新理念;建筑工地的人工挖土到推土机、人工搅拌到机械水泥搅拌机、人工三轮车到电动三轮车,等;思维方面的——田忌赛马、司马光砸缸救人;交通方面的,上下班时间错开、高架桥、地铁、海底隧道;人口增强的居住问题:高楼大厦、地下商场、移居火星等。在罗列创新例子的基础上,引导学生对创新的作用从国家、社会、经济发展等角度思考,也就是为什么要创新? 进而引入学生"怎样进行创新",并由学生进行讨论:个人该怎么做、企业该怎么样、国家层次又应采取哪些措施,这样一节课在教师引导与启发学生思考、回答问题中完成教学任务。必修二《政治生活》教材与现实生活的热点、焦点联系紧密,可以列举一些时政材料,结合教材围绕"是什么,为什么,怎么样"这些环节进行展开教学,简单的问题交给学生直接处理,有一定难度的在教师的帮助下,引导学生进行思考、回答,可以提高课堂教学的有效性。

其次,善于利用教材中的"辅助文"的材料。在新课程实验教材中的正文与辅助文具有不同的功能。正文是我们学习的主体内容,辅助文亦是不可或缺的

部分。辅助文,设有三个栏目:"相关链接"、"名言"、"专家点评等"。如何有效地利用和开发辅助文,是落实新课程要求的重要环节和体现。如,"相关链接"是对相关事例、资料、数据的引用和阐述,并一般设有思考题。充分地利用这些资料,引导学生分析、解决问题至关重要。所设置的问题,有的在正文中能直接找到答案,有的则需要归纳总结才能得出结论。对于能直接找到答案的,我们在学生回答现有答案的基础上,鼓励学生大胆进行质疑或充实,如《政治生活》第一课,人民民主专政:本质是人民当家做主,框题下面的情景材料就是通过我国国家政权发生了变化和人大代表的选举活动,体现了人民当家做主。题目要求说一说我国民主有什么样的特点。提问学生回答的答案一般是:说明我国民主的广泛性和真实性。但从镜头二、三只能反映出民主主体的广泛性和制度的真实性,而民主权利的广泛性和物质的真实性没有体现。我们以思考问题的方式,设置思考和讨论的情景,在学生阅读完课本后,把这些知识充实完整,加深对知识的理解,增强学生的辩证批判意识和独立思考能力等。对于不能直接找到答案的,则是提高学生在教学这一双边活动过程中参与程度的好机会,教师应把探究的问题进行转化,引导学生进行思考、分析,并在分析的基础上进行归纳。如文化生活第五课中文化创新的源泉和作用——不尽的源泉,不竭的动力。探究材料中的问题提到:采风活动对于文化创新可以起到哪些作用?这种答案在课本中没有直接体现,我们可以引导学生思考在采风的过程中,文化工作者可以获取什么信息,这些信息对创作有什么帮助等。通过学生的讨论必然会提到采风可以深入社会基层、亲近大自然,为文化创作提供丰富的感性材料,激发创作灵感,为文化创新提供更为丰富的资料、资源(资料、资源是我们问题设置中的重点,引导学生思考通过采风可以获取哪些资料、资源),从而开发出更多的文化新产品——社会实践是文化创新的动力。

二、重视对定义、概念的学习,把握其内涵和外延

定义、概念是对"是什么"这问题层次的要求,全面把握概念、定义,对掌握知识可以达到事半功倍的效果。如模块二《政治生活》的一条主线是社会主义民主建设。把握民主这一概念对于学好政治生活颇为重要。那么民主是什么呢?民主的鲜明特征——阶级性,谁是"民",谁"做主",为"谁做主","怎样做主",把握了这些问题对教材所涉及的我国公民的政治参与、为人民服务的政府、人民代表

大会及党的"以人为本,执政为民"等知识的掌握有很大的帮助。但学生往往忽视对概念的理解,没有深入领会内涵。为此,我们在学习概念、定义过程中巧妙运用问题教学法,从概念、定义中寻找问题和知识增长点,加深学生对知识的理解和接受。如学习"民族区域自治制度:适合国情的基本政治制度"这一框题,在理解民族区域自治制度时,可以让学生查找应注意的问题是什么?"民族"是少数民族,是少数民族聚居的"区域","自治"是这一制度的核心。通过这一问题的探究,有利于学生对整个框体的理解:不能将少数民族理解成民族,不能将聚居理解为居住,且这里的自治权有别于港澳的高度自治权。又如学习"企业"这一概念时,通过学生自主探究,应凸显企业的"经济组织"和"盈利性"这两个核心问题,才能把企业与其他组织区分开展,才能理解为什么企业要千方百计提高个别劳动生产率,并深入探究如何提高经济效益等。

三、在政治复习课中,以问题为载体,
引导学生建构知识的体系

政治课复习中有很多内容,如涉及必要性、重要性、意义、依据的都可以转化为"为什么"这一角度进行归纳概括;涉及措施、做法、方法论要求的内容可以转化为"怎样"。如复习依法维护劳动者权益这一内容时,结合劳动者享有哪些权益? 为什么要依法维护劳动者权益? 如何维护劳动者的权益? 以这条线索进行复习。复习国家宏观调控、政府依法行政、走和平发展道路、具体问题具体分析等章节都可采用这一方法进行教学。问题教学方式能系统、完整地概括知识内容的特点,便于掌握和运用,我们可以指导学生自主运用该方法进行归纳,提高复习效果和对知识的运用,达到事半功倍的效果。

四、试卷评讲中运用问题反问教学方法,
揣摩解题切入点、答题要点

在评讲试卷的过程中,我们注意到学生往往只注重成绩,忙于根据参考答案把自己的答案进行充实,而忽视了查找错误的原因,很容易重蹈覆辙。这就要求我们在评讲过程中,不仅要让学生改正错误的答案,更重要的是对学生解题方法

的指导。如 2013 年省质检政治能力测试,第 39 题中的话题三:城镇化离不开市场机制的调节,也离不开政府的正确决策。题目要求为:运用政府的有关知识,说明在推进城镇化过程,政府应该如何进行正确决策。在试题讲评中,我们可以运用问题式教学方法引导学生审题。(一)本题考查的知识范畴是什么? ——政治生活;(二)材料中所涉及的主体或关键词是什么? ——政府、正确决策。对于政府这个主体应围绕哪些知识展开——政府职能、工作原则、依法行政、科学民主决策、受监督等;(三)本题的题目类型是什么——紧扣“如何”,应是措施类,即政府“怎么办”。通过对题目要求的分析,强调为什么“是这样”,为什么“不是那样”的分析,有利于提高学生审题能力,准确把握问题的切入点。在每次考试后,一些有经验的教师往往要求学生对每一次考试情况形成试卷质量分析报告,加深学生对存在问题的理解,这本身就是存在问题反思运用的体现,很有推广的价值和必要性。

　　问题式教学方法在政治课运用中应注意以下一些问题。

　　教师要挖掘教材的问题资源,必须充分熟悉教材内容、教学目标等。吃透教材内容,抓准教学目标。只有吃准教材,充分理解教材,面对教学素材才能有敏锐的问题意识;才能高屋建瓴,设置问题情境,引导学生质疑、发现问题和提出问题。这既是教师问题意识的体现,也有利于培养学生的问题意识,形成良性互动。

　　教师要挖掘教材的问题资源,必须充分了解学生的实际。如学生的思维水平、学业能力、生活经验等。在问题式教学中,问题贯穿于整个教学活动的始终,因此问题设置的质量、方式、难度等会直接影响整个教学质量。只有充分了解学生的实际,才能有效地把问题从学生的知识层面上展开、深化、升华,实现教学目标;如果设置的问题不当,可能会造成适得其反的学习效果。当我们设置的问题远离学生生活和知识实际,而过难或缺乏探究条件,难以起到应有的效果,甚至会浪费学习时间。如果问题设置过于容易,如唯物主义的根本观点是什么,属于低层次的提问与回答,又很难发挥问题式教学,激发学生探究的兴趣和好奇心。因此,问题设置的难度、方式要因地制宜、因人而异;问题要具有一定的拓展性、探究性,答案要具有开放性。

　　教师要挖掘教材的问题资源,教师必须善于引导学生一起来发现、思考、回答问题。一方面要设置问题情境,引导学生大胆质疑、回答问题;另一方面要鼓励学生回答问题。对学生的提出问题或回答,是否具有正确性或科学性,都要从不同角度作出评价,认同他们提出或回答问题的勇气,以激发学生思考问题的热情。对学生回答有困难的问题,教师要从学生的思维角度、立场、知识层面,进行引导,鼓励学生大胆回答。在运用问题教学方法时,有时所设置的问题在课堂上不一定能彻底解决。而且,通过对问题的引申拓展、深入探讨还会引发新的更多的问题,需要留在课下让学生反复思考争论。因此,教师应打破传统的课堂模式,有意识地留问题给学生,要把局限于课堂的时间与空间扩大到课堂之外的网络、图书馆、社会实际中去,促进理论与实际的密切结合,提高学生的实践能力。如学习"树立正确的消费观"这一框题时,可以围绕如何树立正确的消费观这个问题,结合学生日常生活中存在的一些不良消费现象,鼓励和引导他们对不同年级的学生消费现象进行调查研究,发现现实生活中消费存在的问题及影响,有针对性地提出一些意见,使学生牢固树立正确的消费观。

主要参考文献

陈爱苾:《课程改革与问题解决教学》,首都师范大学出版社 2004 年版。

陈美兰:《对"四段学案教学法"的教学反思》,《中学政治教学参考》2011 年第 1、2 期。

李章龙:《此时无声胜有声》,《思想政治课教学》2010 年第 8 期。

徐肖丽:《数学问题解决与解决数学问题——谈对高职学生实施"问题教学法"的感悟》,《教书育人》2005 年第 7 期。

中学政治课片段教学改革刍议

谢朝阳 *

片段教学因其能在有限的时空范围内较为客观地反映教师的教学实践水平,具有较强的教学仿真性,而备受社会认可和推广。因此,有必要对片段教学进行探究。本文旨在结合《文化生活》之《思想道德修养与科学文化修养》的教学实践,探讨如何提升教学的有效性与实效性,让片段教学增色添彩,从而丰富自身的教学实践,努力提升自身的教学业务水平。

在教学教研、教师招聘、职称评审、教学评估与教学技能比赛等活动中,作为一种考评方式,片段教学都被广泛应用。因此,不管是提升教学的有效性与实效性,还是丰富自身的教学实践,提升自身的教学业务水平,都有必要对片段教学进行一番研究。本人结合福建省第二届教师教学技能大赛片段教学课题《文化生活》之《思想道德修养与科学文化修养》这一框题的片段教学实践,侧重谈谈自己对片段教学的一些看法——把握"五点",让片段教学增色添彩。

一、营造"创新点"

片段教学虽说是截取某节课的某个局部的教学内容,但"麻雀虽小,五脏俱全",其教学结构的完整性与正常教学大同小异。不外乎导课、新课、结课三大部分。片段教学的导入,犹如乐曲中的"引子",起着酝酿情绪,渗透主题和带入情境的作用。富有创新的设计,不仅能扣住评委的心弦,也将直接影响到整个片段教学的连贯度、精彩度与有效度。在《思想道德修养与科学文化修养》的导入中,我引入"两难道德问题"的经典案例:一群孩子在铁轨上玩,铁轨有两条,一条还

---

* 谢朝阳,福建省莆田市第十中学教师。

在使用,另一条已经废弃停用。其中一个孩子说:"我们到停用的铁轨那边去玩吧,这里一会有火车通过,很危险!"其他孩子没有听从劝告,仍留在原地,于是这位小朋友便自己走到停用的铁轨上……理所当然的,火车来了,冲往还在使用的铁轨上的那群孩子。假设这个时候,你正站在铁轨的切换器旁,你能让火车转往停用的铁轨,这样的话就可以救更多的孩子;但是那名在停用铁轨上的孩子将被牺牲。相反,更多的幼小生命就此消失。通过思想道德的"两难选择",采用辩论的形式,引导学生正视生活中的思想道德冲突,很自然地过渡到本课题的教学,衔接自然,又富有悬念,促成学生情绪高涨,步入求知的振奋状态,达到预期的教学效果。

二、激发"活跃点"

片段教学虽然在本质上是教学活动,但又与正常的教学活动有所不同,作为虚境型片段教学缺乏学生主体,面对的更多的是同事、同行,因此在教学实施过程中就带有浓重的虚拟色彩,教师很容易因看似唱"独角戏"而陷入迷茫,或因缺乏激情而低迷。这个时候,激发课堂教学的"活跃点"就显得尤为重要。针对"两难选择",将学生分成"正方""反方"两组,引导学生展开辩论,进行虚拟情境教学,时而转述学生的言语表达,时而对学生进行鼓励性评价;时而正方,时而反方,展开激烈的思维碰撞,擦出思想的火花;有引有导、有问有答、有评有议,富有层次感,就像上常态课那样连贯自然,做到"眼中无生,心中有生",这样才能虚拟出师生互动、生生互动的教学情境,也才有可能让听课者仿佛身临其境,进入真实的课堂,充分感受到课堂教学效果。

三、注重"生成点"

由于虚境型片段教学缺乏学生主体,导致教学中的生生互动、师生互动甚至连学生的简单发言都无法正常进行,教师往往要事先预设,片段教学才能顺利进行。这也导致片段教学不缺预设,而缺乏生成,显得"有骨无肉",略有缺憾。因此,在片段教学的过程中,光有教学预设是不够的,教师不仅要做到眼中有学生,心中有课堂,按预设进行有声有色的虚拟教学,更应注重学生思维的生成、知识的生成、情感的生成、思想的生成。预设中有生成,生成中有预设,预设要为生成而设,而生成却可以是对预设的背离、反叛或否定,二者融为一体,方能做到"有骨有血有肉"。"两难道德问题"让学生遭遇思想道德上的"两难选择",如何正视生活中的思想道德冲突?预设学生作不同的选择,让学生在思维碰撞中,擦出思想火花,从而作出正确的价值判断和价值选择;让学生学习知识的逻辑过程中,享受生活与生命的体验,彰显学生的智慧,激发学生的生命力与创造力。

四、聚焦"时政点"

时政性是高中思想政治课的一大学科特点,也体现了政治课的时代性特征。因此,在政治课片段教学中渗透时政,既贯彻了理论联系实际原则的重要内容和内在要求,也丰富了教学本身的时政知识储备,更活跃了思维和课堂。在《思想道德修养与科学文化修养》片段教学中,我借用虚拟多媒体设备,视频引入"中央电视台'寻找最美乡村医生'大型公益活动",导出对一系列"最美"的探讨如"最美教师"、"最美司机"、"最美妈妈"、"最美警察"等,引导学生寻找出"最美"系列人物的共性,感悟思想道德品质的力量。既聚焦了时政热点,也渗透了思想政治课的德育功能,让整个课堂更加充实,洋溢着"正能量"的气息。

五、深化"拓展点"

以"学生发展为本"的教育理念,更凸显政治课德育功能的重要性。注重政治课的德育思想的拓展,不仅是对实现思想政治课三维教育目标尤其是情感态度价值观的基本要求,也是实施素质教育的重要内容。在《思想道德修养与科学文化修养》片段教学的收官阶段,我引用了"高富帅"与"白富美"的新解:高在学识、富在精神、帅在行动;白在品质、富在内涵、美在心灵。呼吁:班级的每位同学,都能够成为新时期的"高富帅"与"白富美",为实现中国梦而不懈地追求更高的目标。既赋予了"高富帅"与"白富美"以新解,让人耳目一新,更是用富有"正能量"的诠释,引领学生树立正确的人生观与价值观,使学生在课堂中吸取到更多的道德营养。在酣畅淋漓的呼吁中,将整个片段教学推向高潮,并在回味无穷之中成功落幕。

总之,教师在片段教学中要始终树立"大学科"、"大课堂"的教育教学理念,在预设教学设计的基础上,善于虚拟教学情境,灵活运用教学语言,努力展示自身的素质,并在教学中营造"创新点",激发"活跃点",注重"生成点",聚焦"时政点",深化"拓展点",结合自身的"优点",突出"亮点",最终攀上成功的"顶点",在一点点中进步,在一点点中成长,在一点点中成功。

在中学政治总复习中帮助学生构建知识体系

*郭海旬**

在政治总复习中,要提高复习效率,必须既要透彻理解基础知识又要从宏观上把握整体知识,构建有着每一模块、每一知识点的整体知识体系,学会从宏观上驾驭知识,提高从整体上去思考问题、解决问题的能力。高三政治第一轮的复习主要是夯实基础知识、梳理各模块以及模块内各单元的联系、初步结合当年国内外重大时政的热点与焦点问题分析考点、规范一些常见题型的解题步骤。高考题型千变万化,但万变不离其宗,我觉得最重要的还是透彻理解基础知识、梳理各模块以及模块内各单元的联系。在每年政治教学中,许多学生反应政治考点多、乱,前面学了,后面忘了、乱了。你若直接告诉他具体的问题他会回答,但若这个问题稍微有点综合,他就不知道怎么回答或者答漏了很多的知识要点。其原因就是没有构建整单元、整模块的知识体系,所以我觉得我们要做的就是根据知识本身的内在联系,找到并运用一定的思维方法建立一条线索,把整单元、整模块的知识串起来,形成一个体系,彼此联系起来。这样才有利于帮助学生从宏观上掌握理解基础知识。构建知识体系,对于提高复习效率是非常重要的。那么如何构建知识体系呢,我觉得有以下几种方法。

一、运用逻辑层次扩展知识体系

运用"是什么、为什么、怎么样、怎么做"的逻辑层次来扩展每一单元、每一课或每一框的知识体系。比如《经济生活》的第二单元:生产、劳动与经营,这一单元的知识比较杂乱,我告诉学生本单元的中心在"生产",再运用"是什么、为什

---

* 郭海旬,福建省莆田第十五中学教师。

么、怎么样、怎么做"的逻辑层次来扩展,就有了"什么是生产"(性质、本质等)、"为什么要发展生产"(原因)、"大力发展生产会怎么样"(意义或危害)、"怎样发展生产"(手段和措施)这几方面的知识要点。然后再逐步展开:课文通过社会再生产、生产与消费的关系谈"什么是生产"(性质、本质等);从生产决定消费、社会主义初级阶段的基本矛盾谈"为什么要发展生产"(原因);从社会主义的优越性、国际地位的提高谈"大力发展生产的意义"(意义或危害);从我国的基本经济制度(生产的经济制度)、企业与劳动者(谁生产)、投资理财的选择(生产的资金)这三方面谈"怎样发展生产"(手段和措施)。又比如《经济生活》第九课"走进社会主义的市场经济",其中心就是国家的宏观调控,就讲了"为什么需要宏观调控"(课文从市场经济的局限性、社会主义的性质谈宏观调控的必要性);"什么是宏观调控"(课文从宏观调控的含义和目标方面讲解);"怎样进行宏观调控"(课文讲了宏观调控的三种手段)这几方面知识点。所以简单地说,这种方法是:先确立中心,再根据"是什么、为什么、怎么样、怎么做"的逻辑层次来扩展每一单元、每一课或每一框的知识体系。这样就能从宏观上对知识形成整体的系统的把握,也有利于轻松地记忆和理解知识,从而更好地运用理论知识分析试题并且做到答得准、答得全。

比如 2012 年福建高考文综第 39 题。材料一:人们对义利观的探索随着时代的变迁和社会经济的发展而变化。孔子主张"君子喻于义,小人喻于利";孙中山提倡"大义所在",坚持革命和民族大义,反对"重私心而忘公义"。中国共产党倡导"把国家和人民利益放在首位而又充分尊重公民个人自身的合法利益"的社会主义义利观。问题:材料一中义利观的演变过程如何出现了矛盾观点?(12分)解答时我们首先要根据"是什么""为什么""怎么样""怎么做"将课文中所有有关"矛盾"的知识点回忆出来。即谈"矛盾的重要性"(为什么);"矛盾的含义即对立统一规律"、"矛盾的普遍性与特殊性"、"主次矛盾与矛盾的主次方面"(是什么);"两点论与重点论""全面分析法""具体问题具体分析"(怎么做)。然后再一一将这些理论要点与材料相对照:(一)"矛盾的重要性"即谈"矛盾是事物发展的源泉和动力"在材料中有体现,因为从孔子到孙中山到中国共产党,人们对义利观认识的不断深化,说明"矛盾是事物发展的源泉和动力",所以这一知识点要答;(二)"矛盾的含义即对立统一"这一知识点也有体现,因为材料中有提到"利"与"义"这一矛盾体既对立又有统一,体现了全面看问题,所以这一知识点也要答;(三)"矛盾的普遍性与特殊性"这一知识点也有体现,因为材料中有体现不同时期不同人对义利观的看法不同,即谈"矛盾的特殊性""具体问题具体分析",所以这两知识点也要答;(四)"主次矛盾与矛盾的主次方面""两点论与重点论"这两个知识点在材料中并没有体现,因为材料并没有讲哪个比较重要,也没判断事物的性质,所以这两个知识点可以不答。像这样构建知识体系再对照材料组织答案基本上就能做到答得准、答得全了。

二、提取单元"中心",建立模块体系

　　运用提取单元"中心",再寻找各单元"中心"间的内在联系的方法建立每个模块"面"的大知识体系。比如《经济生活》模块,很多人都觉得很乱,其实不然,这一模块主要围绕"生产、分配、交换、消费"四种经济活动展开,但这四种经济活动都离不开货币,所以第一单元谈货币、消费;第二单元谈生产;第三单元谈分配;第四单元是整本书的落脚点,谈目的:即建设全面小康社会。而且这每一单元也不是孤立存在的,比如第一单元谈完货币(即交换),就得懂得怎样用钱买东西,即"消费";而消费的东西怎么来的,那就得谈"生产",所以第二单元谈"生产",而生产的东西并不是直接进行消费,而是先进行分配,然后才进入交换和消费的环节,所以第三单元谈了"分配"(主要谈个人消费品分配和国家收入分配),最后最四单元讲了整本书的落脚点与目标,即建设全面小康社会。而怎样更好地建设全面小康社会,这又涉及另一个考点:科学发展观。又比如《政治生活》我先将整本书分为两个中心:"国内部分"和"国际部分"。而"国内部分"主要围绕"发展中国特色社会主义民主政治"这个中心展开,谈"发展中国特色社会主义民主政治"的"目的"是实现"人民当家做主"(第一单元),"怎么样发展中国特色社会主义民主政治"一是需要建设"为人民服务的政府"(第二单元),二是需要"坚持和完善四项政治制度"(第三单元),而最后第四单元谈"国际部分"。这种方法能从总体上把握每个模块的知识要点,这样在解题的过程中就避免了漏答或答错知识要点。

　　正是得益于这种复习方法,今年高三(3)班的沈凤訇同学在一次考试后,在向我询问成绩时感激地对我说:"老师,今年是您教我们政治,要是以前我想都不敢想我能考及格。"高三(3)班的卓林同学,文综出现严重的偏科,历史、地理都能考70多分,但政治科从高一开始就不爱读,高三第一学期,在我接手他们班的政治教学后,也都只能考50分左右,且这50分左右的成绩大都是靠选择题得分的,选择题48分他一般能得40分左右,而非选择题52分却只能得5分左右,甚

至有时得零分。面对这一情况,我对自己说一定要把他的政治成绩提上去,不然就实在太可惜了,经我多次地谈心,言明利弊后,他终于肯认真地背理论知识要点。从之后试卷的答题情况看出:卓林同学对知识的理解能力不错,但对"经济生活"、"政治生活"、"文化生活"、"哲学与生活"这四大模块的知识要点却分不清,经常张冠李戴,答非所问。之后我利用几次晚自修的时间专门对他进行知识线索、每个模块框架的讲解,帮助他构建了各个模块、各个单元的知识体系,终于在今年的市考、省考中他都考了 60 多分,在 2013 年福建省省考中,他的文综取得 211 分我校最高的好成绩,在最近一次模拟考中他的政治考了 76 分,文综总分 232 分。面对他的进步,我开心地笑了。

三、学会看书,加强对体系的理解

以书为本,从一到多,学会看书,加强对各考点之间的内在联系的理解。虽然政治学科有很强的时政性,注重将理论与时政热点相结合,但课本是我们学习的根本,万变不离其宗,只有将课本的基础知识理解掌握了,才能更好地运用课文主干知识分析本年度的大政方针、时政热点,既提高对知识的理解水平,又提高解读时政热点的能力。所以学会看书,加强对各考点之间的内在联系的理解是十分重要的。我觉得看书应该做到"三看":经常看目录、看标题(包括单元标题、课题选题、框题标题、目题标题)、看序言(每课的序言),以加强对知识内在联系的掌握。比如看《生活与哲学》的目录,我们可以看出第一单元主要讲了哲学的基本知识,在第三课时才讲了哲学史上的伟大变革,马克思主义哲学的产生。第二、三、四单元都是谈马克思主义哲学,马克思主义哲学主要包括辩证唯物主义和历史唯物主义两部分,而辩证唯物主义又包括"唯物论""认识论"和"辩证法"三部分。课文第四课、第五课主要讲"唯物论"部分,第六课主要讲"认识论"部分,而第三单元主要讲"辩证法"部分,第四单元是谈历史唯物主义。看完单元标题再继续往下看课题选题、框题标题,我们就可以清楚地知道各个部分包含哪些知识要点,比如看课文第四课、第五课的框题标题就知道"唯物论"部分主要讲了"物质"、"运动"、"规律"、"意识"等知识要点。看第三单元课题选题、框题标题,就知道"辩证法"部分主要讲了"联系"、"发展"、"矛盾"、"创新"这几个知识点的原理和方法论。同时"看序言"也是很重要的,比如《经济生活》第 6 课《投资理财的选择》,很多人不明白这一课与其他课的关系,觉得很孤立,但看了这课"序言"后,我们就明白这些投资理财的方式是为本单元的中心"生产"以及为上一节课的"企业"筹集生产资金,也是为企业和个人提供投资理财的方式。可见考生在总复习过程中应当经常做到"三看":看目录、看标题、看序言,理清基础知识间的内在联系,并使之条理化、系统化,从而从宏观上去把握知识,建构每一模块的整体知识体系,这样解题时就能做到答得准、答得全,从而大大提高复习效率与效果。

综上所述,在高三政治总复习中,应以书为本,懂得确立单元"中心",寻找各"中心"间的联系,建立每个模块体系,再运用逻辑层次扩展这个"中心",按照从宏观的面到微观的线、点的顺序不断地添枝加叶,在头脑中架构"知识树",丰富知识体系,能有效地提高政治复习效率。

主要参考文献

余文森、吴刚平:《新课程的深化与反思》,首都师范大学出版社 2004 年版。

中华人民共和国教育部:《普通高中思想政治课程标准》(实验),人民教育出版社 2003 年版。

莫雷:《知识的类型与学习过程》,《课程·教材·教法》1998 年第 5 期。

2012 年福建高考文综试题及参考答案。

在初中思想品德课中加强对学生的引导

曾永辉*

课程改革倡导强化学生在学习中的主体性地位,然而不少思想品德课教师却因为忌惮学生思维的多样性而在课堂教学过程中或有意或无意地"堵"上了学生的嘴,依然维持着"一言堂"的师道权威。本文分析了学生在思想品德课堂教学中的种种"答非所问"的原因,并对如何正确引领学生思想成长进行了一些思索。

初中思想品德课是一门启迪学生智慧,初步培养学生观察、思考、辨析社会现象的技巧,塑造良好的心理品质和个性气质,形成正确的世界观、人生观和价值观的人文学科。学生在课堂上不应该只是被动的接受者而应该是主动的参与者,他们应该有自己独立的思维,能在和教师、同学的交流碰撞中形成主见,获得进步。这是新课程改革的应有之义。

这是一个讲究个性、追求个性、尊重个性的时代。时代的飞速发展,尤其是网络走入日常生活,信息产生及传播的方式发生了革命性变化,使今天的学生所能接触到的外界信息量不亚于任何一位教师。在教学中,我们经常有这样的体会,当我们抛出问题,循循善诱地引导着他们,希望他们能按照我们的设想答出"正确答案"时,他们的回答往往不是我们想要的,甚至会出现一些与正确的价值取向相悖的论点。

一些教师对学生出现这种状况十分担心,视各种不同言论为"异端",甚至由此视网络等新媒体为洪水猛兽。这也难怪,作为一名教师,尤其是作为一名以引导学生思想健康成长为主要任务的思想品德课教师,看到学生出现一些"大逆不道"的苗头,当然要引起足够的重视。

只是,我们还不需要焦虑。我们首先所要做的就是让自己平静下来,认真分

---

* 曾永辉,福建省莆田市涵江区三江口镇中学教师。

析学生出现这种状况的原因。

知识欠缺所致。学生的知识和社会阅历终究比较浅薄,对很多社会现象并不能正确理解,产生错误的认识就不足为怪了。在学习粤教版八年级下册《做一个合格公民》的有关知识时,恰逢中国和菲律宾发生"黄岩岛争端"的热点事件,学生的爱国热情一下被点燃,我问他们觉得应该如何解决有关争端?得到的答案几乎无一例外:对菲开战!学生血气方刚,但没法全面认识国际上牵一发而动全身的各种微妙关系,所以极易得出这种简单的结论。

应付了事的态度所致。有些学生未形成良好的学习习惯,总把学习当作一件苦差事来对待,所以在面对教师的提问时,总是抱着应付的心态,随便回答三言两语,交差了事。在学习粤教版八年级上册《理解与宽容》时,结合课本探究家中有关婆媳因为剩饭剩菜而发生争执,我问学生如果自己家里发生类似矛盾时应该怎么办,一个学生在被点名后回答我:"老师,我们家不可能发生这样的事,因为我奶奶和妈妈都已经去世了。"学生的回答让我对自己没有全面了解学生背景而惭愧不已。然而课后通过向其班主任了解,得知该生母亲和奶奶均健在,这样的结果让我震惊。我马上与他个别谈心了解为什么会这么回答我的提问,才知道他只是懒于思考,随口敷衍我而已。

恶作剧的心态所致。许多学生对许多问题特别是大是大非的问题其实是有正确的判断的,但是在回答提问时却故意答出相反的答案,究其原因主要是想通过类似于恶作剧的回答来为难一下教师,或彰显所谓"个性",以吸引其他学生的注意。

不良的社会影响所致。社会价值观在今天越来越呈现出多元化的态势,特别是互联网的普及,在给公众的学习和生活带来极大便利的同时也把所有社会成员都带入了一个鱼龙混杂的时代。学生在课堂外受到的不良影响极易给他们的思想带来冲击,让他们对正确的观点产生怀疑和否定,甚至由此变成自己内心根深蒂固的观念。如我在和学生谈到关于"诚信"的话题时,就有学生当场表示"老实人吃亏",还举了自己遇到的消费骗局的例子加以佐证。

由于知识欠缺或是应付心态、恶作剧心态所致的不正确回答并不可怕,只要教师稍加引导学生就能很快回到正确的轨道上来。而受到各种不良影响所致的这类学生的心态完全不同于前三种学生,也最让教师们感到头疼。因此,一些教师在课堂教学中对这些学生进行"冷处理",不给他们出声的机会。

新课程改革倡导尊重学生表达自己见解的权利,这绝不是一句简单的口号,虽然这会给所有的思想品德课教师提出了新的要求和挑战,但谁能保证学生的众说纷纭中就不会蕴藏着合理的内容甚至真理的种子？所以，每一位思想品德课教师都应该有豁达的心态，大胆松开学生的口并理性看待学生的个性化言论。

以积极心态看待学生的不同见解。要引发学生积极的思维。教师应放下身段，以平和包容的心态去看待学生的各种言行，而不能以教师的身份压制学生。尤其是对于那些无厘头又无伤大雅的言论，教师在维持正常课堂秩序的前提下，大可将其视作学生的幽默举动，用以调节思想品德课堂不可避免的枯燥说教氛围。只有这样，课堂才能活跃起来，才可能产生绚烂的思想火花。

充分相信学生自我教育的力量。"理不辩不明"，与正面价值取向相悖的论调终究是浅薄、站不住脚的。我们要有足够的自信，通过"有理、有利、有节"的引导，让学生认识到自己的错误，从而转向正确的方向。当学生发表标新立异的论调时，教师不应简单粗暴地从正面直接否定他们，而应提出一些正面性的，符合社会主流的观点，让学生与自己的论点进行比较。有一次，在讲到《与人为善》这个内容时，正当我告诫学生要尽自己所能帮助他们，在助人的同时也能让自己的内心获得幸福感。这时，有个学生反驳我说，在这个时代，谁学雷锋谁就是傻瓜，不但得不到人家的表扬，还会被人讹诈，最后也没人同情。这个学生话音刚落，全班同学就议论开来，结合近期所发生的一些助人方面的负面新闻，似乎很赞同这个学生的观点。面对这种情景，我问他们，知道郭明义的事迹吗？听说过吴菊萍吗？很多学生只是听说过其人，却不了解其事迹，于是，我立即改变了我的课堂作业，要求他们在课余时间去找找"感动中国"人物的典型事迹，在下一次课堂上交流。下一节课上，我让学生展示自己收集到的典型好人事迹。在充分交流后，我问他们：你们还觉得这个时代不需要好人吗？你们还觉得"好人＝傻瓜"吗？学生一下安静了。我知道，他们已经了有了正确的判断，他们的自我教育起作用了。

对荒谬言论的驳斥要义正词严。思想品德课教师必须守住正确的价值底线。对于那些错误甚至荒谬的价值判断和取向，我们的驳斥必须是坚定的，不能闪烁其词，给学生留下模糊的空间，引起学生思想的混乱。2012年3月，哈尔滨医科大学附属第一医院发生了令人震惊的未成年患者持刀杀死年轻医学博士的惨案，我在课堂上结合这个案例组织学生讨论如何对待他人的不足甚至过错，实现人与人的和谐相处。个别学生对凶手的行为表示认可甚至支持，理由很简单，作为弱势群体，要想获得社会的尊重和认可，暴力是捷径。这种观点比案件本身更令人恐惧。我当即就反驳了这些学生的谬论，反问他们，作为农村中学生，我们同许多人相比都是弱势群体，我们是不是要以暴力手段除去所有比我们强势的群体,才能体现自身的价值? 而与我们相比,社会上还存在着更为弱势的群体,我们是不是也该被他们除去? 这样的社会有什么幸福可言,尊重与认可又从何谈起? 反驳之后,我提出了我的看法,弱势群体固然值得同情,但要真正改变弱势群体的命运,只能靠弱势群体的自身努力奋斗而不是通过各种违法犯罪手段去实现。在我的激昂陈辞之下,学生很快冷静下来并接受了我的观点。在大是大非的原则面前,教师的态度一定要鲜明,只有这样,才能产生醍醐灌顶的教育作用。

　　开放的时代,并不是所有的观点都是可取的,我们一定要坚守正确的价值导向,否则我们只能教出一个个"废品";开放的时代,需要教师有开放的胸襟,否则,学生表面上看是被我们驯服了,但最终我们得到的只能是"次品"。教育不是儿戏,更不能重来,作为一名思想品德教师,一定要郑重其事,既要有"放得开"的勇气,不堵住学生的嘴,又要具备"收得拢"的能力,让他们朝正确方向集合。这样,即使学生的观点与正面的价值取向相悖,我们也能胸有成竹,坦然自若地完成教育教学工作。

主要参考文献

冯忠良等:《教育心理学》,人民教育出版社 2000 年版。

吴一凡:《初中思想品德新课程教学法》,首都师范大学出版社 2010 年版。

中华人民共和国教育部:《初中思想品德课程标准》(2011 版),2011 年 12 月。

文叶:《演讲与口才》,红旗出版社 2012 年版。

初中思想品德课"重热点"的复习引导

一年一度的中考日益临近,紧张的复习备考已经进入收尾阶段。作为一线思想品德课的教师,对时政热点复习有自己的思考,在此与大家交流、探讨。

一、帮助学生正确认识重热点的重要性,
是做好复习工作的前提

首先,中考试卷的一个重要特点就是体现时代性。在试卷中引用时政热点作为命题素材是时代性的具体体现。所以在中考的复习过程中必须对一年来的重要时政热点作系统地复习。如果忽视这部分的复习,往往会造成学生在考试中大量失分的问题。而这一部分对学生来说也是比较困难的。因为学生对时政热点普遍比较陌生,而且学生的理解、分析、运用等学习能力有限,没有教师的引导,学生是很难应付的。因此,教师在教学过程中必须从思想上进行指导,要求学生高度重视对这部分内容的复习。

其次,重点是要解决"考查重热点,是考什么"的问题。实际上,考查重热点主要是借某个重热点话题考查学生对重热点的分析、理解能力和知识的迁移运用能力。而这一切都是建立在学生扎实掌握课本基础知识的基础上的。所以,教师平时一定要加强对学生基础知识的复习、巩固。

二、抓好对基础知识的复习是考查重热点的关键

　　刚才讲了,考查重热点实际上是借着某个重热点话题考查学生对重热点的分析、理解能力和知识的迁移运用能力。对初中学生来说,主要是考查"是什么、为什么、怎么样"这三部分。而这三部分都与教材的基础知识密切相关。离开了基础就好比无源之水,无本之木。任何一位教师都不可能不明白基础知识的重要性。所以有经验的教师,都会非常注意在第一轮复习中注重教材,夯实基础。要打牢基础,教师首先要注意研究《课程标准》和《考试大纲》,要根据《课程标准》和《考试大纲》系统地梳理知识、构建知识体系、理清条理,让分散的知识变成系统知识,如可以将初中三年思想品德课的内容,依据《课标》和《考纲》分为以下几个知识模块:"法律常识"、"与人交往"、"心理品质"、"社会责任"、"国情国策"等几个模块。教师可以系统化复习,学生可以条理化掌握知识。

　　具体来说,"法律常识"模块可以从法律的含义、特征、作用,未成年人保护,权利与义务、依法维权、依法治国、依法行政等方面系统复习;"与人交往"模块,可以从"男女生交往、我与父母、师生的交往、交往的心理品质、交往的艺术"这些方面来系统总结;"心理品质"可以从"自尊、自信、自立、自强、珍爱生命、认识自我"等方面复习,帮助学生培养健康的心理品质;"社会责任"模块可以从"责任的内容、意义、怎样承担责任,做有责任感的人"几个方面复习;"国情国策"可以从"对初级阶段国情的理解,建设中国特色社会主义,发展战略,机遇与挑战,民族精神,艰苦奋斗,立志成才"等方面入手复习。在各个模块复习中,注意要求学生掌握基本概念、基本观点,做到突出重点、突破难点,做到主次分明,有的放矢,使学生在头脑中建立知识框架、夯实基础。

　　基础知识很重要,没有扎实基础,考试中很难有所作为。但学生不一定能理解这一道理,也不一定清楚自身的基础是否扎实。尤其在"开卷"的情况下,学生存在片面理解,在平时的复习过程中存在很大的惰性,平时大都不愿意翻书,更谈不上巩固基础知识。所以,教师在加强对基础知识复习的同时,一定要想方设法让学生明白基础知识的重要性,从而自觉去复习,这样才能起到事半功倍的效果。

三、提高学生的学习能力,是中考重热点
复习的核心和目的所在

　　学习思想品德课的目的不是死记硬背教材中的基本观点和概念,而是要用这些所学的基础知识来分析问题、解决问题。学生学习能力提高不仅表现在对课本知识系统的归纳、总结,而且更体现在运用这些知识点来分析、解答社会中的热点问题上。所以教师在完成第一轮基础知识复习的基础上,更应该注意把各个阶段社会中出现的时政热点进行分析,帮助学生了解这些时政热点,教会学生如何运用课本中的基本观点来分析解答社会热点问题。这里教师应该注意以下几个方面:

　　教师要对时政热点有所选择。一年来,国内外发生的热点很多,在复习中不可能面面俱到。在对时政热点的选择上要以考纲为依据,凡是超出考纲或与考纲无关的都不宜入选,同时要以国内时政热点为主。如2012年党的十八的召开,十八大取得的丰硕成果无疑是今年中考的最大的时政热点。特别是党章修改的内容,如"科学发展观""全面建成小康""五位一体""改革开放""美丽中国"以及后来习近平总书记在各个场合中谈到的"中国梦""厉行节约、反对浪费""反腐倡廉,把权力关进制度的笼子里"等都是今年社会的时政热点,都是今年中考时政热点复习的重点。

　　在选择好时政热点后,教师要做好对时政热点的分析,这是关键一环。在分析时,教师一定要把握好时政热点可能考察的方向、角度,并告诉学生,再引导学生对各个角度可能运用到的相关知识点进行链接,要紧紧围绕"是什么、为什么、怎么样"这三个最基本的问题展开。如"中国梦"这个热点,可以从"中华民族近代以来最伟大的梦想是什么、你心目中的中国梦、提出实现中国梦的意义、为什么要提出实现中国梦、如何实现中国梦、我们青少年能为实现中国梦做些什么"等几个基本方面来分析;又如"科学发展观"这个比较抽象的热点,关键是从"科学发展观的内涵"这个角度入手。因为"科学发展观"这个话题太大、太抽象,如果一开始就围绕从"是什么、为什么、怎么样"这三个最基本的角度入手,学生不易理解。而从"科学发展观的内涵"这个角度入手,就把"科学发展观"分解成"发展""以人为本""全面协调可持续"几个话题,然后再一一展开、深入,这样学生就比较容易理解;再如"美丽中国"这个时政热点,关键是让学生思考"什么样的中国才是美丽的"这个问题,该问题还是应该从"五位一体"方面来回答,即只有经济、政治、文化、社会、生态几个方面全面发展、全面进步才是美丽的,从而避免陷

入单一分析"生态"这一误区。这个问题解决了再围绕"是什么、为什么、怎么样"这三个角度就比较容易了。总之,对时政重点,一定要了解其相关背景材料,清楚它为什么是应注意的热点问题,同时还要清楚其与教材相关知识的内在联系。其次,要"化大变小",把某个时政热点问题化,变成一个个具体的小问题,这样学生对时政热点的复习效率更高,目的更明确,对教材的相关知识的运用也能更自如。

教师做好对时政热点的分析后,要注意给学生一些配套的练习。练习题要精选,不宜过多,要和所分析的相关热点相对应。通过完成一定量的练习来检验复习效果,发现问题,查漏补缺,增强效果。练习必须做到基础与能力并重,突出时政热点,突出对综合能力的检测,在练习中同时狠抓解题方法和规范化训练。教师对学生的练习要尽量做到及时批改、及时点评。通过批改,及时发现问题,通过及时点评有的放矢地解决问题,增强复习效果。最后进行一定量的模拟训练,并对模拟试题全批、全改,通过这些有针对性的训练来提高学生的审题能力、解答能力和规范答题的能力,效果非常明显。

四、注意联系本地实际、家乡特色,联系学生身边的实际,是对中考重热点复习的延伸

近年来,各地中考思想品德命题中的一个特色和趋势就是体现地方特色,联系本地实际,联系学生的实际,这样会给学生更多的亲切感。所以,教师在平时的教学中就要有意识地引导学生注意了解收集有关本地区、家乡和学生紧密相关联的重大事件。如今年提出的"幸福莆田、富裕莆田、文化莆田、美丽莆田、宜居莆田""莆田建市30周年"等都体现了地方和家乡色彩;又如"保护信息安全、整治网络谣言、规范上网行为""校园安全问题""建设节约型校园"等与未成年人密切相关。他们自然是中考命题的一个很好素材。教师复习过程中仍然要围绕"是什么、为什么、怎么样"这三个角度。

五、重视对《时事》初中版的复习,是对中考重热点复习的补充

《时事》初中版是中考重点考察的内容之一,对它的复习,一定要避免陷入

"单纯时事"的误区,把时事看成孤立的一块。据本人了解,许多教师就是简单地给学生"划一划"时事内容,让学生强化记忆,能应付考试即可,并没有对时事中提供的许多相关的时政热点材料进行深入的分析,这不仅造成资源的巨大浪费,而且也是一种急功近利、单纯应付考试的做法。其实,《时事》初中版中提供的许多有关时政热点、新闻事件、漫画和相关文章等都是很好的教学资源和命题素材。这些素材就是分析时政热点的依据,教师完全可以依据这些资源来帮助学生认识和理解时政热点,即使多花一些时间和精力也是物有所值。

　　以上几点是本人在十多年思想品德课教学中针对中考复习的体会。我感触最深的是要真正让这几个环节都能很好地显现效果,要求教师在"落实"上下功夫,紧抓每个复习环节的质量。就是教师要在每个复习环节上严格要求自己,以身作则,严格要求学生,做好师生的紧密配合互动。教师要对复习精心准备,对基础知识精心梳理,对时政热点精心分析,对练习精心批改分析,对学生的学习效果及时检测,对学生的懈怠严肃批评,对学生的缺漏及时查堵,对学生学习上存在的问题及时纠正。相信只要师生配合良好,每个复习环节的质量上去了,丰硕的收获必定是水到渠成的。

幼儿成长中的混龄教育

蓝芬英[*]

幼儿的成长与发展离不开异龄伙伴间的学习与交往,两者能各自获得不同的益处:与年长者交往,年幼者将会有更多的学习知识、经验与技能的机会;与年幼者交往,年长者能增强责任心、自信心,提升组织能力与解决问题的能力等。因此,幼儿园要开展多种形式的混龄活动,培养幼儿良好的社会性行为,使之获得更多的知识经验与技能,为幼儿一生发展奠定基础。

所谓混龄教育,就是把 3～6 岁不同年龄的孩子放在同一个环境生活和学习,让他们彼此合作和互相模仿学习的一种教育组织形式。而传统的按同龄编班的教育组织形式,在一定程度上限制了异龄幼儿之间的交往。因此,我们要充分认识混龄教育在幼儿教育教学中的意义和作用。

一、幼儿园混龄教育的意义和作用

能培养幼儿良好的个性品质,促进其社会性的发展。它培养了幼儿的爱心、责任心与自信,形成良好的个性品质。在混龄活动里,面对比自己小的弟弟妹妹,年长的幼儿更愿意和他们分享,在产生冲突时更愿意谦让和承担责任,在帮助别人的同时自己也增强了爱心与责任心,而年幼的幼儿由于得到帮助,更容易获得成功,也增强了自信心。扩大了幼儿的接触面,为异龄幼儿的交往、合作提供更多的机会。例如在玩混龄活动时,孩子们通过讨论,协商分配角色与任务,明确分工的内容等,树立规则和责任意识,交往与合作能力都得到很好提高,有助于他们形成良好的社会性行为。

---

* 蓝芬英,福建省武平县平川幼儿园教师。

能促进幼儿认知能力发展。混龄教育能大大增加幼儿产生认知冲突的概率,促进其认知冲突的发展,有助于缺乏知识经验的幼儿模仿有知识经验的幼儿,并内化为新知识经验,从而促使其智能的发展。如在混龄表演游戏《白雪公主》中,由于幼儿创设了新情境,增加了新角色,表演时缺少合适的道具,年长幼儿会根据自己已有经验,用成品或半成品玩具代替,这不仅让年幼幼儿学到知识,年长幼儿也获得新经验,二者的认知能力都得到发展。

能培养幼儿积极、健康的情感和心理。在混龄活动中,不同年龄幼儿所表现出来的情感和心理也是不同的,如:年幼幼儿对年长幼儿的尊重、敬畏、钦佩;年长幼儿对年幼幼儿的关心、爱护、同情。有了混龄活动,独生子女的情感发展就不会单一,他们互相关心、互相帮助,从"爱自己"逐渐变成"爱同伴、爱集体"甚至"爱父母、爱家乡、爱祖国"等,让幼儿体验到多种积极情感的同时,避免幼儿"自私、自卑、嫉妒"等不良心理与情感的产生。

二、开展混龄教育应注意的问题

目标的制定要体现混龄特色。混龄教育的对象是几个不同年龄层次的幼儿,他们表现出不同的知识经验与技能,教师要全面了解幼儿,包括其性格、体质、动作发展等,循序渐进地制定出具有混龄特色的教育目标,并体现目标的层次性、整合性。例如:开展混龄健康活动《扣纽扣》时,中班孩子扣纽扣的技能已经很好了,但小班孩子还不是很熟练,比赛时中班孩子埋怨小班孩子速度慢,而小班孩子则显得紧张,两者慢慢对活动失去了兴趣。于是,我们将活动目标细化,分为三个层次:第一层次要求年幼幼儿学会扣纽扣的方法;第二层次要求年长幼儿能熟练地扣纽扣;第三层次将前两个目标整合、提升,要求学会扣纽扣的方法并能熟练地操作。

内容的选择要符合混龄要求。首先设置情境,让内容吸引混龄幼儿的兴趣。有趣的情境能吸引幼儿自发参与混龄活动,这比教师空洞说教更生动有效。以音乐活动《摘果果》为例,由于教师在活动室四周创设了秋天"硕果累累"的情境,混龄幼儿参与的积极性得到充分提高。其次,改变玩法,让内容适合混龄活动的开展。由于幼儿园并不是所有的内容都可以开展混龄活动,很多需要改变游戏的玩法才可以进行。譬如混龄体育游戏《夹球前进》是一个需两人配合的活动,由于年龄和动作发展差异,中大班幼儿不能很好合作完成,于是我们就改变玩法,要求全体幼儿按"大—小—大—小"的规律分成两组站好,由排头一个一个往后传,比比哪组的球传得快。这样,原本两人"夹球"玩的游戏就变成了集体"传球"玩的游戏,适合混龄活动的开展。再次,降低难度,让内容照顾到混龄幼儿的个体差异。开展混龄美术活动《家乡真美》时,我们一致认为题目太大,内容比较抽象,不适合开展混龄活动。于是就把《家乡真美》改成《幼儿园真美》或《妈妈真美》,让内容贴近幼儿的生活实际,幼儿操作时能有较好的感性经验,不仅在内容上降低了难度,还能照顾到混龄幼儿的个体差异。

开展的形式要灵活多样。混龄教育的形式并不是单一的,而是多种多样的。广义上,既有混龄教学活动、混龄主题活动、混龄区域活动、混龄游戏活动、混龄早操活动,又有混龄生活活动、混龄户外活动、混龄节日园艺活动等,甚至还可以将混龄教育向家庭、社区延伸。狭义上,主要有"连续性混龄"和"间断性混龄",幼儿园应提倡以"间断性混龄"为主,即平时按年龄分班,只在某些活动需要时打破班级与年龄界限,并且要从易到难,打好基础,逐步从"间断性混龄"发展到真正的混龄教育——"连续性混龄"。

材料的投放要合理丰富。混龄教育材料的提供也是一大要点,混龄幼儿的个体差异较大,对材料的要求也更高,教师提供材料时,要注意投放的合理性、多样性、层次性等,要充分考虑不同年龄层孩子的需求:多样性的材料能让幼儿根据兴趣爱好自由选择;层次性的材料,要有明显的难易差异,让幼儿根据自己能力水平选择适宜的材料。而且不能把所有材料一次性全投放进去,应分期分批地不断更新,以此不断引起幼儿的好奇心和新鲜感,吸引幼儿主动参与活动。

三、组织、实施混龄教育的几点措施

创设和谐、宽松的氛围与环境。为配合混龄教育,幼儿园的环境创设应体现"安全、宽容、关爱"的特点。例如:将一个大的活动室分成若干个小的活动区,孩子们根据自己的喜好自由选择;在教玩具的提供上,既有小年龄幼儿喜爱的玩具,也有大年龄幼儿喜爱的棋类、拼图与拼插玩具;在班级设施上也要体现年龄差异,桌椅的尺寸有大小和高低的区别。要使幼儿在良好的教育氛围中共同学习生活,从而真正促进他们和谐发展。

善于观察,讲究方法,有效指导。观察的内容主要包括:活动的内容是什么?幼儿扮演什么角色?是否有交往与合作的意识?能否协调与同伴的关系?能否创造性地解决问题等。同时,讲究方法,有效指导。教师应采用不同方法,适时介入,有效指导混龄活动。比如在玩"老鹰抓小鸡"的游戏时,指导中、小班幼儿采用平行介入的方式,教师扮演角色参与其中;而对大班幼儿则放手让他们自己协商分配角色,遇到困难尝试自己解决问题。但很多混龄活动是不分组的,我们较多采取参与式的指导,带动混龄幼儿一起游戏,并让幼儿互相观察、互相学习,培养他们交往与合作的能力。另外,教师还应充分发挥大班孩子"以大带小"的作用:开展混龄语言游戏《苹果蹲》时,教师讲过一遍内容和玩法后,大班孩子大都理解,而中班的孩子则显得不是很懂,于是我们就让中班的孩子跟着大班学,重复几次后,中班孩子渐渐掌握了方法,由"跟着学习"过渡到"主动参与";再例如,我们把混龄的形式融入幼儿早操中,以大带小,编排了歌表演《请你和我跳个舞》、《找朋友》等,幼儿兴趣浓厚,也取得良好的效果。

合理评价,及时反思与改进。要采用科学有效的评价方法。评价方法有介入式、整体式、片断式、过程和成果式等,评价形式主要有两种:教师评价和自我评价相结合。这种评价更适合中、小班,幼儿先说说自己的表现,然后教师再总结评价,起到主导性的作用;自我评价和同伴互评相结合。这种评价更适合中、大班,幼儿自己先说一说,异龄同伴再相互评一评、议一议。由于大班孩子对这种评价已积累一定的经验,应带动中班幼儿,重点在"参与的积极性、交往合作的情况、活动的效果"三方面进行评价,成为混龄活动评价的主要形式。要及时反思、调整与改进。有时教师在活动预设时想得不够仔细和全面,导致活动的过程出现诸多问题,通过对活动进行认真的分析与反思,总结出经验,能让下次活动更顺利地开展。

幼儿园开展混龄教育要转变家长观念,还要获得家长的同意、支持与配合。许多家长对混龄活动这一形式难以认同,担心认知水平不同的孩子在同一个活动里,自家的孩子在发展上会"吃亏"。因此,幼儿园应让家长了解混龄教育的目标、内容及组织形式,通过"家长开放日"让家长参与到活动中来,消除家长对混龄教育的偏见,同时也可以采取"召开家长会、举办家长学校讲座、深入家庭访问、办好宣传栏"等措施,解决家长的顾虑与担忧,为"家园共育,形成合力"打好基础。

当前,混龄教育在教材内容、组织形式、实施策略等方面还存在诸多问题,幼儿园不能盲目跟风,而应在各方面条件较成熟的情况下,有目的、有计划、有步骤地开展实施,为异龄幼儿之间的交往、合作创造更好的条件,促进幼儿更加健康、快乐地成长与发展!

农村中学的语文校本课程建设

陈月娥[*]

陈月娥[*]

基础教育课程改革已取得令人欣喜的成效,农村中学语文教学的校本课程建设也取得了长足进步。但是,由于各种因素的制约,课程资源匮乏的问题摆在了农村语文教师的面前,成为发展的瓶颈。建设具有地方特色的校本课程,是农村语文教师所面临的新课题。教师要放开眼界,勇于创新,开发与整合传统文化资源,拓展阅读写作与生活体验的空间,搭建广阔的教学平台,创设丰富的教学形式,促进农村中学课程改革向纵深发展,提高教学效益。

针对农村中学教育环境相对落后,教学硬件严重不足,与教育发展的总体形势不相适应的现状,语文教师要立足农村的实际,研究解决目前存在的问题,要彻底改变单一课堂教学的模式,更新自己的教学观念,充分发掘并且有效利用地方教学资源,建设具有农村特色的校本课程,促进农村中学课程改革向纵深发展。

农村中学语文教学的现状有哪些突出的问题呢?我们认为主要表现在以下几个方面。

农村中学的学生,各种课外读物的阅读量远远低于城市学生。这里受经济条件的约束,也有家长素养的影响,更有学校教师对学生阅读引导的严重缺失。长期以来,农村中学语文教学由于多种原因把教材视为唯一的课程资源。学生学习的唯一途径是课堂,重视课堂传授知识,轻视课外阅读及实践。首先,由于基础薄弱,教师们过分强调课堂知识的灌输及强化,把教材上罗列的知识点要求学生不断重复地进行机械的训练,以期获得比较理想的分数,严重扼杀了农村中学生的想象力和创造力,导致学生学习兴趣下降,阻碍了农村中学生语文素质的发展,甚至导致产生厌学情绪,形成恶性循环;其次,不给学生以正确的具体的指

---

* 陈月娥,福建省晋江市南侨中学教师。

导,放任自流。忽视学生课堂外的所见所闻及情感体验,忽视了语文是一门人文学科的学科特点。偶尔出于作文训练的需要,提倡"观察生活,实践体悟",但也仅限于口头指导,没有真正的实效;最后,课业负担所限,学生阅读与实践的时间被大量侵占,学生所能拥有的自由支配的时间非常有限,阅读与实践便成为一种奢侈的理想。

教育现代化要求教师观念现代化。教师教学观念没能随着时代的变化而及时进行调整,因此教学观念的转变显得尤其重要。由于外部保障不利于教师个体因素,使得教师深度学习受限,制约农村教师专业化的发展。农村教师的专业成长之路较之城市教师来得艰难,继续教育的途径比较少。

针对以上几个问题,我们应该如何合理开发资源?

《基础课程改革纲要》指出,课改的目标是:"改变课程中过于注重知识传授的倾向,改变学习方法上的死记硬背、机械训练,为学生的主动参与、乐于探究、勤于动手的能力的培养。"可以看出在新课程中,"人"作为最有活力的课程资源起着相当重要的作用。在课堂资源有限的情况下,我们应该深入挖掘学生及教师两大资源的潜能。

一、教师作为教学资源的自身潜能的开发,在课程建设中起决定性作用

走出家门,走出课堂,走进书斋。书籍的重要性不言而喻。阅读成为学生了解社会、感悟生活的一条最直接有效的途径。我们学校近年来根据上级主管部门的要求,大力推进教师的专业成长,加大对教师的职业培训力度。除了每年寒暑假的集中培训之外,还大量选派年轻教师轮流到大城市名校参观考察,教学观摩,教学交流。把教师每季度的绩效考评与读书学习挂钩,建立有专人管理的教师阅览室,通过行政手段监督督促教师研读专业书籍,汲取最新教育理论与教育名著的成果与智慧,定期开展教师专业论坛,交流学习心得与教研心得,促进自身专业成长。

提高自身素质,提倡终身学习,促进专业成长。随着基础教育课程改革的不断深入,对教师素质的提高提出了更高、更深层次的要求,教师应该从实践中反思,在反思中进步,尽快提高实施新课程的专业化水平。因此,校本培训是推进课程改革和促进教师专业发展的有效途径。

二、立足农村实际，开发本土资源，
融入传统文化，建设校本课程

　　打破单一课堂模式，开展书香校园活动，拓展学生学习视野。如我市 2012 年下半年中小学开展的"书香校园"读书活动，这一活动促进了校园的文化建设。我校也相继开展了"书香班级""读书先进个人"等评比活动，激发学生学习的热情。首先，在这种大环境下，可以发起"我为学校捐一本书"活动，将已经阅读过的藏书拿出来分享，班级也可由此建立图书角，促成图书交流活动的开展；其次，可以在更广阔的范围内开展"读书漂流"活动，让每个人的资源成为社会共有的资源；第三，学校可以量力而行，加大图书馆建设，根据调查研究，购买适合青少年阅读的图书。除此之外，教师可以开展丰富多彩的读书活动，培养学生良好的语文学习习惯。

　　以选修课为基点，以活动课为触角，开发本土文化资源，建设特色校本课程。多年来我校致力于优化课程结构，为现代化人才提供富有特色的培育基地和生长点，在探索中形成了"必修课、选修课、活动课"三大板块课程改革及若干重点学科课程改革模式，为校本课程的开发奠定了扎实的基础。校本课程是"以学校为本""以学校为基础"。校本课程是农村语文教学的优势之所在。那么，如何发挥校本课程在语文教学中的优势呢？其实校本课程就在我们身边。遵循语文规律，利用身边资源。走出课堂，观察生活。各地区都蕴藏着自然、社会、人文等多种语文课程资源。（一）走向自然：发挥农村特色，让学生走进大自然，从山川景物中吸取灵气。著名教育家夸美纽斯说："兴趣是创造欢乐和文明的教育环境的主要捷径之一。"让学生走进自然，从中获取他们的乐趣，从而受到教育。的确，教学活动与任何活动一样，都处于一定的环境影响之中，不和外界环境发生联系，处于真空的教学活动是没有的。学校可以定期组织学生进行户外活动，将三学年为期 20 天的社会实践活动落到实处；其次，语文课堂不仅仅局限于课堂，教师可以组织学生走向校园的角角落落，并充分利用学校周边的特色环境，在保证安全有序的前提下，进行户外采风；地处农村，一望无际的田野，绿荫浓浓的树林，鱼嬉虾戏的溪流，都是大自然的活教材。相信见识了大自然这一片广阔的天地之后，学生再次吟起"采菊东篱下，悠然见南山""无边落木萧萧下，不尽长江滚滚来"时，定能心领神会。（二）走向社会："生活处处是语文"。语文存在于生活的每个角落。家庭和社区可以为学生提供丰富的课程资源。农村家长的阅历和职业背景各有特色，教师应该充分利用这一优势，引导学生积极主动了解并参与其中。而家长也应尽可能带孩子接触大自然、接触社会，进行有效的社会实践。鼓励家长多找时间陪同孩子一起参与社区活动，多接触社区的人或事，帮助他人，收获见识，使社区活动成为学生观察社会的一扇窗户。同时还可以与社区的企事业单位联系，参加课外实践活动，进行研究考察。比如农村农产品的生产，鸽群的饲养等，通过观察学习，学生具有一定的生活经验之后，对学习生活中碰到的一些书面知识理解更深刻。这也将促进学生写作能力及语言表达能力的提高。（三）传统文化进课堂："课标"在总目标中提出："在语文学习过程中……逐步形成积极的人生态度和正确的价值观，提高文化品位和审美情趣。认识中华文化的丰厚博大，吸收民族文化智慧。"新课标指出：语文课程是工具性和人文性的统一。倡导的是正确的态度、情感、价值观在语文教学中的渗透，重视人文素养的培养。本土艺术往往历史悠久，能体现本地的风土人情，具有极高的艺术价值。例如闽南文化中的南音，是中国现存最古老的乐种之一，也是我国古代音乐保存比较丰富、完整的一个大乐种。南音富有独特的民族风格和浓郁的乡土气息。除此之外还有梨园戏、高甲戏、芗剧（歌仔戏）等等。2012 年年底，泉州木偶剧团进我校演出《红岩》木偶戏，让学生深切地领略了闽南传统戏剧独特的魅力，而我们也尝试把传统地方戏剧，与闽南民俗文化的探究性学习相结合，并且作为写作教学的一个崭新平台，让学生写地方传统剧目观后感，改写剧本，以及民俗文化"大起底"等丰富多彩的语文活动，学会创作交流，学会推介传播，学会探究合作，极大地激发了学生对传统文化与语文学习的兴趣，也提高了学生自主学习探究与实践的能力。

　　综上所述，我们在农村中学基础课程改革与建设的探索与实践中，既面临着新的挑战，也迎来了自身发展的机会。在这个过程中，有困难与困惑，更有收获与喜悦。在新课标下的中学语文教学一定要走出课堂，走进书斋，走向社会、自然与生活，与传统文化相融相生，还原其生活的本色，汲取丰富的文化营养，才能够真正浸润涵养，启智育人。建设具有特色的农村中学语文校本课程，既可以把有限的教学资源最大化，又能够促使教师自身专业成长的飞跃，更能够促进农村中学语文教学效益的有效提高。我们任重而道远，但是却充满使命感与荣誉感。

初中语文现代文阅读教学方法分析

郑秋娟[*]

随着新课标的不断推进,初中语文现代文阅读教学也有了新的进展。我们知道,语文现代文阅读在初中语文课程教学中占有十分重要的地位,它是初中生综合应用语文知识和技能的有效表现。但是,现在许多初中生在面对现代文阅读时都皱起了眉头,而初中语文教师也同样对现代文阅读的教学感到许多压力。要想彻底改变这一情况,解除初中师生的心头病,这就需要我们的初中生和教师充分认识到语文现代文阅读教学的重要性,结合新课标的相关理念,齐心协力共同把初中语文现代文阅读拿下。本文主要从明确主题,整体感知文章内容;在提升初中生分析能力的前提上,增强初中生的现代文阅读评价的能力;增强初中生的文化意识,培养思想深度;适当运用多媒体课件辅助教学这四个方面来进行分析研究。

一、明确主题,整体感知文章内容

在初中的语文现代文阅读教学过程中,对现代文进行学习应该注意对文章中的字、词、句的学习、理解和掌握。在通常的情况下,语文教师应该注重引导我们的初中生对课文中的字、词、句的理解和掌握,要注重要求学生多读、熟读文章,深入地理解文章的主要内容。接下来,教师便可以开始具体且详细地讲解全文,并且应该注重引导学生抓住文章中重点的字、词、句来感知课文的含义,从而促进学生在整体上去把握课文。例如,在对鲁迅先生的《风筝》这一篇课文进行教学的时候,教师应该要先引导学生了解《风筝》这一篇课文当中

---

* 郑秋娟,福建省霞浦第一中学教师。

的生字词,再初步阅读课文且画出文章当中的生字词和重点语句。再要求学生要多读课文、熟读课文,进一步加深对整篇课文的理解,从而达到促进后面对文章学习的目的。然后,教师就可以开始引导学生对特殊的字词以及重点的语句进行着重的讲解和分析。比如,在《风筝》这一篇课文中,教师可以引导学生画出描写作者心理活动、语言的词语及句子,从对作者自己的心理活动的描写以及语言描写等的方面来解析全文,同时应该注重引导学生分析作者的心理,从中去感受作者当时是什么样的心情?最后,教师再来让学生进行课文中心意思的归纳。这里我们可以采取形式多样的归纳方式,如有小组讨论归纳、独立口头发言归纳、笔记归纳等。这样,教师不仅可以利用提问的方式来促进学生的学习课文的积极性,还可以让学生全面发挥他们的学习潜能,在培养初中生的现代文阅读的水平和能力的同时,也激发了学生对现代文阅读学习的兴趣。

二、在提升分析能力的前提下,增强学生的现代文阅读评价的能力

当学生对现代文都已经有了一定的认识与掌握以后,教师应该着重训练学生对现代文的分析以及理解的能力。而对学生分析、理解能力的训练和整体理解课文的过程也是相互作用、互相补充的。再以鲁迅先生的《风筝》这一课的教学为例,当学生已经把握了全文以后,可以引导学生把课文结合故事情节划分为若干个部分,同时要求学生仔细阅读课文。在该文中,可把文章按照作者的心理变化划分为:“惊异、悔恨、补过、悲哀”这四个部分,然后教师便可以带领学生对这四个部分的相关内容实施详细的分析,全面把握课文的思想感情。

对这一篇课文进行细读,全面解析以后,教师身为主导者,应该对学生的现代文阅读评价水平进一步增强。就这篇文章而言,可以通过使学生回想在他们自己的成长道路上有没有过类似的感受,然后要求学生结合自己的实际感受以《我的哀愁》为题目,进行作文。在写作的时候,引导学生静想一下自己与之相关的事例,更深入地体会文章作者的愁绪,促进达到情感上的共鸣,深化对课文的理解和认识,提高对其的评价能力。

三、增强学生的文化意识，培养思想深度

　　初中语文不仅是中国语言教学的载体，还是我国文化教育的关键载体。目前，在我们初中的语文教材中就有着许多的文章有着非常深厚的文化内涵，是学生体验中国文化精神，吸收知识营养的关键途径，是学生建立自身文化观念，提升自身思想高度的前提。倘若学生能够真正地感受到课文中不同的文化精神内涵，体会到文章作者本质的情感诉求，理解到课文中的文化含义，那学生的思想观念势必会获得突破。这样一来，高分数高能力就不再是一句空话了。想要在语文现代文的阅读中取得优异成绩，学习技巧只是外在手段，而知识涵养才是内在的强大助力。所以，语文教师一定得坚定地将素质教育充分地实施，以增强初中生综合素质，在平常的现代文阅读课堂教学中，应该把课本作为基点，升华课文中的文化思想教育，将文化这个代表人类文明的根本方式，当作初中现代文阅读教学的关键点。例如在《风筝》这篇课文中，语文教师可将文章中战争时期的文化背景当作阅读教学的重点，引导学生从课文中发散思维，体会当时作者的心理，从而引发学生进行想象，更透彻地理解课文，还可进行爱国主义情感教育。

四、适当运用多媒体课件辅助教学

　　现代科技的日新月异，现代文阅读的教学手段也应不断更新。可以利用先进的、具有良好教学效果的手段，而多媒体的使用正好体现了这一点。多媒体课件直观形象，可以让重点和难点一目了然，可以节约很多的时间，提高现代文阅读的课堂效率。而且可以让教学方式变得简单、生动、易于接受。更关键的是多媒体在现代文阅读教学中的运用，具有画龙点睛和突破难点的功效。语文教师在教学中都会遇到重点、难点，学生也学得吃力，效果很不理想。而多媒体的使用正好可以突破这一点。例如笔者在教学《山的那边》这一课文时，当时笔者就在想，要如何才可以使学生理解课文作者的借物抒情的心志呢？后来我借助于多媒体，先是利用大海的辽阔美丽录像突出课文重点，再配上美好的乐曲，来凸显大海的无边之美；接着再现山峰的高险难攀，从而突破难点：让学生体会到作者不惧艰险、勇往直前的崇高精神。最后利用一些相关文字和图片巩固教学难

点。利用多媒体教学现代文阅读,可以更好地向课外延伸,让学生接触更多更广的世界,从而扩充知识量。

五、提高初中语文现代文课外阅读教学的有效性

在新课程的理念之下全面进行初中语文课外阅读是开放式语文教育中十分重要的一个部分,同时还是有效增强初中生现代文阅读水平的关键渠道之一,并且也适应新课标下对现代文阅读培养的实践需要。那么,要怎样运用新课标的相关理念引导学生展开现代文课外阅读,增强学生的现代文课外阅读能力,增强现代文课外阅读的实效性呢?教师可以从以下几个方面来入手。第一,激发学生的兴趣,挖掘资源。要想能够提高学生的现代文阅读能力,首先就要培养学生对现代文的阅读兴趣。兴趣是最好的老师,培养起了学生对现代文学的阅读爱好,阅读方可达到事半功倍的效果。第二,提高现代文课外的阅读学法,现代文的课外阅读不同于课内阅读,学生面对的不是课本,而是教师推荐的或者是自己选择的书籍。虽然这一过程看似自主了,好像只是学生自己阅读,不需要教师参与,但其实教师还是应该帮助学生做好很多现代文课外阅读前的准备事项,做好现代文阅读的相关引导,这样会使学生的课外阅读有效得多。第三,教师要注重培养学生课后阅读的自主学习的能力。语文教师只是一个引导者,学习内化的过程还是由初中生自己决定的。所以教师应该有效地引导学生,让他们对课外的读物产生兴趣,培养起学生课后阅读的自主学习的能力。促使我们的学生能够提升现代文阅读的水平。

主要参考文献

孙连平、陈俊香:《还学生广阔舞台　显课堂精彩魅力——谈自主、合作、探究的初中语文阅读教学模式》,《德州学院学报》2011 年第 7 期。

查柳绒:《初中现代文阅读教学》,《陕西教育》2010 年第 3 期。

朱国钦:《初中语文现代文阅读教学有效性探究》,《福建基础教育研究》2010 年第 10 期。

朱韶华:《高中语文第一册现代文阅读教学目标研究——布卢姆教育目标分类学视野》,《山西教育》2011 年第 9 期。

农村小学口语交际课的教学策略

口语交际说白了就是训练学生的口头表达能力,它要求学生在课堂上说清楚、说透彻、说详尽,能说开去一个话题。农村小学生是在地方语言的环境中成长的,口语能力弱,所以,农村小学口语交际课上,教师的引导是至关重要的。口语交际课贵在教师的激发,巧在教师的引导,着力互动,立足有效交际。目前,在农村小学的口语交际教学中,许多教师还流于走马观花,存在老师问学生答的对话式口语交际现象,有些教师尽管意识到口语交际是听与说双方互动的过程,但低效、无效、甚至虚假的互动仍很严重。现根据自己一年的探究,结合学校开展的这一专题的研讨,浅谈本人的几点陋见。

一、从兴趣入手,使学生乐于交际

布鲁纳说:"学习的最好刺激是对所学材料的兴趣。"要使学生愿说、乐说,就要调动起学生的兴趣。

利用多媒体激起学生交际欲望。多媒体具有生动、形象、逼真的特点,它能让学生产生身临其境的感受,学生十分感兴趣。在口语交际课上,教师要尽可能地利用多媒体教学,激发学生的交际欲望。如六上的口语交际《走近动物世界》,老师利用多媒体播放各种生动形象的动物图画,生动活泼的画面和音乐,变抽象为形象,变模糊为具体,最大限度地调动孩子的各种感受器官,学生开始生动地讲述有关动物的故事。

故事引入激起学生的共鸣。用生动的语言去讲述内容,能激起学生的兴趣;

教材上的一些内容或一些画面通过故事的形式描述出来,会更形象地进入学生的大脑,激活学生思维,产生情感共鸣,从而增强表达的欲望。如三上的口语交际《动脑筋解决问题》一课时,为了打开学生的话匣子,我这样描述:"伟大的发明家爱迪生从小就特别爱动脑筋,是个聪明的孩子。一天晚上,他的妈妈生病了,医生说要马上动手术,可屋里光线太暗,根本没法做手术,爱迪生看见镜子中跳动着的烛光,就跑到邻居家借了许多面镜子和蜡烛。他把点燃的蜡烛放在桌子上,又把借来的镜子摆放到桌子的四周,让所有的烛光都反射到妈妈的病床上。屋里就像点燃了无数根蜡烛,顿时明亮了起来。医生顺利地完成了手术,挽救了爱迪生妈妈的生命。是呀,生活中每个人都遇到这样或那样的麻烦,请同学生们想一想,你们曾遇到过哪些不便之处?你是怎么解决的?先在小组里讨论讨论。"在爱迪生小时候故事的影响下,学生热情高涨,很快打开了话匣子。

二、创设情境,让学生轻松交际

生活是口语交际最好的情境。教师应采用多种方法创设口语交际情境,营造轻松自如的交际氛围,让学生在轻松自如的情境中实现互动交际。

再现场景,演一演。生活是口语交际的源泉,努力创设贴近学生生活的交际情境,通过模拟表演,能充分调动学生的积极性,巧妙地使他们进入特定的情境中,在互动交流中提高口语交际能力。如三下的《夸一夸》一课,创设情境一:晓美今天轮到班级打扫卫生,可早上来迟了,眼看就要上课了,晓美很着急,丽丽看出了晓美的心思,主动帮助晓美打扫,谁来夸一夸丽丽。情境二:放学时,丽丽的妈妈来接她,晓美当着丽丽妈妈的面夸奖了丽丽,现在,老师来当丽丽的妈妈,谁愿意当晓美和丽丽?通过表演把交际引向生活实际,使学生一下子就进入了交际情境中,在互动交流中学生的倾听、表达和应对的能力都到了锻炼。

体验生活,访一访。如六上的《珍惜资源》一课,该如何让学生双向互动起来呢?可将学生分成几个小组用不同的形式,去不同地方,如采访林业站领导、厂区调查、访问群众等形式分别调查水资源、大气资源、森林资源。让学生自己去体验生活,在实践中积极锻炼自己的口头表达能力,增强交际本领。而课堂上,先问大家调查访问时都看到了什么,听到了什么,再互相问一问:"为什么小溪里的水会变成这样?""工厂排放的污水到哪里了?""我们该怎样珍惜资源?"等。

三、注重点拨,使学生大胆交际

　　农村小学生是在地方语言的环境中成长的,口语能力弱,在使用普通话与人交往时,无论是交际能力,还是交际态度都比较薄弱。口语交际课上,常常出现结结巴巴、语病迭出、无话可说等现象。这就要求教师进行点拨、引导。在教学《教你学一招》时,有位学生小组轮到他说时,坐在那儿一言不发,我知道他是自尊心很强的孩子,此时批评他无疑是落井下石。我想了想,对他说:"铭翔,你上次跟教师说,你会帮弟弟洗尿布了,你就和同学们说说你怎样洗尿布的,好吗?"他一听,眼睛一亮,神气地向同学介绍起来。看到他从垂头丧气到精神专注、思维活跃的变化,我庆幸自己没有责怪他。

　　对于点拨的艺术,著名特级教师于永正为我们作了很好的示范。他在为六年级小学生上一节口语交际课时是这样点拨的:

　　师:你们面对着我这位陌生的老师,想了解什么? 想问老师什么?

　　生:老师,你姓什么?

　　师:你的意思我明白,但是,说话在明白、清楚的前提下,还要有礼貌,让人听了舒服。

　　生:……

　　师:想想平时在生活中,在电视、电影中看到的。

　　生:(恍然大悟)老师,请问您贵姓?

　　师:(高兴地)还想问我什么?

　　生:请问您叫什么名字?

　　师:这个问题怎么问能让老师听起来顺耳?

　　生:请问您尊姓大名?(笑声,赞叹声)

　　师:这样问既明白又得体,给人一种谈吐文雅的感觉。

　　于老师前后两次的引导,不仅使学生大胆交际,还培养了学生文明和谐地进行人际交流的素养。

　　口语交际训练中,总存在交际困难的学生,教师必须为学生提供一些必要的语言、内容上的支援,甚至要为学生作示范,通过引导、示范使之受到有效训练。

　　总之,教无定法,教学有法,口语交际课无论采用哪种训练形式,都要得法,以实现有效互动。

语文课的评课构想

黄永俊[*]

为了让评课发挥出它应有的作用,本文从听过的众多语文课堂实例入手,参考语文名家的相关著述,结合众多语文课的评课实践,思考并理出了一套可操作的评课策略:首先要求抓住"课标"和学科特点作为基本的原则;其次寻找最佳的评课切入点,亦即教学内容是否重点突出、教与学是否趋向一致、课堂是否有独到的闪光点等这样一些视角;最后应注意评课的一些细节事项。以此思路,感受语文课堂、真情实感地评说,进而达到评课之于教研的效果。

有哪个教师不曾参与过评课? 对于评课,教师们无不熟悉。尤其是语文课,就是非语文教师也能听懂一二,甚而说三道四一番。因此,语文教师如何评出专业水准,评出语文特色,评出该有的教学效应,让评说语文课真正发挥它在整个语文教学活动中的作用,成为语文学科教研活动的一个重要环节,这是每一位语文教师必须面对和认真思考的一个必要课题。

一、把握基本的原则要求

评课,其实也就是对一节课优缺点的评说。一节语文课,到底好在哪里,不好又在哪里,我们应先从宏观上去把握评判。

遵循《语文课程标准》。用"课标"来衡量一节课的做法教师们并非不懂,关键是,如何用好这个"标准"又容易被教师们所忽视。很多评课教师都会拿"知识和能力"、"过程和方法"、"情感态度和价值观"这个"三维目标"来对照评说,殊不知,如此使用"标准",常会给人一种冠名、贴标的感觉,因为它未免太过笼统和空

---

* 黄永俊,福建省莆田市教师进修学院教师。

泛。教师一般都清楚"三维目标",而具体的"课程目标"和"实施建议"就未必了然于心。比如,九年义务教育是按学段细化目标,高中是按照必修"阅读与鉴赏""表达与交流"和选修"五个系列"分别设置目标。"实施建议"分为"教学建议"和"评价建议",义务教育阶段是从"识字写字"、"阅读"、"写作"、"口语交际"、"综合性学习"五个方面阐述,高中阶段则和目标对应。评课时,应该拿这些细化标准或要求来比照。一节课属于哪个阶段的知识范畴,应该完成哪些具体的教学目标,这不是授课教师随便设想的,而应该符合"课标"的具体要求。我们的评课,应该时刻把是否达标渗透在具体的评说之中。只有凭借"课标"这样现阶段相对一致认可的标准来评说,才会给人靠谱的感觉。

　　要看课堂的语文味。既然是评语文课,那这个课就一定得是一节完完全全的语文课。之所以提这样的基本原则,是因为课改后的语文课堂会时不时地出现偏颇。有一些公开课交流课,看上去特别异彩纷呈,诸如学生表演节目、主动参与交流、小组讨论等,看似鼓励学生自主学习,但事实是活动多了,读写少了,那些热闹的场面,并不一定能够提高学生的语文素养。把语文课上成了活动课,那显然是偏离了学科的基本要求。又比如,一些语文课上使用的多媒体视听资源,看上去赏心悦目美不胜收,但细一思量,有些多媒体的内容与"语文的"关联不大,对学生的听说读写没什么帮助,甚至对文本的解读反而会产生一些负面的影响。因此,我们在评课时,就得要关注课堂上教学的内容是否是语文的,并且,要把这个基本原则贯穿于一节课的始终。语文课不要演绎成德育课或其他课,语文课就上语文,它呈现给学生的,始终应该就是语文的东西才对,这是评说一节语文课时要考虑的一个最基本的内容之一。

二、找准切入的角度视点

　　评课从某种意义上说可以是见仁见智的,正所谓"横看成岭侧成峰",不同的角度就会有不同的效果。那么,如何把语文课评说得精彩一点? 评课者就必须思考一下评课时的切入点,如果能够寻找到最佳的视角,那就能够评出最佳的效果,评出专业素养,评出评课的功用。

　　教学内容是否重点突出。由于教学方法比之教学内容更为显性,更容易让人感觉到其优劣之所在。因此,很多教师在评说一节课时,有一种惯性思维,总喜欢去评说授课教师"该怎么教"的方法问题。其实,方法固然必要,但是方法毕竟是从属于内容的。如果一节语文课,教学的内容有偏颇,那么教师教得再精致、再精彩,课堂气氛再热烈、师生互动再活跃,都是不成功的。因此,评说语文课时,首先要考虑的不应该是方法,而应该是这节课的教学内容。那么,我们要怎么去评说教学内容呢? 其实可以复杂问题简单化。抓住一点,也就是,从"教学重点"是否突出这个视角来思考评说。这与我们常谈到的,教学重点的设置并不完全一致,我们要评的,应该是侧重于看授课教师对教学重点的落实情况。因为多数语文课,授课教师的教学重点设定是准确的,关键是授课过程中兑现的程度如何。我们要评说的,就是一节课是否有集中精力来解决重要问题没有。从接触的大量课例来看,我们的许多语文课,通常都内容偏多,看起来什么都有了,其结果却是什么也没有教、什么也教不会。比如"写记叙文",从小学一年级学说一句话开始,一直到九年级初中毕业,甚至高中毕业,学生仍然写不好一篇记叙文。十多年的语文课让学生写不出一篇好的记叙文,只能有一种解释,那就是没教到位。所以,评课时可以从"重点是否突出,内容是否集中"这样一个课堂的基本要求去观察评说。以前我们常说的支离破碎的解读课文,就属于内容过度繁杂,重点不够突出的问题;有的课,教师的问题一串串,这很容易导致重点不够突出。这些都是我们在评课时应重点关注的。

教与学是否趋向一致。一节好的语文课,标准其实很简单,不要被众说纷纭的评判所蛊惑。好不好? 听学生的,学生说明白了有收获,那就是好! 基于这样的思路,评课者评说时可以考虑两个层面的问题。之一,"想教"和"真教"趋向一致。教师在写教学设计时一定会有"教学目标",即"想教什么",但这还仅仅是良好的愿望。在具体的操作过程中,常常会出现不同程度的偏离。正所谓当局者迷旁观者清,作为旁观者的评课,应该很清醒地去评说——授课教师想教什么与在课堂里实际在教什么之间是否趋向一致。比如一节"略读、浏览能力培养"的语文课,教师会设定"学会从文中捕捉重要信息"的目标,但有时候教着教着,就会不知不觉地偏离到对词句理解或者内容探究的阅读常规上去,这时候,原本想要教学的目标也便出现了偏差。因此,评课时,应该更多地去关注授课教师原本想教的内容是否落实兑现了没有。之二,"教了"和"学了"趋向一致。本来让学生在课堂上学到知识是毋庸多言的,然而语文课却经常出现教学效果不明显的现象,很多教师也很少去印证自己的教学效果,因而语文课堂的效度不高也就备受人们的诟病。如果真要评说"教了"和"学了"的一致性,那应该在听课时就作好准备,也就是说,在听课时应该有意识地去换位思维,主动错位,让自己不时地以学生的姿态,去感知授课教师的讲解。这样,就会清楚学生实际在学什么,学了多少,就能够较为真切地感受到学生的学与教师实际的教趋向是否一致,也就是有没有学到或学会了什么? 评课时,如果能够从教师"教什么"与学生"学什么"的关联性这个角度思考,那也就是关注、评说了语文教学中存在的某些常态缺失,这对提高语文的教学水准是很有促进意义的。

课堂是否有独到的或者特色的东西。说到特色,很多评课的教师还是会习惯性地往教学行为方面去考虑。当然这样考虑也并非不对,只是容易落入俗套,说着说着就不知不觉地往每个学科的共性上去靠。因此,这里提到的特色,仍然是指向于语文教学内容这个含义上的。从教学内容上看,就是看授课教师有没有对语文教学内容的选择与创生,也可以理解为是教师"实践性知识"的显现。通俗地说,也就是我们常讲的,语文课堂知识的生成性。这一点,不是每个评课教师都会去关注的,而这些随堂生成的知识,也正是一节课当中闪光的地方之一。能抓住这些闪光的内容来评说,那评课者的评说也就跟着闪光了。

当然,在评说这些内容时,评课者得关注授课教师在课堂上开发和张扬的限度。要把握这个度,仍然应该以"语文课程标准"为依据。评课者可以把某堂课在哪个生成性的内容上,实现了或接近了课程目标中的哪一条目标及其程度,放在评说的重要位置上。这样,便可以很好地展示出我们评课者的慧眼。当然,不是每节语文课都一定有"内容的创生",但你还是要用你的慧眼去发现其他有特色的闪光点加以评说。抓住了闪光点,你的评课就会发亮。

三、留心评说的细节事项

除了上面谈及的"原则要求"和"切入的角度"外,一次好的评课,还应该注意一些事项。

评课者是否评出语文的内涵。我们要求上语文课要有语文味,同样的道理,评语文课也得有语文味,否则,就显得没有语文的技术含量了。语文课不是什么人都可以评说的,必须得有专业准入要求。而要做到这点,语文教师的评课就要紧紧抓住语文的内容或语文知识来评说。只有这样,才能让其他学科的教师觉得,语文评课也是有门槛的,不是随便什么人都可以信口开河的。

不要过多谈论自己的设想。评课不是说课,是评说别人家上的课,不是叫我们来设计这节课。一些教师在评说一节课的不足时,会情不自禁地按自己的"教学设想"去要求(建议)授课教师体现他原本就没有想过要教的东西,喜欢替授课教师来重新设计课堂教学内容,似乎这样显得自己很有见解。殊不知,这样的评课早已经成为了不切题的评说了,就像作文一样,不扣题或离题的文章都不是好文章,尽管你写得多么精彩。

结合一些数据评说会更有说服力。听课的时候要注意记录一些数据,比如,各环节、各教学内容的时间分配,教与学完成的量等。在评说的时候,适当引用这些数据是很有意义的。而我们语文课的评说,更多的时候都是凭直觉,有太多的感性成分和不确定性。如果评课中注意使用量化数据,你的评说就会增加相当大的可信度和说服力。

避免落入俗套,面面俱到泛泛而谈。评课在精不在多,关键是要点到要害、评出特色。如果都是优点一二三,然后再说一些无关痛痒的改进之处;或者从教学目标到课堂设计说开去,大而全;或者说些什么设计合理、环节齐全、互动合作、生动有趣、板书工整等这样的八股式套路,都将失去评课的真正意义。

形式可以不拘,但内容要参照比赛的规则。如果把评课作为教师技能比赛的一个项目,那必然就会有比赛的规则。你可以按部就班参照规则标准一点一点地去评,但这样评说会显得沉闷些,最好是别出心裁。其实可以把评课当作一段即兴演说,只要你记得把比赛的标准或规则巧妙地渗透进你的评说当中,抓住一节课中你感受最深的一些地方浓墨重彩地点评,既兼顾规则又主次分明,同时,言辞尽量华美,那么,就越能够评出听众的好感与认同。

总之,语文课的评课应该是一种极富个性化的活动,就像教无定法一样,评课也应该是没有什么条条框框局限的。一个优秀的评课者,他会用其独具的慧眼,明辨是非优劣,并以饱满的激情去感应语文课堂上师生的心灵,进而发出最为诚恳而独到的肺腑之言。

在教学中激发中学生的阅读兴趣

曾志英[*]

　　"粗缯大布裹生涯,腹有诗书气自华。"(苏轼《和董传留别》)阅读,对一个人的成长有着不可估量的作用。当代著名教育家朱永新说:"一个多读书的人,其视野必然开阔,其志向必然高远,其追求必然执着。"阅读,如此重要,作为一名教师,本人对阅读有了新的思考和感悟。笔者在参加"双语"培训过程中,践行作文能力训练时,明显感觉到,那些阅读能力较好,积累较丰富的学生在训练作文能力时得心应手。而阅读积累不足的同学,面对作文时仍感力不从心,即使有了方法和技巧,仍感叹"巧妇难为无米之炊"。由此看来,要想提高他们的作文能力,提高他们的语文成绩,进而提高他们的文学素养就必须在阅读这个方面费点心思,让阅读在教学中绽放美丽。常言道:厚积薄发,就是这个道理。要想表达能力(包括口头表达和书面表达)出众,就必须有丰厚的积累才行。积累最直接最简易的方法就是阅读,而兴趣是最好的老师。那如何激发学生的阅读兴趣呢?笔者认为可以从三个方面来激发学生的阅读兴趣。

一、利用教师的课堂魅力及人格魅力激发兴趣

　　作为一名语文教师的最大本事不是一节课上得如何行云流水、如何丝丝入扣,而是能够尽展语文的魅力,打造魅力课堂,让学生们喜欢上语文,喜欢上阅读,那才是一位教师的成功之处。记得一位教育界人士说过:好课之所以"好",往往并非面面俱到,而是教师凭自身的智慧与个人专业特色去赋予课堂以独具的魅力。这魅力可以吸引学生去主动阅读。而课堂教学的魅力可以体现在一个

---

　　* 曾志英,福建省莆田文献中学教师。

好的教学设计上,也可以在于精炼的教学语言,或者是巧妙地对学生进行人文教育上。以笔者上《伟大的悲剧》为例。这篇文章篇幅较长,可感可教可学的实在是很多,但是课堂时间有限,学生的精力有限,只能忍痛割爱,择其精要感受思悟。笔者一反常态,不按惯常教学思路,引导学生寻找"悲剧",继而感受"伟大",而是让学生用一句话概括全文的方式,引导学生整体感悟,并训练他们的概括表达能力,接着以文章所引用的斯科特日记为导引,让学生围绕每则日记寻找最感动敬佩的情节的方式,直入文章内里,使得学生的感知思维切中肯綮。以"一个人物———一处细节———一种品格"作为支点,引导学生学会分析人物形象,训练了学生的分析表达能力。至此,学生们对课文的理解深刻了,对文中所写的人物的内心世界的感受也准确了。于是,布置了作业:"每个人心中都有一个'斯科特',请你们课外收集这些失败英雄的故事,把他们的事迹集中起来,分别在课前3分钟里一起交流分享。"不想这一下子激起了学生们的阅读兴趣,在接下来的几周里,"课前3分钟"交流分享了很多失败英雄的故事,如项羽、荆轲、岳飞、拿破仑、尧茂书、刘玉田等。学生们在分享时能够有自己的想法和评论。

除了打造魅力课堂外,教师也可以利用本身的人格魅力激发学生的阅读兴趣。"子曰:其身正,不令而行;其身不正,虽令不从。"孔子最早倡导以身作则。一个好的教师,在学生眼里就是智慧的象征、人格的象征,他的思想、品质、言行举止,每时每刻都在影响、感染、熏陶学生。"身教重于言传",教师应言行一致,言传身教,要求学生做的,自己首先做到。因此,只要教师自己是个喜欢阅读的人,就能够以身作则吸引学生喜欢上阅读。笔者不但自己喜欢阅读,而且经常会把一些精彩的作品推荐给学生,或是把作品中一些精彩的段落朗读给学生听。如理查德·巴赫的《海鸥乔纳森》,杨澜的《幸福要问答》,亨利·梭罗的《瓦尔登湖》,李娟的《冬牧场》,龙应台的《目送》等等。笔者还经常写些读书随笔,选择性地放在QQ空间里让学生阅读、模仿。如《孩子,你慢慢走》《我是海鸥乔纳森吗?》等。渐渐地,学生的周记里开始出现了读书笔记、随感,有的也会跟我探讨作品中的人物形象,比如《青春之歌》里林道静的心路成长历程,林红是不是江姐,《红楼梦》里的林黛玉、薛宝钗的性格等等。

二、利用课本里的经典文本激发兴趣

能够收入初中语文教材里的文章,都是古今中外的经典之作,都有深厚的内涵和贯通古今的外延。对训练学生的听、说、读、写能力和培养学生的人文素养很有帮助。如果能够利用这些经典文本激发学生阅读作者的其他著作或其他作者的同类作品的兴趣，那么这样的一节语文课也是成功的语文课。鲁迅，大家最熟悉的就是他的《自嘲》诗里"横眉冷对千夫指，俯首甘为孺子牛"，或是《自题小像》里"寄意寒星荃不察，我以我血荐轩辕"。他给人的印象就是如他的那根根向上直立的头发，刚硬、不屈。而这样的人笔下的《从百草园到三味书屋》、《风筝》等作品展现的风格和人情却是完全不一样的。由此激发了学生们在教师的引导下自觉主动地去阅读《朝花夕拾》；由泰戈尔的《金色花》和冰心的《荷叶——母亲》去阅读《飞鸟集》《繁星》《春水》；由琦君的《春酒》去阅读迟子建的散文，张晓风的散文等等。

三、利用语文活动的设计举行激发兴趣

一个班级里，总有一些学生的学习习惯很不好，对学习缺乏兴趣和信心，要想光靠教师的个人魅力和语文魅力来吸引他们亲近语文、享受语文，难以尽如人意。于是，笔者就通过设计一些语文活动来营造一个比较浓烈的阅读氛围，影响带动这些学生开始阅读。比如，笔者在班上每隔一周举行一次"书韵流香"读书沙龙活动，本着"阅读·交流·分享"的目的，由笔者先作示范，交流分享所阅读的一些文章或书，其实是给他们一种推荐分享的模式，让他们知道自己应该怎样组织恰当的语言来表达自己想要说的话。通过几次活动训练之后，慢慢地，大家就争着上去，只要动作稍缓一下就失去了上台的机会。可喜的是每次总能出现好几个"新面孔"。大家交流分享了雨果的《巴黎圣母院》、笛福的《鲁滨孙漂流记》、海明威的《老人与海》、凡尔纳的《海底两万里》，还有罗广斌、杨益言的《红岩》、林海音的《城南旧事》、老舍的《骆驼祥子》等等。笔者坐在最后一排努力地倾听着，为了总结时能言之有物，能抓住每位同学的亮点进行点评。总结好了，接下去的读书沙龙才会越办越好。同时，让学生给自己设立一个阅读银行，把每次阅读的书目登记下来。在读书沙龙这个活动如火如荼展开间，学生们的阅读银行里的"存款"与日俱增。到了期末，按大家的"存款"数目评比出"福布斯精神财富排行榜"，名列头十名的学生，排行榜红单上墙，外加奖品一份。渐渐地，学生们的阅读兴趣就被激发开来了。

综上所述，笔者认为，在教学中如果能够充分地运用每位教师自己本身的优势及智慧，点燃学生心里的明灯，照亮阅读的天空，相信"书卷多情似故人，晨昏忧乐每相亲"，相信"书痴者文必工"。那么，学生的作文能力，文学素养自然不在话下了。

智障生学习语文的生活化

巫千金[*]

本文通过对特殊学校语文教学的实践和研究,发现智障生在学习语文方面存在感知速度慢、感知范围小、缺乏思考、不善理解、记忆缺陷等现象。针对智障生以上身心特点,如何做到语文教学内容和教学方式生活化以及参与社会实践,把语文知识应用于社会,从而提高智障生生活适应能力,为将来适应社会、融入社会打好基础,是我们教师的重要职责。

特殊学校最终教育目标就是要把每个智障生最大限度地融入社会,使之适应社会,生存于社会,立足于社会。实践证明:智障生对于课本抽象的知识难以掌握,走向社会后不能自食其力,不能适应家庭和社会生活,只有选择适合学生将来生活的内容进行教学,才有可能使他们更好地生存于社会。因此,我们要使智障生的语文教学贴近现实生活,把教科书与智障学生生活融合为一体,让智障生在生活中学语文,在语文中悟生活,为他们今后能将所学语文知识应用于生活中,作好融入社会的准备,从而提高智障生的生活质量,使智障生能享受生活的幸福,享受生命的快乐。本人结合多年从事智障生语文教学的实践,谈谈几点体会。

一、智障生学习语文存在的缺陷

智障生由于大脑活动障碍的原因,他们从外界获得的知识是贫乏的,客观事物在他们头脑中留下的印象比较少,或残缺不全。

智障生对外界事物的感知速度慢、感知范围小,感知能力明显落后于正常儿

---

* 巫千金,福建省宁化县特殊教育学校教师。

童。一般智障生的眼光呆滞、无神,智力落后的程度越深,这种现象越明显。感知上的缺陷表现到语文学习上,智障生对生字词的学习,对句子和课文的理解,对课文阅读的速度,都是比较缓慢的。

智障生对直观的材料缺乏丰富的思考,思维呆板,不善联系。阅读课文时,每一句的意思能够理解,把几个句子联系起来,理解就困难了。

智障生记忆方面缺陷严重,识记慢,遗忘快,再现困难。由于智障生识记的速度非常缓慢,对新鲜信息的接受造成困难,对学习内容的保持很不稳定,制约了他们的学习。

二、智障生语文教学生活化的措施

智障生的这些身心特点决定了我们在进行智障生语文教学生活化中要采取如下措施。

(一) 语文教学内容的生活化

语文是一门培养智障生学习和运用语言文字的学科,语文教学离不开学生的生活,而语文教学的生活化能让智障生获得生活经验,促进他们生活适应能力的提高。这就要求作为特殊学校的语文教师,从智障儿童终身发展的需要出发,依据自身的学科特点与智障生的实际生活结合起来进行教学,建立以生活适应为核心的课程目标,确定适合智障儿童特别是中重度儿童特点的教学内容。

在特殊教育中,智障生多伴有多重障碍,如语言缺陷、行为笨拙、反应迟钝等,对知识的吸收,语言的理解及运用能力都相对较弱,他们对枯燥的课文内容不感兴趣,也不能理解。所以针对他们的特点,我们应该把语文学习重点放在语文知识的实用性上,选择对他们今后生活有用的语文知识学习。如学习苹果、香蕉等水果,为了让智障真正走进生活,我把苹果、香蕉等水果带进课堂,让学生看外表的颜色,摸水果的外形,品尝水果的味道,再和学生谈谈吃水果的好处。通过学生对苹果和香蕉等的描述,学生真正了解了生活中的苹果和香蕉等。为了进一步对水果词语的巩固,学后的一段时间用水果图片出示,让学生介绍水果。智障学生理解能力低,一些课文内容没有通过学生的实际生活体验,学生是无法理解的。如上全日制培智语文第七册19课《不冷了》。这篇课文讲的是冬天下课了,小青动员小明积极参加冬天锻炼。小明认为外面很冷,不去活动,不知运动的好处。对于智障生我通过学生冬天早晨室外运动体验后上这课,把学生的实际体验与课堂教学结合起来学习,加深对词句和课文的理解,把教材中的课文作生活化的教学,达到在生活中进一步的学习与体验。

(二)语文教学方式的生活化

展示生活原型,让智障生感受到学习语文的乐趣。智障生学习能力低下,感知速度慢,语言发展迟滞,记忆容量小,对人们的期望缺乏反应,其行为只能是呆板或消极的重复,语文书本知识学习起来更加困难,因此,如何提高智障生学习语文的效率,激发智障生学习语文的兴趣就显得尤为重要。对于智障学生的语文教学应以生活为核心,展示生活原型,让学生感受到学习语文的乐趣。如在语言训练中训练《打电话》。我把电话引入课堂,向同事借来几个手机,我向学生介绍手机的功能,教学生如何正确使用手机,与学生进行对话表演。教师与学生扮演不同的人物角色,通过形象直观地展示现实生活打电话的情形,达到对学生的语言训练。通过人人参与打电话,让学生亲身体验,展示生活原型,学生对学习语文的积极性也提高了,找到了学习语文的快乐。

联系实际,创设生活情境让学生学习语文。语文教学中所学词语都是生活中的词,所以在教学中我常常创设生活情境,对学生进行练习说话。如何当家中的"小主人",在上这课时,我把教室布置成一个温馨的家,有"茶几、沙发、水壶、水果"等。使学生自然地融入招待客人的情境,顺利进入了角色。首先,我要求学生回忆复习学过的礼貌用语,并加以运用。而后对学生作一些语言训练指导,如:"见面首先要和客人打招呼,阿姨好或叔叔好!并马上把客人请进来,请进来后招呼客人坐,请客人喝茶,吃水果。客人要走时,要与客人道别,邀请下次再来。"等。接着我把学生分成四组进行生活语言训练。当语言障碍较轻的学生因环境陌生说不出话来时,我对学生加以提示。而重度语言障碍的学生一直不敢开口时,我多次鼓励。通过创设生活情境的教学,大部分智障生都掌握了接待客人的过程。

开展课外活动,训练学生的语言能力。课外活动是学生非常喜欢的,为了让语文教学不乏味,让语文教学更加生动、自然,我常常在课外活动中对学生进行语言训练。如在课外活动时我让学生玩"丢手绢"的游戏,在游戏中进行语言训练,让学生用上"首先、然后、接着、最后"说句子,通过参与游戏活动,学生都能说出:首先大家坐成一个圆圈,然后选一个同学在圈外悄悄地丢下手绢,接着,让拾到手绢的同学去追丢下手绢的同学,在追赶的过程中,他又把手绢丢给其他同学,最后看谁被追上,谁就表演一个节目。中度和重度智障生虽然说得不是很完整,但能说出大概意思。学生在快乐的游戏活动中轻松地学习了语文。

（三）引导智障生参加社会实践，把语文知识应用于生活

为了让智障孩子的知识应用于生活，努力朝"从生活中来，到生活中去"的方向，实现语文教学的综合化、生活化和实践化，拉近语文教学与现实生活的距离，为学生将来回归社会打下基础。我在教学实践中，摸索出一种"学校课堂与社区课堂相结合"的教学模式，让所在社区和学校周边的新华都超市、菜市场、公园等公共场所变成"教学课堂"。由于智障孩子的语言障碍特别严重，许多智障生在超市都不能顺畅地表达自己购物的意愿，自己的要求，难以避免不必要的误会。每次我都在旁进行耐心指导，在购物活动前，我先说明超市规则及注意事项，指导学生如何认识货物，选择购买物品，如何货比三家，如何用礼貌用语询问，购完物后如何排队、结账、付款。除了这些技能知识以外，还要教他们如何与收银员交流，最后如何表示感谢与道别等。通过让智障孩子参与到真切具体的社会活动中，让学生的语言应用于生活，促进与人的交流和交往，可以起到很好的效果。再如，"红灯停，绿灯行，过马路，左右看……"，我把他们带到红绿灯斑马线上，让他们在真实的场景中体验生活，起初，他们看到来往车辆，嘴里不停念叨着，头上冒着冷汗，却怎么也迈不开脚步。看着这种情景，我从跨步开始每个细节都得讲解，用两只手一边牵着一个，让他们反复走，最后他们才能基本做到遵守红绿灯交通规则。只有让智障孩子走进生活，把语文课堂搬到外面的社会大课堂去，才能使语文知识应用于社会。

我还结合助残日"爱心手拉手"、六一"共建联欢"等社会实践活动，让学生参与实践，融入社会。助残日与春蕾幼儿园的小朋友和园丁艺术团的教师们一起联欢；六一与供电公司的叔叔、阿姨共建，和他们下棋、唱歌、讲笑话等。让智障生在与正常人的互动中，进行听说训练，学会如何与人沟通与交往，如何与人合作，培养学生正确和文明与人交流的习惯，培养学生健康的心理品质。做到生活化教学，实现教、学、做合一，从而达到"生活即教育，社会即学校"的新型教育模式。

陶行知说过："生活即教育，社会即学校，生活教育不能脱离社会。"生活中处处有语文，也处处用到语文，通过自己的实践，我充分感受到语文教学生活化大大提高了智障生学习语文的兴趣和教学的有效性，加强了课堂与生活的沟通，又让教学贴近了生活，联系了实际，帮助智障儿童提高了人与人之间的交往能力。特殊学校语文教学只有生活化，才能更好地提高学生的生活适应能力，为将来适应社会，融入社会打好基础，做生活的主人。

婴幼儿的语言教育改革

黄小燕[*]

　　婴幼儿语言发展是个复杂的过程,这其中我们除了为孩子创造学习语言的环境,采用各种教育手段对孩子进行教育,还必须要遵循孩子的年龄特征、生理特征、心理特征,这样我们才会收到事半功倍的效果。加德纳认为,语言历来是人类社会不可或缺的一种"人类智能的卓越范例"。婴幼儿语言的学习与发展,是人的一生中语言发展和运用的关键时期,也是语言发展最迅速的时期。托班婴儿年龄在 2~3 岁。而 2~3 岁正是人的一生中学习语言最迅速、最关键的时期。有关婴儿心理学书指出:婴儿语言发展既有一般规律,又有个体间的差异性。1 岁多的婴儿能说 50~100 个以上的词语,并能说出有 2 个词组成的句子;2~3 岁的婴儿能说出包括主语、谓语、宾语的完整句子——但孩子来自不同的地区,来自不同的家庭,孩子们的语言发展有很大的差异,大部分不会说普通话,连用本土语言都表达不清自己的思想。那么我们在教育过程中又是如何开展语言教学,让孩子们都能得到更好的发展呢?

　　创设丰富的学习语言的环境。婴幼儿有着爱说爱闹的孩子气,他们无所顾忌、敢想敢说、好动,求新求异的愿望强烈。因此,我们因势利导,激发他们的好奇心和求知欲。韩雯刚出一个月,爸爸总是把雯雯抱在怀里,用规范的普通话不停与雯雯说话交流,看见什么就说什么,在这种语言环境的刺激下,现在刚满 2 岁的雯雯已能够准确、流利地说出具有主语、谓语、宾语的完整的句子。相反鹏鹏出生在一个父母忙于生意而没有时间照顾他的家庭中,每天几乎都与乡下的保姆生活在一起,保姆平时话语少,又不善于说普通话,至今 2 岁多的鹏鹏还不会说话,只会用哭来表达自己的思想。可见一个良好的语言环境对孩子来说有举足轻重的作用。

* 黄小燕,福建省武平县实验幼儿园教师。

在倾听中学习语言。有些研究者,如明尼苏达大学的修辞学教授斯狄尔博士曾经指出:在人们清醒的时间里,有80%的时间是进行人际沟通,其中45%的时间用于倾听。良好的听力与良好的听觉习惯是幼儿语言发展的重要条件,训练好孩子的听觉,他们的听力可以是成人的数倍。因此我们在日常生活中有意识地制造一些声音:关门、开门、某种东西掉在地上等,然后让孩子分辨出来是什么声音;让孩子闭上眼睛,一人在一个角落摇铃或拍手,让孩子指出声音来自何方;让孩子听音乐拍手,音乐声音大重拍,声音小轻拍,训练孩子听出声音的变化,教孩子唱歌等。

在日常生活中创造宽松的语言环境。我发现在日常生活和集体活动中教师提供的语言是不能够满足幼儿的语言发展的需要的,通过对《指南》的认真学习,我发现当我们开展区域活动,孩子自己玩自己喜欢的玩具的时候,在一个区域中一起玩的幼儿之间的交流会明显增多,比如:"我钓了三条鱼。""你的飞机,是怎么折的呢? 教教我吧!"……所以我就觉得应该为幼儿创造一个宽松的环境让他们自由地展现自我。我们在日常生活中也要抓住机会对孩子进行语言培养,如吃饭时我们来说说食物的名称、颜色:"米饭是白色的、香喷喷的","我爱吃红苹果";盥洗时引导孩子说"擦擦香皂、搓搓手心,搓搓手背、冲冲水、甩甩手";玩玩具后与孩子一起说"玩具玩具我爱你,玩完放进柜子里。"在日常生活中我们不难发现孩子经常有发音不准(南方孩子的平舌音与翘舌音区分不清),用量词不当(如:一个小鸡),语序混乱(客家话中:我走先,而普通话应说:我先走)等。当我们发现以上问题时,成人应当通过示范予以及时纠正,否则养成不良的语言习惯后再予以纠正,就会事倍功半了。

采用游戏的方法,刺激幼儿的语言行为。很多时候,孩子都会有强烈的表达欲望,但是由于他的语言发展没有跟上思维发展,所以心中想的问题不能够很好地表达出来。我认为,我们可以通过游戏的方式提高他们语言表达的能力,如在点名时间,叫到名字的孩子可以说一下你喜欢的水果呀,玩具啊或者你双休日去哪里玩了? 再如在"找五官"的游戏中,眼睛眼睛在哪里? 孩子们会边用双手指向眼睛边说:眼睛眼睛在这里。又如玩"吹泡泡"游戏时。师生们一起手拉手成一个圆圈边做相应动作边念儿歌:吹泡泡,吹成一个大泡泡,吹泡泡,吹成一个小泡泡,吹泡泡,泡泡爆炸了。在游戏中孩子们无拘无束地玩,身心得到放松,在这样轻松、愉快的氛围中,胆小的孩子再也不会因为紧张而不敢念儿歌。

运用儿歌、故事发展孩子的语言。儿歌、故事使用的是经过作家提炼加工的语言,具有生动、形象、富有节奏感等特点,易被孩子理解和接受。文学作品的生动情节和语言的音乐美,还能引起孩子的愉快情绪,这是向孩子进行品德、知识教育、发展语言的好形式。如"小白兔"是一首形象生动、琅琅上口的儿歌,孩子们通过学习儿歌不但理解了儿歌的内容,还通过动作使儿歌更具趣味性,更受孩子们的喜欢。2岁以后的孩子逐渐喜欢听故事和能理解简单故事情节,而且一个故事可以听很多遍。我们根据孩子们这一特点利用午睡前及吃饭前的时间为孩子讲故事,其中孩子最喜欢的《小兔子乖乖》的故事,通过多次重复地讲述、倾听,孩子们几乎都会说出故事中的对话了:"小兔子乖乖,把门开开"、"不开不开我不开,妈妈没回来,谁来也不开。"

家园共同发展婴儿语言。家园的密切配合是我们教育走向成功教育的一部分。在开学初的家长会上我们让家长知道孩子们正处于语言发展的关键期,希望家长们能重视,并建议家长在家中与孩子游戏、唱歌、看书讲故事时尽量使用规范的普通话。每两周我们都会将幼儿在幼儿园所学的知识单及书本发回给家长,让家长回家与孩子共同复习巩固幼儿园所学的歌曲、故事、儿歌,并及时纠正孩子发音不准、用词不当,或帮助回忆不记得的部分,从而激发孩子学习的兴趣、学习的欲望,增加孩子的学习信心。在教育孩子的观念上我们与家长取得共识,孩子在说话时我们成人要细心、耐心地倾听,及时给予鼓励和语言示范;孩子在着急说不出话时,成人需要静心等待。在我们与家长共同配合努力下,从刚入学不会听普通话,更不用说讲普通话的孩子,现在不但能听懂成人的语言,学说单词、句,而且发展到能用基本完整的句子,表达自己的意思。

婴幼儿语言发展是个复杂的过程,这其中我们除了为孩子创造学习语言的环境,采用各种教育手段对孩子进行教育,还应特别注意遵循孩子的年龄特征、生理特征、心理特征,这样我们才会收到事半功倍的效果。

小学数学校本课程研究初探

郑咏诗*

随着时代的发展,校本课程越来越受到教育界的重视。校本课程与国家课程、地方课程具有同等重要的地位,能否成功开发、实施校本课程是衡量一所学校整体素质的重要标准。小学生刚刚踏入校园学习,小学教育质量的高低影响深远。现在,越来越多的学校在尝试开发校本课程,也有越来越多的学者专家在研究有关校本课程的理论。

国内关于校本课程尚无统一的定义。有的专家将校本课程定义为以学校为基地,以满足学生需要和体现学校办学理念与特色为目的,由学校采取民主原则和开放手段,由教师按一定课程编制程序进行的课程开发①。也有专家将校本课程定义为学校在保证国家和地方课程的基本质量的前提下,通过对本校学生的需求进行科学评估,充分利用当地社区和学校的课程资源而开发的多样性的、可供学生选择的课程②。由此可见,校本课程是以学校为基础,满足学生需求并根据学校自身特点而进行开发的课程。

一

《数学课程标准(2011年版)》指出:数学课程要面向全体学生,适应学生个性发展的需要,使得人人都能获得良好的数学教育,不同的人在数学上得到不同的发展③。小学生数学的认识水平还处在尚未定型的阶段,平时大多通过学

---

* 郑咏诗,福建省长乐市古槐中心小学教师。

① 刘电芝、阳泽:《校本课程开发的内容、模式与策略》,《中国教育学刊》2001年第3期。
② 钟启泉等:《基础教育课程改革纲要(试行)解读》,华东师范大学出版社2001年版。
③ 中华人民共和国教育部:《数学课程标准》,北京师范大学出版社2011年版,第2、56页。

校统一的教材学习数学，无法真正提高学生的数学素养。数学校本课程能够针对本校学生特点进行内容编排，有针对性地发展学生的能力，从而促进学生数学素养的提高。学生在日常生活中主动去发现数学，理解数学之美，感受数学的奇妙。学生认识到学数学不仅仅是为了考试，也是为了让生活更加便捷、美好。例如，通过学习数学校本课程，学生会自觉计算每个月家庭用了几度电，每度电是多少元，每个月电费一共花了多少钱，学生主动利用数学知识计算家庭开销，明白了数学来源于生活并且运用于生活，从而体现数学的重要性和实用性。

　　通过小学数学的学习不仅考验学生思维的灵活性，也考验教师思维的条理性。教师平日通过备课、教研、听课等途径促进自己的专业成长，校本课程也为教师提供了一个专业成长的机会。（一）团体协作能力的培养。发展小学数学校本课程，需要全体教师的配合。教师可以小组形式分工合作，每个小组根据要求编排相关的学习内容。这个过程可以促进教师们的交流，培养团体协作能力。（二）个人素质的培养。小学数学校本课程对教师提出了更高的要求，在准备校本课程的过程中，教师会思考怎样才能让学生得到更好的发展，要怎样上课才算达到预期的目标。这样，教师就会去查阅相关资料，学习相关知识，及时拓宽自己的知识面，逐步建构自己的专业知识，渐渐地就会提高个人素质。由于小学数学教材变化小，平时教师写教案或者教学设计大都不会很重视。如果开设小学数学校本课程，教师面对这种全新的、符合本校学生实际、具有创新性的教材时，就会积极钻研小学数学校本课程教材，为了这个教材去编写教案和教学设计，渐渐地就提高了教师写教案和设计教学的水平。（三）教学的新感悟。小学数学校本课程对教师来说是一个新的课程，跟以往的数学教学有所区别但又互相联系，需要教师认真琢磨怎么上才能达到预期效果。所以，教师在教授校本课程时，一定会有新的教学感悟，这些感悟会使教师获益匪浅。

　　随着时代的不断发展，对学生的要求越来越高，要求学生不仅能读书，还要会读书。在小学阶段，如果充分发展学生，就能为以后学习打下坚实的基础。小学数学的学习，在很大程度上决定了学生今后的思维走向，这就要求发展具有学校特色的校本课程，让学生从中汲取自己需要的知识、理解数学的思想方法，才能发展学生的思维能力和创新能力。数学的基本思想仅从平时数学课学习过程中来理解远远不够，必须依托数学校本课程有针对性地渗透，让学生真正理解数学基本思想的奥秘。在平时的数学教学中，教师经常为了赶进度或者过分注重学生对基础知识和基本技能的掌握，时常忽略了让学生积累数学基本的活动经验。通过数学校本课程，多让学生思考，并鼓励通过动手操作获得知识，可帮助学生积累数学的基本活动经验。

二

虽然发展小学数学校本课程是小学数学教育取得成功的重要方式，但小学数学校本课程的发展受到多方面的阻碍，主要体现在以下三个方面。

开发小学数学校本课程的能力。校本课程必须要先开发出来，才能发展下去。小学数学校本课程开发由于缺乏必要的指导和条件，导致开发举步维艰。小学数学学习内容较多，逻辑性强，而针对小学数学开发的校本课程要求具有针对性，要求能补充平时数学课上的学习内容，进行拓展延伸，还要求不同的学生从数学校本课程中得到不同的发展。有的学校没有充分考虑本校实际情况，开发出来的校本课程不适用于本校学生，导致校本课程无法继续发展。数学本身很重视逻辑思维，若校本课程编排不当，很容易变成学生的负担。有的学校开发校本课程没有把握校本课程的宗旨，导致开发出来的校本课程没有实际意义。

课时安排不够。由于大多数学校有升学的压力，特别是要参加统一考试的学校对成绩要求更高，就算学校已经有了校本课程，但还是相对重视国家课程和地方课程。学校对小学数学校本课程的课时安排不足，导致校本课程的学习流于形式。有的学校一周才安排一节课上校本课程。这样，由于学校不重视，也就导致学生不重视，学生认为校本课程只是偶尔上上，只是上着玩，不用认真，最终收效甚微。数学知识点、数学思想若不及时巩固，学生很容易就会忘记。只有学校重视校本课程，学生才会跟着重视校本课程。所以，一周最少要安排两节校本课程课，每课时最好能够相隔两三天，这样既可以让学生学到知识，也能调动学生学习校本课程的积极性。

教师的专业能力。校本课程对教师提出了较高的要求，不仅增加了教师的工作量，而且对教师的教学水平、课堂把握也有更高的要求。在小学数学校本课程教学中不仅仅是传授数学知识，更多的是要满足学生的进一步求知需求。小学数学中有的问题一些学生始终弄不清楚，这就需要教师根据校本课程进行有效教学，想方设法攻克平时教学无法突破的难点。例如，利用运算律（加法的交换律和结合律、乘法的交换律和结合律、乘法分配律）进行简便运算时，很多学生会把各种运算律弄混。学习了乘法分配律后，学生不知道在什么情况下运用乘法分配率进行简便运算,还有的学生会把各种运算律弄混,不知道该用哪种方法。这就需要教师帮助学生区分各种运算律,知道在什么情况下该用哪种运算律进行简便运算,继而让学生熟练运用各种运算律,达到教学目的。

三

　　小学数学校本课程开发的内容是发展小学数学校本课程的关键,直接反映校本课程的教学理念和教学目的。学校应该根据本校特点,开发适合自己学校的校本课程。每所学校水平参差不齐,对校本课程内容也应精心钻研,使之适合本校学生,取得教学相长的效果。所以,小学数学校本课程开发的内容应根据实际制定。

　　遵循学生年龄特点。小学有六个年级,分成两个学段。每个学段学生的思维方式、知识结构、学习特点不尽相同。校本课程编排的内容形式应遵循第一学段和第二学段学生的年龄特点。第一学段的学生以形象思维为主,学生学习数学的内容应尽可能形象生动,多搭配情境图。但是,第一学段的三年级学生思维开始有点抽象化,针对这个阶段的学生,教师要采取形象加抽象的讲解方式为学生上小学数学校本课程课。第二学段学生慢慢从形象思维过渡到抽象思维,数学情境图可以适量减少,内容应以简洁为主。针对高年级学生,教师可以采取知识结构图帮助明白知识的内在联系。所以,校本课程的内容开发应遵循学生年龄特点。例如,对小学一年级的学生进行计算教学时,可以采取多种形式进行教学,包括口算、听算。口算时可以制作精美的卡通口算卡片,将算式写在卡通卡片上,或者制作动画,利用多媒体技术展示口算题让学生算。听算时可以利用卡通人物的声音来读题目,每算完一题可以利用卡通人物告诉学生算对了还是算错了,算完几道题后同样利用卡通人物给学生加油打气,这样就能让学生在活泼、轻松、愉悦的氛围中学习计算。对高年级的小学生,可以通过设置悬念引发求知的欲望。

　　满足不同层次学生的需求。校本课程开发的内容即便已经按不同的学段分,但同一学段学生的学习能力、水平还存在差异。所以,在学生分为每个年段的基础上,校本课程开发的内容也应分为上、中、下三个层次。第一个层次针对学习优秀、思维活跃、接受能力强的学生,对这些学生校本课程编排的内容可以较灵活,可以让学生学习奥数,让学生总结不同的数学思想方法,并能举一反三。对思维活跃的低年级学生讲解数学知识的时候,应重点讲解——一对应思想、有序的思想。对中年级学生重点讲解转化思想、变中有不变思想。对高年级学生重点讲解归纳思想、演绎思想和建模思想。对于这些数学思想,教师应结合具体题目分类进行讲解,让学生明白数学思想的作用。例如,对低年级的学生讲解"写出个位和十位的数相加等于 9 的所有两位数"这道题时,先让学生自己写,然后让几个学生上台展示结果,会发现有的学生写漏。这时候可以教学生,做这种题目时先确定个位是 0 时,十位会是几;再确定个位是 1 时,十位会是几……个位慢慢变大,十位慢慢变小,都写出来就变成了:90、81、72、63、54、45、36、27、18 这些数。这样按顺序写,就不会漏掉任何一个数,这种思想就是有序的思想。同时,告诉学生以后碰上这种类型的题目都要运用有序的思想,帮助我们将题目解答完整。又如,对中年级的学生讲解分数基本性质和商不变性质时,可以引导学生观察什么变了、什么不变,是怎么变的,这样就让学生理解了变中有不变的思想,以后要是遇到类似的知识点,学生就会知道从哪些角度去学习。第二个层次针对学习成绩处在中游的学生,可以编排中等偏难的一些学习内容,激发学生思考,逐步培养学生解决问题的能力以及迎难而上的品质。第三个层次针对学习小学数学知识有困难的学生,重点在于巩固基础知识。可以编排一些简单的小学数学知识,在学习这些数学知识的过程中加强他们对数学公理、概念的记忆。校本课程要是能够满足不同层次学生的需求,就能让学生取得真正的进步。

上课过程应体现趣味性。校本课程能否持之以恒发展的决定因素之一在于学生,若学生不喜欢学习校本课程,并视作学习的负担,那学校和教师再怎么努力推广也无济于事。所以,要让学生对小学数学校本课程产生兴趣,这就要求上课过程富有趣味性。可以通过以下几种方法让小学数学校本课程富有趣味性:(一)导入环节吸引学生眼球。对于低年级的学生要利用喜闻乐见的动画人物创设情境。导入环节若能吸引学生眼球,就能激发学生学习数学的兴趣。例如,可以利用小学生喜爱看的《熊出没》、《喜羊羊与灰太狼》等动画片中的光头强、熊大、熊二、喜羊羊、灰太狼等卡通人物,结合动画片场景创设情境,可以激发学生学习数学的热情。对于中年级和高年级的学生,可以利用社会热点问题进行导入。比如运用现在人们都很关心的就业问题、环境污染问题、奥运会、世界杯等社会热点创设问题情境,吸引学生眼球。(二)运用学生心理特点推进教学过程。小学生有意注意的时间有限,如何延长有意注意时间、如何利用无意注意就成了保证课堂高效的重要方法。教师可以组织小组评比,回答问题正确的小组给予加分奖励。一堂课结束,每个小组按分数高低给予不同的积分奖励,一学期结束后按积分的多少分别给予不同的奖励。在教学过程中,还可以创设闯关游戏,引起学生的挑战意识。学生过每一关时,教师可以通过问题让学生产生认知冲突,激励学生勇往直前。通过小组评比、闯关游戏等方法,引起学生的无意注意,延长学生有意注意的时间,让学生收获更多的数学知识,从而提高课堂效率。(三)小学数学校本课程的课后作业应充分体现趣味性,应充分利用家庭、学校、社区资源,改变传统做作业的方式。例如,认识万以内数的时候,可以让学生在生活中收集这些数。低年级学生认识图形时,可以让学生带一些生活中的图形来学校跟同学们一起观察。练习计算时,不必由教师布置计算题让学生做在作业本上,可以在学习小组内进行计算练习,小组成员互相出题目考查彼此,练习口算时可以由一个学生出题,另一个学生直接说出答案。练习笔算时,在学习小组内可以互相出题考对方,让对方做在作业本上,再由小组长进行批改,让学生当小老师。这样不仅减轻了教师负担,还发挥了学生在数学学习中的主体地位。小学数学校本课程课后作业要注重形式多样化,尽量让学生做得快乐,学生就会对这个课程感兴趣。

　　教学时以学生为主体。《数学课程标准(2011 年版)》指出:学生是学习的主体,占主体地位;教师是学习的组织者、引导者与合作者,起主导作用①。以学生为主体并不是将课堂完全丢给学生,而是教师也要适时点拨、指导。教师应做到巧设数学问题,引发学生思考,引起学生认知冲突,帮助学生学习。教师应关注学生的思维过程,尽力将学生无序的思维转化为有序的思维,努力引导学生发现自己的认知冲突,而不是从头到尾都是教师自己的有条理的思维过程。例如,在教学时,教师可以让学生上台来当小老师,将自己发现的数学知识讲给台下的同学听。教师可以在学生下台后,再对学生说的内容进行提炼和总结,有不足之处加以强调。如果遇到几个学生意见不统一时,可以将这几个学生都请到讲台上,让他们展开辩论,台下的学生当听众与裁判。当其中一方发现自己认知上的错误时,就突破了知识的难点,体现了知识的重点,所有的学生也就学习了正确的数学知识。显然,教学时以学生为主体,让学生主动地探索数学知识的奥秘,有助于激发学生主动发展的欲望。

　　教学时注意让学生积累数学活动经验。小学数学活动经验主要包括操作活动经验和思维活动经验,数学活动经验对学生学习数学知识、提高数学素养有着重要作用。在平时的常态课中,由于上课时间短、教学任务重,教师常常忽略让

---

① 　中华人民共和国教育部:《数学课程标准》,北京师范大学出版社 2011 年版,第 2、56 页。

学生动手操作学习数学知识的环节。让学生动手操作,在操作中获得数学知识,在操作中积累经验,是数学学习的重要方式。在低年级,可以让学生通过摆小棒学习计算。通过这种方式,不仅让学生得到了答案,而且将算理潜移默化地教给学生。通过拼七巧板,让学生初步认识平面图形的特点。通过摸一摸各种实物,让学生初步认识各种立体图形的特点,明白哪些立体图形容易滚动,哪些立体图形不容易滚动,直观形象地看出每个立体图形的每个面分别是什么平面图形。也可以在课堂上让学生将七巧板进行组合,摆出各种各样有趣的图形。这样的效果远远胜过教师辛辛苦苦地在黑板上画出图形再讲解的效果,学生不仅对这个学习内容产生兴趣,也容易接受这部分知识。在中年段学习除法时,也可以让学生通过摆小棒明白除法的实质。在学习较为抽象的位置与方向时,教师可以组织全班学生在校园内走一走,边走边向学生讲解各个位置、方向。这样让学生亲身经历,更能感受方向对日常生活的重要性。

校本课程的评价应体现评价主体多元化和评价方式多样化①。校本课程是基于学校、基于学生开发的课程,所以校本课程应遵循一切为了学生的原则,要改变传统的单一的评价方式。在评价主体方面,应采取多元主体评价,要设计不同的评价表,让学生、学习小组、教师、家长从不同角度参与评价,使小学数学校本课程的评价具有针对性、代表性、全面性、说服力。因此,评价表也应设计四种类型。

表-1 学生自我评价表

评 价 方 面	总 分	表 现 程 度	得 分
对该课程感兴趣程度	10分	很感兴趣	10分
		一 般	6分
		不感兴趣	2分
课上认真听讲程度	20分	很认真听讲	20分
		一 般	10分
		不太认真听讲	5分
作业完成情况	20分	积极完成	20分
		应付完成	10分
		很少完成	5分

---

① 中华人民共和国教育部:《数学课程标准》,北京师范大学出版社2011年版,第2、56页。

表-2　学习小组评价表

评 价 方 面	总　分	表 现 程 度	得　分
小组讨论参与程度	20分	很积极参与	20分
		一　般	10分
		不积极参与	5分
帮助小组成员学习情况	30分	经常帮助	30分
		偶尔帮助	20分
		从不帮助	10分

表-3　教师评价表

评 价 方 面	总　分	表 现 程 度	得　分
课前预习情况	5分	经常预习	5分
		偶尔预习	3分
		从不预习	1分
课上发言情况	10分	积极发言	10分
		偶尔发言	6分
		从不发言	2分
课上认真听讲程度	15分	很认真听讲	15分
		一　般	10分
		不太认真听讲	5分
知识掌握情况	20分	完全掌握	20分
		基本掌握	10分
		很少掌握	5分
作业完成情况	10分	积极完成	10分
		应付完成	6分
		很少完成	2分
能力提升程度	10分	大幅度提升	10分
		提升一些	6分
		提升很少	2分

表-4 家长评价表

评 价 方 面	总　分	表 现 程 度	得　分
孩子回家完成小学数学校本课程作业的积极性	10分	积极完成	10分
		一　般	6分
		拖拖拉拉,不积极完成	2分
孩子在家复习小学数学校本课程情况	20分	很认真、积极复习	20分
		一般、偶尔复习	10分
		不认真、几乎没有复习	5分

学生自我评价表和学习小组评价表合起来为100分,教师评价表和家长评价表合起来为100分,最后计算评价表的成绩时采用下列计算方法:(学生自我评价表分数＋学习小组评价表分数＋教师评价表分数＋家长评价表分数)÷2。评价方式应多样化,除了利用评价表外,还可采用平时测试、期末测试、学生进步程度趋势图三者结合,来评价学生校本课程成绩的高低。平时测试应一个月一次,平时测试成绩取几个月成绩的平均分。学生进步程度趋势图则根据平时测试成绩和期末测试成绩进行制作,如果趋势图上升走势快,或上升走势平稳且始终停留在高分段,则给高分(90分～100分)。如果趋势图上升走势无大波动且始终停留在中等成绩左右,则给中等分数(80分～89.5分)。如果趋势图走势始终停留在低分段或者有下降的趋势,则给较低分(60分～79.5分)。如果趋势图走势始终停留在超低分数段,则给不及格(60分以下)。小学数学校本课程最终成绩按百分制和等级制两种共同评定。百分制中评价表占20％,平时测试占30％,期末测试占30％,学生进步程度趋势图占20％。等级制中,根据百分制的分数按规则进行评定。低年级中,90～100分评为优,75～89.5分评为良,60～74.5分评为及格,60分以下评为不及格。在中年级和高年级中,85～100分评为优,75～84.5分评为良,60～74.5分评为及格,60分以下评为不及格。这样不仅可以让学生知道数学校本课程得到了多少分,还知道自己成绩达到什么等级。可见,校本课程的评价应在评价主体多元化的基础上,结合评价方式多样化对学生进行评价。

四

发展校本课程有利于学生数学素养的提高,促进教师的专业成长并且适应时代的发展。但是,发展校本课程还有很多难题必须攻克,这不是一朝一夕就能完成的。开发校本课程的能力、课时安排、教师的专业能力等,都是发展小学数学校本课程需要重点考虑的。所以,发展校本课程势在必行,任重而道远。

发展小学数学校本课程不仅需要学校内部人员的共同努力,还需要多方合作,下面就发展小学数学校本课程提出一些建议。

加强学校与学校之间的合作。很多学校对小学数学校本课程的认识还停留在表层阶段,而有的学校发展小学数学校本课程取得了一定的成效。所以,各个学校之间应对小学数学校本课程进行交流,重点交流小学数学校本课程如何开发、小学数学校本课程如何发展、小学数学校本课程开发和发展过程中经常会遇到什么问题,该怎样解决小学数学校本课程开发和发展过程中经常遇到的问题。有的学校的校本课程不是针对小学数学的,这就需要学校自身有选择性地采纳各个学校的意见。有的学校的校本课程是针对小学数学的,应让这类学校给尚未开发小学数学校本课程的学校进行指导、提出宝贵意见。有经验的学校应对经验不足的学校予以指导,进行经验交流。可以借鉴其他学校已经开发的优秀小学数学校本课程,开发适合自己的校本课程。尚未开发小学数学校本课程的学校应积极学习,可以先模仿别校是怎么做的,在模仿的基础上慢慢探索小学数学校本课程的奥秘,总结发展小学数学校本课程的过程中出现的问题,开发适合自己学校的小学数学校本课程,逐步实现小学数学校本课程自主化。学校刚开设小学数学校本课程时,应让有经验的教师来校指导,起到监督和改进的效果。

提高教师的专业素质。学生是校本课程的主体,教师在校本课程中起主导地位。教师的专业素质能力的高低在一定程度上影响学生对校本课程的接受能力和喜好程度。这就要求教师不仅要掌握一定的教研能力,还要提高自身的小学数学课堂教学技能。可以从以下几方面提高教师的教研能力:(一)组织教师参加专题讲座。各个有条件的学校应实时关注各地有关校本课程的讲座,提供经费派教师去听讲座,让教师学习有关校本课程的知识。多派教师去听不同类型的有关校本课程的讲座,听完后回学校交流研讨,有助于本校校本课程的发展。(二)提高学校校本教研能力。学校应定期针对校本课程举行教研活动,而且要分年段、分层次进行。小学数学校本课程的教研应分年段进行,有条件的学校应每个年段分开进行教研。在此基础上,还应在各个年段中再分层次更加细化地进行教研。分层次主要根据学生接受知识能力进行区分,各个年段分开教研,先大范围地讨论小学数学校本课程的开发内容、发展方向、实施要点等,接着根据各个年段学生接受知识能力的高低再进行研讨,着重于满足不同层次学生的需求。这样校本教研就能落到实处,做到点面结合,而不是流于形式。提高教师的小学数学课堂教学技能可以从这几个方面入手:学校组织教师进行片段教学,随机选出一节课让一个教师进行试讲,其他教师坐在下面听,上完后针对这节课上的情况进行评价。有条件的学校可以让一节课进行多次试讲,慢慢改进。教师应积极观看名师名课的教学视频,从这些视频中分析自己在导入技能、提问技能、讲解技能、课堂组织技能、结束技能等方面的差距,思考应该要怎样提高并做好相关的学习笔记。

　　充分利用社区资源,让数学校本课程具有地方特色。小学数学教师经常要利用举例子进行讲解,而校本课程中的例子不应跟其他数学教材上的例子一样,应具有代表性。校本课程是基于学校并由学校自主开发的课程,所以数学校本课程应充分体现学校特色和地方特色。例如,在福建长乐地区,可以结合当地颇有特色的端午节划龙舟来进行。在学习加法和乘法计算时,可以先给出已知条件:有几条龙舟在划,每条龙舟上有几个人。问:一共有几个人在划龙舟? 这样的题目充分反映了当地特色,更加贴近学生生活,激发学生学习的兴趣。通过运用划龙舟这一富有当地特色的素材,可以设计出很多类型的数学题目,让学生明白生活中处处有数学。所以,利用社区资源,结合地方特色,有助于发展小学数学校本课程。

　　小学数学校本课程既可以发展学生,也可以发展教师和学校。学校通过开设小学数学校本课程,增强了本校小学数学教学的能力,也为日后发展其他类型的校本课程提供参考,打下坚实的基础。教师通过小学数学校本课程,发展自己的专业素质,提高对小学数学的教学能力。小学生通过学习数学校本课程,不但补充了平时数学课堂上学不到的知识,而且拓展了思维、逻辑思考能力,提高了学生的数学素养。所以,发展小学数学校本课程可以实现学生、教师、学校三方共同发展。小学数学校本课程研究还处在发展阶段,需要各方共同努力,积极研究小学数学校本课程,促进小学数学校本课程的发展,为小学生数学学习、数学素养的提高创造条件,也为促进教师的发展提供机会。

小学数学发展性教学模式探索

陈笑晴[*]

2000 年前后,《义务教育数学课程标准》征求意见稿出台,实验稿 2001 年秋颁布。我们认识到,国内外数学课程改革的趋势都是越来越"关注人的发展",也就是说,要求我们从教育的本源上研究数学教改的主要方向。但如何站在发展的高度,从理论与实践两方面重新审视数学教育的现状和不足,从思想观念的变革和实践探索两个维度进行数学教学的改革,还有待教师经过教育实验深入体验,自我感悟,转化为自身的教学实践。

福建省教育学会小学数学教育分会(原为福建省小学数学教育研究会)自 2001 年至今组织本省广大数学教师持续开展了长达 12 年的两轮发展性数学教学课题研究,树立发展的正确观念与全面认识,提高教学实践能力与实践智慧。通过对师生共同发展的实证研究,探究如何在教师队伍建设上采取有效的校本培训策略,建立具有凝聚力的合作学习型组织与教研共同体,形成良好校园研究文化。《义务教育数学课程标准(2011 年版)》明确将师生"共同发展"纳入教学活动的目标之中,这从课程改革发展的高度进一步证明了"促进师生共同发展"这一研究主题的重要价值。

两轮课题研究被教育部课程教材研究所分别立项为"十五规划"、"十一五规划"重点课题,并分别于 2007 年、2013 年经过全国专家鉴定组鉴定,顺利通过结题。

一、研究的总目标与宗旨

我们将该项研究的总目标与宗旨确定为:将师生的终身发展放在首位。通

过小学数学教学实践案例的分析,深入研究师生共同发展的规律,关注师生发展的情感性、自主性、互动性、差异性、潜在性、社会性、持续性,探索师生共同发展的特点、方法、途径和模式,促进师生终身可持续发展,从承继性发展转变为创造性发展,将选拔性、功利性、适应性的教育目标转变为普及性、基础性、发展性的教育目标。

学生发展方面研究:关注学生知识、技能、能力等智力方面的发展,而且关注小学数学教育对学生身体、认知、情感和社会等四方面发展的作用及具体教学策略,创设促进学生情感、态度、意志、个性等方面发展的有效案例,促进学生潜能发展、个性发展、社会认知发展的策略,促进学生全体与个体和谐发展的策略。

教师发展方面研究:课改背景下教师需要强化的本体性知识,强化教师本体性知识的途径,教师条件性知识对数学教学活动的影响,提升教师实践性知识的有效策略,教师文化性知识对教学的影响,同伴互助与校本教研的发展模式,进行全息案例、典型发展案例分析。

师生共同发展方面研究:师生共同发展的规律和实践探索,师生共同发展的内在联系及对教学的影响,师生共同发展的教学模式,教学中师生双边活动的相互影响,教学的有效改进策略,学科内容、课堂文化在促进师生共同体发展中的作用。

二、实验研究的主要策略

162 个实验基地校中,约三分之一为市县教师进修学校、实小、附小,约三分之一为城镇中心校,约三分之一为农村一般校,具有广泛代表性与典型性。

从初步研究"发展"开始,到认识要将学生的发展放在首位,再到将研究重点放在课堂教学上,进而以案例为载体开展实验研究,深入分析课堂教学诸因素的和谐统一关系。随后,又提出关注教师自身发展的研究问题,包括专业发展与人文发展。我们始终把握住实验研究的核心问题进行宏观引导,从根本重点处着手引导各实验基地校开展实验。

从各校的选题分布,可以看出本实验研究在发展上主要围绕以下几方面进行了深入探讨:全面发展——和谐发展,注重协调统一;主动发展——自主探究,变革学习方式;差异发展——分层教学,多元个性发展;整体发展——教学模式教学方法的探究;可持续发展——潜能发展,师生共同发展。

三、实验研究的主要收获

（一）发展性课堂教学认识方面

1. 和谐发展的课堂教学应注意处理好八大关系

众所周知，课堂教学是贯彻和落实素质教育的关键所在。在课改新理念与课改实践的融合过程中，我们对课堂教学诸因素关系的认识更加全面系统。我们必须从辩证的视角，努力寻求课堂教学诸对矛盾对立因素的和谐统一发展，促进学生持续地有后劲地发展。

正确处理主导与主体的关系。这是师生、教学双边关系的一对主要的矛盾。教与学双边是有机的整体，教的根本目的是育人，即为了促进学生的全面和谐发展，因此，教要为了学，教要适应学，教要能促进学生学得积极主动。教师教的主导作用要通过学生学的主体作用才能体现。教学活动中的诸多矛盾皆由这对主要矛盾而生发影响。

正确处理基础与发展的关系。小学教育是基础教育，立足"基础性""普及性"。正如张奠宙教授指出的："在良好的数学基础上谋求学生的数学发展。"扎实的数学基础不仅包括基础知识和基本技能，还包括数学思考、数学学习能力、发展审美情操、展示个性等。其次，要辩证地看待基础的内涵。而学生数学基础的内涵也是与时俱进地发展的：原大纲中基础知识所指的是基本概念、性质、法则、公式等，后来增添了数量关系也作为一项数学基础知识；在课程标准中先是增加了"数学事实"，现在课程标准修订后又归结为"基本的数学活动经验"和"基本的数学思想"，从"双基"变为"四基"。可见，在继承时还要做到：一是批判性继承。二是发展性继承。三是创新性继承。福州市鼓楼第一中心小学经过实验，总结了很有意义的五点经验：立足"基础性"，把握"整体性"，锁定"合作性"，激活"自主性"，保证"持续性"。发展要依据学生原有基础分阶段循序渐进，创新应依据学生的原有水平有层次地推进。

正确处理认知与情感的关系。学生在课堂上除了与教师交流以外，还有与同伴、教材文本、自我的思想交流。知识与能力应该相融，认知与情感必须和谐。教师可以在导向、导思、导法、导评、导情等方面发挥自我的主导作用，在动力系统和操作系统两方面促进学生由低向高全面和谐地发展。

动力系统要求教应**启发**学生：　要学 →（目的 转化）→ 愿学 →（态度 转化）→ 好学（爱学）→（境界 转化）→ 乐学

操作系统要求教应**引导**学生：　学会 →（方法 转化）→ 会学 →（策略 转化）→ 善学（活学）→（能力 转化）→ 自学

　　　　　　　　　　　　　　　　　　　　　　　　　　　　　　　　→ 全面和谐发展

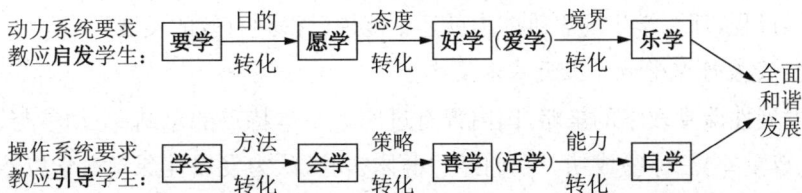

　　正确处理长效与短效的关系。密集型、速率型、训练型的学习一般是短效的，靠死记硬背、强化训练，也许能够达到短期的暂时目标，但对数学学习的长效发展收益甚微。在小学阶段，科学安排的严格训练固然是必要的。但这不够，还要重视在教学数学知识技能的实践活动中，将认知过程转化为学生自我的探索过程，才能使学生具备今后参与社会生活、适应和改造社会的基本能力。丰富学生的数学活动经验、感悟数学思想方法，从而获得长效持续发展的能力，是新课标提出"四基"的新亮点，也是世界各国都在关注的突出问题。

　　正确处理目标与手段的关系。小组合作、创设情境、运用电教多媒体等，都只是教学手段，而不是教学目标。但教学目标要靠具体的教学形式与手段来实现。如，闽侯县荆溪中心小学谢校长针对农村山区学生多数不如城里学生那么敢说善说的突出现象，提出具有本校特色的教学研究课题。重视形成良好的学习氛围，鼓励学生敢想、敢说、敢争论、敢异想天开，养成良好的学习品质，取得了较好的教学效果。

　　正确处理过程与结果的关系。新课标提出，"要关注学生学习的结果，又要关注学习的过程"。只按教案走的课堂教学，其症结所在，本质还是只重结果不重过程。应了解学生参与教学活动过程的真实状态，有的是主动投入，也有的是被动参与，有的是实质性参与，也有的仅是形式性参加。结果与过程是紧密联系的。

　　正确处理预设与生成的关系。备课时，教师既要"吃透"教材，备学生的原有认知情况，还要备学生的情意状态，精心预设好教案。但教学活动是复杂的动态生成过程，师生互动中会生成一些新的教学资源，教师要以平等、尊重，甚至欣赏的态度，及时正确地调整预先设计的方案。对教学活动的周密预设不是为了限制"生成"，而是为了使"生成"更具有针对性和更富有成效。

　　正确处理"数学味"与"生活味"的关系。这主要是指教学中对形象与抽象的关系要处理好。虽然在小学要强调使数学知识转化为学生看得见、摸得着、听得到的具体现实。但人们把握世界必须经历三个层面：动作（活动）把握、图像（形象）把握和符号（抽象）把握。教学如果仅停留在动作和图像的具体形象思维层面上，而没有发展到数学符号的抽象思维层面，也就是没有经历完整的数学化的思维过程,那么学生的思维能力就还不能说已得到有效的发展。

2. 发展性课堂教学五大基本策略

发展性课堂教学的策略,国内曾有过四大基本特点的总结:主动参与、合作学习、尊重差异、体验成功。我们经过群体实验,认为发展性课堂教学以培养学生可持续发展能力为本,以下五大基本策略:情境建构、主动参与、交往互动、尊重差异、开放生成,更能综合体现注重发展应具有的几方面要求。情境建构:体现教师的主导性作用,也反映学生学习的准备与需求状况。主动参与:体现学生的主体性要求,学生参与的状态决定了发展的水平,这是最关键的教学策略。交往互动:体现教学过程多向性、互动性的状态及学习的社会性要求。尊重差异:体现差异发展的因材施教原则与评价全面性要求。开放生成:体现灵活性动态性的潜能发展原则。

3. 教学设计需注意"五突出"

在教学设计时要有效地促进学生的理解,需注意五个突出:立足于数学的本质与学生的数学经验;创设动态变化的有挑战性的问题任务情境;将数学学习扎根于学生的数学活动之中;重视数学认知的结构化与图式化;实施多元多向的评价反馈。如浦城县各实验基地校分别从优化教学目标、优化教学环境、优化教学方法、优化认知过程、优化信息过程等五方面,较系统地探索了发展性教学的策略、模式。又如宁德市蕉城实小紧扣"问题、探究、反思"三大环节组织教学活动:以问题为探究的起点,让问题贯穿学生学习的始终。以探究为学习的关键,重视提高学生探究的有效性。注意充分暴露不同层次学生的思维过程,让学生在做中发现、做中感悟、做中理解、做中解决,使学生经历感受和体验知识发生、发展、形成的过程。以反思为探究的动力,让反思促进学生的探究。

4. 教学实施需增强情态"五力"

学生在学习中不但有认知需要,而且有情意需要、社会发展需要;不但会产生好奇心和求知欲,有好胜好强表现,而且还有扩大交往、与他人合作分享、作出贡献的欲望和自我需要。在实施教学时,要有效地激励学生的学习情态,需注意增强"五力":依据学生求新心理,提高课堂教学吸引力;依据学生求趣心理,激发学生学习内驱力;依据学生求知心理,增强课堂教学理解力;依据学生求奇心理,培养学生自主创新力;依据学生求爱心理,提升课堂教学感召力。如福州市晋安第一中心小学在这方面研究得比较深入,他们在华东师大心理学博士生林敏的帮助和指导下,对教师与学生的行为变化与心理进行分析,取得突破性的进展。特别对学生的能力发展与行为心理进行了深入研究,如从"冲动控制能力""抗干扰能力""视觉注意能力""听觉发展趋势"等方面进行样本调查分析,获得一系列有意义的成果,也提高了教师进行深层探索的教科研能力。

5.发展性课堂教学评价

针对原有课堂教学评价存在的诸多问题,我省部分课题实验基地校开展了"发展性课堂教学评价"的研究。形成了新的发展性评价观,即评价应遵循综合性、主体性、前瞻性等原则,采用多主体参与的等级评价与质性评价相结合、形成性评价与总结性评价相结合的评价方法,努力做到评价内容多元化,评价主体互动化和评价指标弹性化,以充分体现评价的诊断功能、导向激励功能与反馈调控功能。如福州市仓山小学、漳州市芗城实小等,就积极地以"课堂教学评价改革"为突破口,将评价贯穿于学生数学学习的全过程。让学生学会自我评价,关注自省与自控能力,而且注意在活动中让学生参与评价别人,学会交流、协作与分享。这样,既考虑到小学生数学学习的共性,又考虑到每个学生个性的具体实际情况。

(二) 学生发展方面

1.学生个性发展的五项策略

全省有关的实验选题共有 58 个,且多数是针对学生个性差异发展的研究。如福建师范大学附属小学对促进学生个性发展的研究成果尤为突出。他们提出了促进学生个性发展的五项策略:主动性策略、情境性策略、开放性策略、实践性策略、活动性策略。他们认为,充分发挥学生的主体作用,激励学生主动参与学习,学生愈主动,学习就愈灵活并富有创造性,就愈能促进学生的个性发展。注重学生个性的展示和情感的交流,给学生提供交流情意的机会,既有利于学生呈现个性化的经验和思考,又有助于学生辩证地认识、处理个性与共性的关系。让学生在动手操作、测量、调查等活动中学习,使学生有足够的时间进行探索、交流和思考,强调学生主动学习。

2.读懂学生,促进学生个性发展

实践表明,要促进学生的个性发展,必须"读懂学生"。教师可以从以下几方面读懂学生:读懂学生的原有基础,找准教学起点。学生原有的基础主要包括知识基础、技能基础、学习经验、生活经验与思维能力。读懂学生的学习需求,把握学习难点。要从发展的角度了解学生的学习需求和态度。读懂学生的学习差异,把握教学弹性。学生之间的差异既有共性也有个性,教师不能停留在对学生群体共性特征的一般认识上,还要关注具体学生的个性,实行弹性教学,不同的学生具有不同的最近发展区。读懂学生的学习过程,实施因材施教。要关注教学中的生成,运用教学智慧二次设计,及时调控教学进程。

3. 学生学习状态的显著变化

自主意识加强，学习方式转变。建立良好的师生关系，使学生在课上中获得愉快的情感体验，是激发学生学习浓厚兴趣的前提条件。而让学生积极参与活动，是培养学生学习兴趣的重要途径。

新的学习实验，使学生探究意识加强，能力得到培养。学生不仅能在教师提供的学习情境中或教师启发下自己发现问题，探索解决问题的最佳途径和方法，还掌握了数学自主学习的方法，主动预习、复习，遇到问题先思考再讨论，还学会了质疑，敢于提出不同见解，或展开联想，探索新的解决办法。

学习信心加强，愿意展示才能。不少实验校教师充分认识到：不仅要为每一个学生创造平等参与学习的机会，而且要创造出足够安全的舞台，宽容和善待自己的学生，让学生在有安全感的舞台上，大胆敞开心扉，发挥潜能，显露个性和才华。学生潜在的能力变成了显现出来的能力。

4. 分层分组教学促进差异发展

学生的差异是客观存在的。面对这些差异，任何整齐划一的做法都是注定要失败的。我们应该承认差异，善待差异，使不同学生在原有基础上都得到更好的自我发展，而不是平均发展或同步发展。由于长期存在着社会本位的统一标准思想，因此课堂教学中教师极易用同一模式来要求所有学生。特别是在大班额的情况下，要真正有效地兼顾到全体学生在多元智能上的差异，十分困难。我们主要进行了分组合作学习和分层教学的实验。如泉州鲤城实小的"同质分层，同步发展"，既有统一教学活动和要求，又有区别对待的语数学科分层分班教学实验，得到中央教科所戴汝潜教授的赞赏。还有安溪城厢中心校、安溪第三实小、厦门海沧育才小学的"分层调控，异步发展"等。通过研究，形成了分层教学的实施策略：学生分层；教学目标分层；教学环节分层（从备课、上课入手）；作业分层；辅导分层；评价分层。

（三）关注教师专业成长之路

教学过程是师生双方共同发展的过程，教学应该促进师生双方的全面发展。对于教师来说，全面发展意味着教师既要教学生又要提高自己，既要对自己所教的课程的知识体系、内在联系、思想方法等进行研究，对如何发展学生的主体性进行研究和设计，也要不断地对自己的教学过程进行反思，不断地发展和完善自己的主体性。平潭县实验小学、泉州市鲤城区教师进修学校、晋江市第二实验小学、晋江安海西安小学与福州市钱塘小学、达明小学等40多个课题组对此进行了一定的研究。

教师的工作是较为复杂的与人打交道的工作，教师很容易产生"职业倦怠"

和"职业枯竭",也很容易产生职业"高原"现象。要克服教师职业生涯中的这些现象,必须改善育人环境,搭建教师成才的舞台。应该说,教师从新手变熟练再成为名师的成长过程,总是要先从关注教材开始,进而到关注自我教学是否成功,再到关注学生,形成自我教学风格与特色,逐步发展。而教师的发展主要有三种途径,即专业引领、同伴互助、自我反思。这三种途径各有各的优势,也各有各的不足。只有通过为学生发展服务的教育实践,才能够将教育教学知识和才干内化为教师的教育专业素质。

教师的教育专业素质应包含专业与人文两方面。目前,我们对这两方面的深入研究虽然都还很不够,但许多实验基地校教师通过学习现代教育理论,结合课改教学实践开展持续研究,教学教研水平不断提高,达到会教、善教,不少教师的课已初步形成了自己的风格特点。通过实验,教师的科研能力不断提高,逐步由经验型向科研型转变。实验研究促使教师改变以往凭借个人的经验教学的习惯,能够更多地思考"怎样教""为什么这样教""为什么有这样的缺点""怎样改进"等等,并结合教育理论进行深刻的反思,逐渐地让观念内化成行为,使教师对自身工作和任务重新认识与定位,使教师心中的教学观、学生观、学习观、质量观有全新的科学标准。

(四) 建构小学数学发展性课堂教学模式

许多实验基地校皆结合教学案例研究如何将发展性教学观念落实到课堂教学实践中,通过"集体备课、开研讨课、交流反思、总结提升",对发展性课堂教学的基本模式、教学方法、教学结构进行研究。有的还探讨了模式适用的范畴及条件,为成果的推广提供了可操作的初步范型。如霞浦县探索出适合全县实际的"自主探究,主动发展课堂教学模式"及其课堂教学结构、教学策略和评价体系。他们将课堂教学活动基本模式归纳为相互联系、相互依存的"五阶段五环节"。

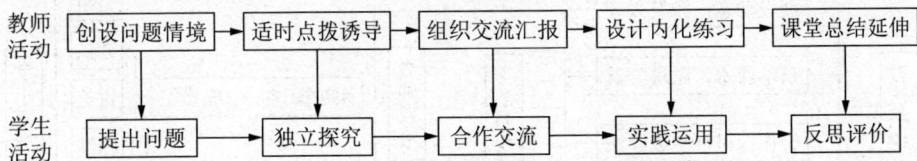

教师活动	创设问题情境	→	适时点拨诱导	→	组织交流汇报	→	设计内化练习	→	课堂总结延伸
学生活动	提出问题	→	独立探究	→	合作交流	→	实践运用	→	反思评价

晋江市第二实小以"巧设问题情境,激发探究——精心预设时空,独立探究——展开合作交流,促进探究——尝试实践运用,深化探究——进行评价体验,鼓励探究"五个环节,构成数学课堂活动系统。

武平县中山中心小学在实验中逐步完善教学结构模式,并加强对模式适用范围的研究,总结出了8种小学数学发展性课堂教学模式。

"探究式"教学模式。流程是:创设情境、导入新课——自主合作、探索新知——总结反馈、形成网络——实践应用、巩固提高。

"尝试——创新"教学模式。流程是:创设情境、引出问题——自主合作、尝试探究——实践应用、内化知识——联系生活、拓展创新。

"自主学习、合作探究"教学模式。流程是:情境创设、导入新课——动手操作、合作交流——应用解决——质疑解难——小结收获、课后延伸。

"问题式"教学模式。流程是:实验探究、提出问题——学生讨论、探索问题——自学课本、解决问题——运用知识、尝试练习——迁移推导、再次尝试。

"体验——发展式"教学模式。流程是:创设情境、体验快乐——自主探索、体验新知——巩固练习、体验应用——总结延伸、体验感受。

"合作——探究"教学模式。流程是:准备——迁移——探究——深化。

"实验——归纳"教学模式。流程是:设境引思、引入概念——直观操作验证、激发学习兴趣——归纳分析、形成概念——巧设练习、应用概念——生活例子、扩展思维。

"自主式"教学模式。流程是:情境创设、明确课题——合作探究、掌握新知——应用、解决——质疑解难、提高能力——小结、交流、互学、共进。

平潭县实验小学课题组根据本实验所提出的"立足课堂教学,关注动态生成,建构学习共同体"的理念,结合课堂教学的基本结构,提出如下"学习共同体"教学模式建构的构想。

模式1:"四段体综合型"教学模式(如图-1),这一模式具有普适性,运用于富含建模思想的课题教学,效果最佳。

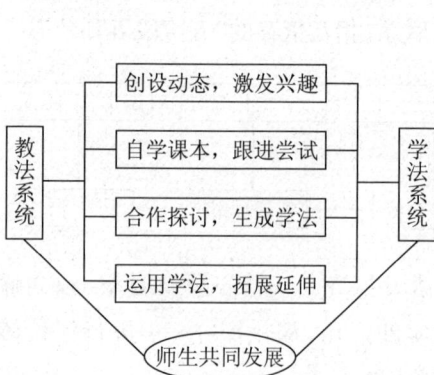

图-1

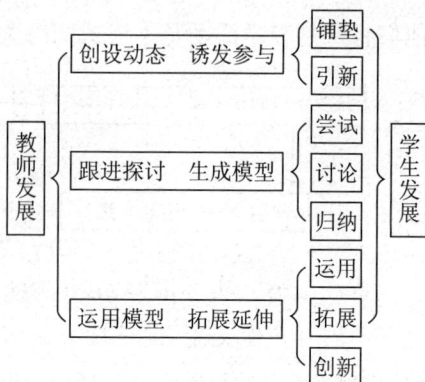

图-2

模式2:"三段八步式"教学模式(如图-2),主要适用于数与代数领域、统计与概率、综合与实践等领域的教学。

模式3："主体互动式"教学模式（如图-3），主要适用于综合与实践、图形与几何、统计与概率领域的教学。

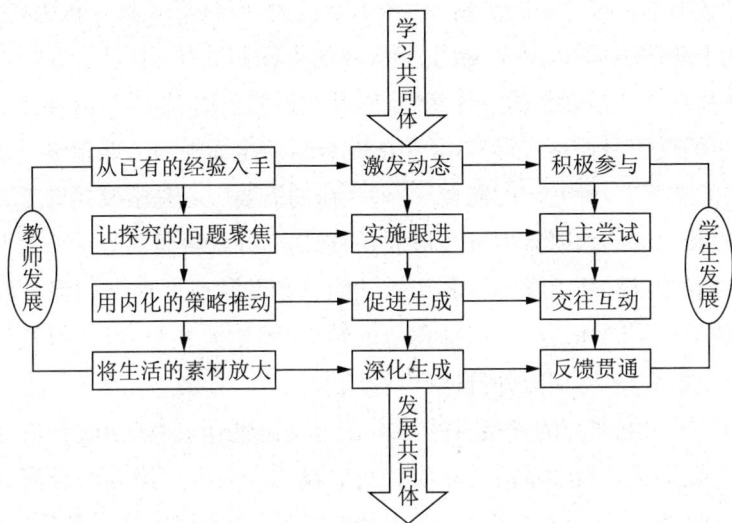

图-3

模式4："DFG"教学模式（如图-4），理论依据为尝试教学理论、发展性教学、社会互动理论、"从动态处跟进，在跟进中生成"的教学主张，具有普适性。

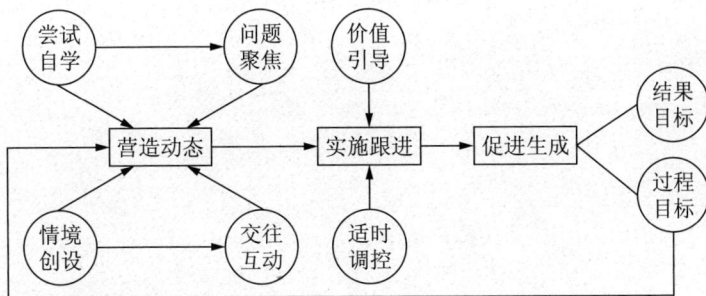

图-4

四、结束语

在此，我们无法全面地统计全省各实验基地校所获奖励的情况，以及实验教师所有正式出版的论著、发表的论文篇数和获奖篇数,无法全面地介绍实验研究的所有成果与经验。但实验实施以来,我们欣喜地发现各实验基地校普遍反映他们在以下三方面发生了明显的变化:

一是教师不仅观念不断更新,眼界不断扩大,而且具体教育行为得到改善,教研中能主动钻研,深入反思,激发了从教的乐趣和热情,唤起了教师人生的尊严感和幸福感。二是学生的主体意识、问题意识明显增强,学生的探究能力明显提高,学生的反思习惯逐步形成,学生的综合素质全面提高。课堂学习成了学生一种生活的需要,一种发展的需要,一种生命的需要。三是学校提升了办学层次与品位,以校为本的教研氛围逐步形成,涌现出一批教科研的骨干。在实验中通过定时定题的开设"网上学术沙龙""教学问题沙龙""研课磨课",促进教师观念更新,形成学习共同体。由于教师角色的转变,师生关系融洽,教师教学设计与教科研能力提高,名师型教师群体已具雏形。

教师从事课题研究的直接目的并不在于理论创新,而在于改善自身的教育行为,在于提高课堂教学生活的品质。我们设想今后将以原有的研究成果为基础,坚持立足课堂,继续深入探讨,扩大研究领域,在研究中增强教学的实效性、高效性、长效性。总之,在促进学生不断全面成长的同时促进教师的自身发展,以促进教师的专业发展推动学校的持续发展,在小学数学教学改革中努力追寻师生终身发展的长期目标。

小学数学乐学课堂的构建

陈玉兰 *

随着新一轮课程改革的推进,增强学生的问题意识和学习兴趣已成为学校校本教研的重要课题。我们要创设现实性问题,创设童话性问题,创设应用性问题,创设渐进式问题,有效地培养学生乐于参与课堂教学,乐于进行数学思考,乐于应用数学知识,乐于尝试创新。随着新一轮的课程改革的推进,校本教研从钻研数学教学技能的研究已逐步转变为关注每一位学生的情感态度、价值观和一般能力的发展,为终身可持续发展奠定良好基础的研究。"问题是数学的心脏",数学的基础知识和基本技能的掌握,数学思想方法的获得,数学思维能力的提高,应用意识和创新意识的发展等,无不与问题和问题的解决密切相关。以学生的发展为本,建立以问题为中心,促使学生兴致勃勃地投入课堂的学习和知识的探索,培养学生乐学、会学的数学课堂,提升课堂教学的有效性,已成为一线教师的重要课题。下面结合我校数学组近几年来所开展的校本教研,浅谈探索构建"问题中心"乐学课堂,实施数学教学的一些尝试。

一、以生活为起点,创设现实性问题,激发学生乐于参与

教学实践表明,以学生所熟悉的实物、生活实例等作为起点,创设问题,将学生置于茫然、兴奋的情境之中,既可增强课堂教学的趣味性,激发学生的求知欲望;又能为下一环节的教学做好铺垫,促进学生在课堂中保持较长时间的注意力,这在低年级的数学教学中尤为重要。因此,数学教学应当注重从学生的生活情境和感兴趣的事物出发,从学生已有的生活经验出发,创设生活化的数学问题

* 陈玉兰,福建省泉州市泉港区峰尾中心奎璧小学教师。

背景,使他们体会到数学就在身边,对数学产生亲切感,在熟悉的生活情景中感受数学的重要性,从而培养学生对数学学习的兴趣,积极参与课堂教学。

如在三年级"年、月、日"的教学中,我们班庄明超同学恰好出生于公历 2 月 29 日,这为课堂的引入提供了契机。上课伊始,我问同学们喜欢不喜欢过生日?学生在回答"喜欢"时,我又问"同学们一共过了几个生日?"同学们纷纷根据自己的年龄,计算自己的生日个数。在巡视过程中,我发现同学们都能以自己的年龄减去"1"得到过生日的个数,我顺势进行表扬。"我们还好在农村生活,不然的话,按公历算庄明超同学只能过 2 个生日,你知道这是为什么呢?"这个贴近学生生活实际的趣味性问题,又出乎学生的意料,让学生顿感茫然。此时,学生情绪顿然高涨,产生了质疑:"按公历算,那我的生日会是几次呢?"……我随即指出,"通过本课的学习、研究之后,你就会明白了。"这样,有效地激发了学生强烈的求知欲和学习兴趣,使学生处于心欲求而不得、口欲言而不能的"愤悱"状态,以极大的兴趣投入课堂的教学之中。

二、以学情为立足,创设童话性问题,促进学生乐于思考

小学一年级学生的注意力坚持不长,课堂参与水平较低,一直是教师在教学中亟待解决的难题。心理学研究表明,兴趣是在需要的基础上产生的,是通过人的实践活动形成和发展的。因此,从学生的内心需要出发,创设具有典型意义的问题串,让学生在问题中探究知识、感悟知识,享受数学所带来的乐趣,能有效地提高学生参与课堂教学的深度和广度,促进学生主动、快乐地进行数学思考。

如在《买气球》教学中,我尝试了设置问题串的形式进行教学。问题一:老师去年教哪个班级,大家知道吗? 去年在"六一"儿童节学校组织了游园活动,并买了一些气球作为礼物给表现好的同学。后来,同学们都很高兴地领走了自己所喜欢颜色的气球。大家想知道老师是如何做的? 接着与同学在互动中共同体验数据的记录方法,并通过评价引导、感受用"正"的记录方法是最好。通过问题一激起了学生的学习兴趣,设疑激发了学生的内部需求,引发学生进行思考,乐于参与数据的收集与记录。然后设置问题二:今年学校在"六一"儿童节也要举行游园活动,同样地为同学们准备礼物,并出示奥运会"福娃"、"鸟巢"、"祥云",世博会吉祥物"海宝"等图片,但如何购买才能使每一位同学都能满意呢? 随着问题二的给出,学生们更是情绪高昂,积极地进行表决,用方法进行记录,用填表进行统计以及

解决有关问题……课堂中所创设的问题串紧扣学生感兴趣的、"跳一跳"能够解决的问题进行。虽然只是一年级的学生，但是整堂课中学生进行了认真的表决，细心地数数进行统计，专心致志地进行思考，积极地回答问题，课堂参与度极高，有效地达成教学所预定的目标，并解决了低年级学生注意力坚持不长的问题。

三、以实践为途径，创设应用性问题，培养学生乐于应用

新课程实施以来，一线教师不断实践着教与学的关系，明确了"教"是为学生的"学"服务的，"以学定教，顺学而导"成为了共识。本人在关注学生的学习需求的同时，积极探索将数学知识与实际应用密切联系，精心设计应用性问题，创造条件让学生运用所学的数学知识解决实际问题。使学生在学习和应用的过程中，感到"数学有趣""数学有用"，不断增强学生学习数学的需求，又反向促进学生对数学知识更深层的理解，有效地提升学生学习数学的自信心和乐于应用数学知识的情感。

如在《平均数》的教学中，我首先设计了由男同学与女同学各派出 4 位代表进行用筷子 1 分钟夹玻璃球的比赛，并把夹球的数目填入统计表，结果男生代表队夹了 30 个，女生代表队夹了 28 个，男同学获得了"心灵手巧"的表扬。男生欢呼雀跃之时，我亦向同学们表演夹球"绝活"，把所夹的 8 个球给了女生代表队，并宣布"30∶36，今天的比赛女生代表队获胜"。"不公平！""这样只看总数是不行的！""我们男队仍然胜！"……在学生发现所学知识未能达到解决新问题时，自然而然地引出了"平均数"，加深了学生对平均数的认识，而且伴随着问题的解决也让学生品尝到应用数学知识解决实际问题的成功喜悦。我又设置一道课后思考题，并要求学生讨论不同的观点，"一个公司在招聘广告上写着：本公司平均月薪 3 000 元。淘气觉得工资待遇不错，每个月有 3 000 元的工资就想去应聘，你认为他的想法对不对，为什么？"此题意在引起学生探究的兴趣，进行激烈的争论，使学生在相互讨论、争论的过程中，更深层次地体会"平均数"的含义，感受到学习数学的乐趣和数学知识在生活实际中的应用价值。

四、以思维为抓手，创设渐进式问题，激励学生乐于创新

"数学是思维的体操"，因此，数学理应成为培养学生创造性思维、创新能力

的最前沿学科之一。思维是从问题开始，但浅显的随意的问题，难以引起学生的兴趣，学生只能随声附和地回答，并不能引发学生的思考；超前的深奥的问题，使学生不知所措，无法进行正确的思考，只会挫伤学生思维的积极性；采用渐进性问题，设置恰当的"坡度"，有层次性，由浅入深，由易到难，诱发学生进行积极的思索，使学生始终处于"跳一跳摘果子"的状态，达到"道而弗牵，强而弗抑，开而旨达"的境界。这样，使学生在和谐的问题情境中，用自己喜欢的思维方式去探索、去发现，乐于表达自己独创的见解，有效地提升学生主体的思维参与程度，促进学生的创新思维、创新精神获得发展。例如在教学"9加几"时，我精心设计了三道渐进性的思考题：找出5、6、7、8、9的好朋友，使它们的和是10（渗透"凑十法"的思想）；口算十加几的题目（体会十加几的计算很容易）；将6拆成两个数的和：1＋5，2＋4，3＋3（为"凑十法"中分"小数"作准备）。通过以上三道题目，使学生的思维得到一定的训练；接着，我让学生尝试计算"9＋5"。我不暗示算法，而是鼓励同学们用自己的方式、方法，大胆尝试、猜想，或利用小棒摆一摆、算一算，看一看谁的算法多，谁的算法好？让学生在开放的探索空间中主动去独立思考，自我探究。结果，同学们所呈现的思维让我惊叹不已：有的用心记住9，再用手指或小棒比出5，逐一数，得9＋5＝14（记大数，数小数）；有的用手指将9比成5和4，5＋5＝10，所以9＋5＝14（化成"5"来数）；有的找出9的好朋友1，再将5分成"1＋4"，9＋1＝10，所以9＋5＝14（"凑十法"的方法）；还有一种算法说是与"化成5来数"不一样的方法，5＋5＝10，所以9＋5＝14。让老师和同学们难以理解，没想到他竟然说得有理有据：2＋2＝4，3＋3＝6，4＋4＝8，5＋5＝10，又9＝5＋4，所以9＋5＝14。原来他非常熟悉"同数相加的和"的思维方式，并巧妙地运用比较的方法进行"创新"计算。这样，在渐进性问题的导引下，有效地刺激了学生的兴奋点，使学生的思维变得越来越活跃，一步步地把思维能力推向高潮。

主要参考文献

教育部：《中小学数学课程标准（2011版）》，北京师范大学出版社2011年版。

曾琦：《学生课堂参与现状分析及教育对策——对学生主体参与观的思考》，《教育理论与实践》2003年第8期。

薛森强：《在数学教学中激励学生自主参与的策略》，《教育导刊》2003年第8期。

由小学数学日记展开的学习评价

数学学习有两大功用：作为其他学科的计算工具；训练推理及思考能力。数学教育的首要目的是引起学生对数学的兴趣，而除了训练学生对数学基本概念及计算技巧的掌握外，培养和提高学生的思维及解决问题的能力也是重要的一环。学校教学的重要内容是要教会学生学习的方法，让学生形成自己的学习技巧，而这些技巧的掌握与否通常是借由学习评价来进行检测。传统的学习评价是以统一命题纸笔测验来进行，这样的评价简便易行，成为评价学生学习情况的主要方式。但这样的检测方法也存在着许多问题，例如：更为偏重对低层次的记忆性知识检测，而忽略了高层次的认知能力；更偏重学习结果的评价，而忽略了对学生学习过程的了解。现在的社会是个多元化的社会，虽然学生学习的方法日趋多样化，但如何选择恰当的评价方法来了解学生的学习需要，并帮助教师做出正确的教学决策，这个教学要求却是永恒不变的。对学生开展多元性的学习评价、丰富学习评价的机制，有助于消除学生对学习的畏惧心理，让教师教得有感觉，学生学得有意义。与传统的只重视成绩的评价理念不同，多元性的学习评价关注的是学生如何进行数学学习，评价的目的在于恰当地描述学生的学习状况。在与学生共同经历的学习生活中，根据本班学生具体的学习情况，一些教师采用了让学生记数学日记的方法，与学生进行知识和心灵的沟通，收到了一定的成效。

一、联系生活，激发兴趣

数学的学习源于生活，学生在课堂上学到的数学知识，最终要服务于生活。

除了在课堂上创设联系生活的练习之外,教师在教学中,还应根据本班学生对数学知识的具体掌握情况,通过让学生记录数学知识,这有助于学生对日常生活的思考。同时,书写数学能密切数学与实际生活的联系,加深学生对潜在的数学知识的探索兴趣。

在教学中,教师可引导学生将每天、每周所学的知识用自己的语言进行总结,和数学知识交朋友。然后通过日记的形式记录下自己在学习和运用知识过程中的感受,从而激发学生学习数学的兴趣。例如在学习了《长度单位》一课后,学生将自己的学习感受记录下来:"这一周的数学课,我的收获可不小噢! 我和千米、米、分米、厘米、毫米,这几个长度单位交上了好朋友。它们可有意思了,而且用处也很大。高速公路特别长,就可以用'千米'作为单位来测量;像大树的高度、绳子的长度就可以用'米'作为单位来测量。我要告诉大家:好多东西都可以用这些长度单位来测量,如果你不信,可以亲自去试一试噢!"从上可看出,孩子的语言生动活泼,形象地记录了她的学习感受,也透露出她对数学学习的浓厚兴趣。

在学习了计数之后,学生记录下与数字之间的不解之缘:"从一年级到现在,有一个数学伙伴一直没离开我的身边,它就是阿拉伯数字。它的本领可大了,每天,叮零零的闹钟把我叫醒了,闹钟上面的指针就指向 1—12 中的一个阿拉伯数字;我想看日期时,就去翻看日历,厚厚一本日历张张都有阿拉伯数字;我要买东西时,一定都要想好买多少件东西和付多少钱,这就要请阿拉伯数字帮忙……生活中到处都是阿拉伯数字,它无处不在。可以说我们是生活在一个无边无际的阿拉伯数字的世界之中。"学生用生动的话语将他对数字的认识和数字在生活中的运用都记录下来了。

评价必须与教学紧密结合,在教学实施的各个阶段,为了了解学生的学习情况,教师要对教学的过程了然于胸,并运用恰当的评价方式,实现多元性的评价。利用数学日记来对学生的数学学习进行评价,不但能完整地展示学生学习的过程和结果,而且能使学生明确自己的解题策略和思考方法,还能使教师充分掌握学生学习的情况,达到反思教学的作用。

在学习了除法竖式后,学生写下了这样一段文字:"在我的学习生涯中,交了许多数学小伙伴,尤其是除法竖式,它让我知道了许许多多的知识。除法竖式是一个城堡,在城堡中间有一位国王,在国王的左边有一位士兵。你可不要小看它们,它可是国王的贴身保镖呢! 在国王的上面,有一位丞相,在国王的下面是女皇,当然,小士兵肯定在最下面。有些小朋友会把贴身士兵和小士兵的位置搞错了,这样一来,小士兵就比贴身士兵大了,你犯过这种错吗?"孩子不仅能将所学的知识用童话的方式进行总结,还把自己在学习的过程中所犯的错误指出来,与同学们共同分享、共同指正。如有的学生在学习了图形的面积后,写道:在很久很久以前,有一个国度,它叫图形国。这个国度里有一位国王和一位王后。这位国王的名字叫长方形,王后叫正方形。他们有三个孩子,大儿子是平行四边形,二女儿是梯形,小儿子是三角形。有一天,国王突然问他的三个孩子,自己的大小如何求,这时,大儿子平行四边形说:"我的大小是这样求的:底×高。"二女儿梯形说:"我的大小是这么求的:(上底＋下底)×高÷2。"小儿子三角形说:"我的大小是这样求的:底×高÷2"国王又问:"那么我和你们的母后的大小又怎么求?"大儿子说:"您的大小是长×宽,母后的大小是边长×边长。""答对了!"学生能将自己对知识的理解,用文字转化为生动的小故事,有助于学生们之间的学习交流,增加了数学学习的趣味性。

通过书写数学小日记,学生们对自己的数学学习加以总结,在探究的过程中获得解题的成就感,并将数学知识运用于生活,从而获得乐趣,逐渐成为一个主动的学习者。借助于数学日记的书写,教师能对孩子的学习情况进行分析和归类,从而了解学生对所学知识的思考过程,并进行教学的反思。用这样的方法延伸了数学课堂,使数学真正来源于生活,服务于生活,充分挖掘了数学知识的作用。

二、培养训练,学会总结

在教学中发现,记录数学小日记有助于学生的数学学习。但是,在让学生记录数学小日记的过程中,最为重要的就是教授给学生写作的方法。为了让学生能更为自由地记录自己的学习感受,根据本班学生的具体学习情况,一些教师放开了数学日记的体式,让学生不拘泥于记录的文体和内容,可以是叙述性的,也可以是童话故事;可以写下自己对知识点的总结,也可以描述自己在生活中遇到的数学问题,等等。同时还不限制记录的字数,只要是自己在学习、运用数学的过程中,或是在生活中对数学知识的感想、感悟,哪怕是三言两语都可以记录下来。例如在一段学习过后,学生对所学知识进行一个总结,写下这样的小日记:"在这一个星期里,王老师教我们认识了吨是比千克大的质量单位,吨和千克之间的进率是 1 000,1 吨＝1 000 千克。王老师还教我们用竖式进行加法计算时,哪一位上的数相加满十,就要向前一位进1。在进行下一位计算时别忘了加上进位的'1'。进行估算时,先把加数看作和它接近的整百或整十的数,然后再相加。学到了新知识,我真高兴!"虽然文字不多,但学生能用比较准确的数学语言进行知识的总结,难能可贵!借助于数学语言对所学知识进行总结,不仅促使学生对数学知识进一步理解,更加强了学生学习的信心。在学习了除法竖式后,学生将除法竖式编成了一个有趣的除法王国童话故事:从前,有个像厂字一样的城堡,那个是除法王国。一天,除法王国里的除数和余数吵架了,于是,被除数国王就问:"你们俩怎么打起来了?"除数说:"余数比我小,我是贴身护卫,他只是一个小兵,怎么能比我大呢?"余数愤愤地说:"没错,我是小兵,可是他已经那么富有了,应该让我大一些。"被除数国王想:"对呀! 除数那么富有了,应该让余数大一些。可是,这样有点不公平,那怎么办? 对了,我应该请商秘书来,才对。"然后,商秘书来了。商秘书说:"应该除数大才对。""为什么?""因为余数大,中间就隔了个数字。"被除数国王觉得有道理,就贴了一张告示:从此就是除数比余数大了。余数感觉有点道理,就不和除数吵架了。王国就变得更加美丽了。虽然这个故事内容略显简单,但其中充满了孩子丰富的想象,使枯燥的数学知识变得生动有趣。

在学习了组合图形这一知识后,学生将这部分的知识进行了总结,写道:"这单元我们学习了图形的面积和组合图形的面积。刚开始我看到组合图形,不禁皱起眉头,嘟起小嘴,心里不乐意了:'这么难,可怎么算它的面积?'学过数学老师的求组合图形的面积课,才恍然大悟,原来,求组合图形的面积可以用两种方法:第一种,分割法,把组合图形分割成我们熟悉的图形;第二种,添补法,也就是添补成我们熟悉的图形。求图形的面积就更简单了,只要牢记面积公式就行啦,哇! 这单元可收获不少哦!"学生不仅进行了方法的总结,还将他对知识的掌握过程书写出来,使教师了解到学生学习中的困难和总结方法,有利于改进教学策略。

通过不限文体、内容、字数,大大加强了数学小日记书写的便捷,也增加了学生的写作兴趣。同时通过同学们之间对小日记的分享,让学生们更喜欢数学小日记。根据本班学生的书写特色,教师应在每周固定的时间进行小日记的分享,将同学们所写的小日记中有特色的,用电脑课件呈现出来,并配以漂亮的图片,让数学小日记显得更为精致,从而也激发学生进行总结和创作的热情。并在每一篇小日记下进行点评,这样不仅能够帮助学生规范数学语言,更对学生在学习过程中遇到的问题有所了解,便于对知识的补缺补漏。这样一来,数学小日记成了课堂教学的补充,既培养了学生总结知识的能力,让学生对解题策略进行反思,加深对数学知识的理解与把握,并能总结出自己的学习心得和看法,更为学困生开辟了质疑问难的渠道,还可以提出自己在学习过程中的疑惑和想要探究的问题。

三、启发创新,提高能力

数学的学习不应该仅止于课堂学习,更应拓展到日常的生活中。数学小日记丰富了教师进一步了解学生的日常生活,通过数学日记也培养了学生学会数学思考,从而有助于从整体上提升学生的思维能力。

在学习了《有余数除法》后,学生能将有余数除法计算用于生活,对生活中的情况进行思考:"今天,妈妈和我一起去买柿子饼。一盒大的柿子饼有 8 片,一盒小的柿子饼有 7 片。如果我们三个人吃大盒的,每人吃 2 片,还会多出两片。如果吃小盒的,每人吃 3 片,就少了两片。"通过这样的记录,教师还可引发学生更多的思考,如:"买哪一种柿饼更合适? 为什么?"这样不但可以培养学生探究的精神,更可以培养学生数学思考的能力。

当学生在生活中遇到问题时,能积极地进行学习,并总结数学方法:"今天,妈妈带我去买书,我选了几本书:有两本书是 19 元,还有二本是 17 元。妈妈让我算出总价,我算了很久才算出来。后来,妈妈教我用凑整十数的方法来计算:$19+19+17+17=(20-1)+(20-1)+(20-3)+(20-3)=20\times4-1-1-3-3=80-8=72(元)$ 这个方法还真好用!"

当学生将课堂上学到的数学知识应用到生活中,会让学生对数学知识感受深刻:"今天,森林举行一场比赛,用转盘决定谁开球,转盘是这样的一个圆形转盘,平均分成四份,红色的占其中的两份且连在一起,一份黄色的,一份是蓝色的。转到红色甲队开球,转到黄色乙队开球,转到蓝色重转。乙队听了不高兴说:'这个规则不公平!'然而甲队却说:'这个规则十分公平,你怎么说不公平?'结果说着说着打了起来,最后评委没办法只好请了森林最公正的狮子裁判,裁判了解事情后说:'大家静一静,乙队说得没错,这个规则不公平,因为双方开球的可能性不相同。'甲队问:'为什么双方开球的可能性不相同?'裁判说:'因为红色占了转盘的2/4,黄色只占了转盘的1/4,我现在决定要改变规则用掷硬币决定谁开球,因为硬币掷到正面还是背面的可能性是一半对一半。'最后两队开始了比赛,而乙队胜利了。"学生将自己对可能性的认识联系到自己写的故事之中,并能从数学的角度对这样一个可能发生在身边的故事中的规则进行修改。不仅加深了学生对数学知识的掌握,更提高了学生运用数学知识解决问题的能力,发展了学生的思维。

　　让学生乐于学习是教师的责任,教师的教学热诚和恰当的教学法,是激发学生学习动机的主要因素。在小学的学习阶段里,数学科肩负着培养学生思考能力的责任。记数学小日记不单培养思考能力,也能让学生勇于尝试,在面对困难时仍持有积极的态度,这正是终身学习和面对人生的基本精神。学习评价是教师得以了解预期的教学目标是否达成,并诊断学生的学习困难和分析教学成效的重要手段。数学日记能帮助教师了解学生的学习过程,可用于检测学生的课堂学习情况,以及学生对概念的理解和应用。数学日记的书写是学生进行数学沟通以促进概念理解的一种数学活动,通过书写数学日记,学生的批判性思考能力、反思能力、创造性思维能力、欣赏数学的能力得到培养。教师借助于学生的数学日记所展现不同的学习过程和情况,可以从中找出教学盲点,从而达到反思教学的作用。数学日记所记录的学生学习的过程,不仅可以促进教师与学生之间的教与学沟通,落实以学习者为中心的教学,还能提升教师高层次思考的命题能力。

挖掘校本资源　传承闽南文化

张丽莎　蔡婉聪[*]

　　校本课程的开发关注差异性，形成学校的特色。我校"走进童谣　亲近闽南"这一校本课程的开发，既形成了本校的办学特色，也为地方文化的传承起到了不可忽视的作用。

　　在大力推广普通话的今天，中、小学中差不多都用普通话交流，有的孩子一出生，父母就用普通话、英语跟他们交流，他们完全不会讲、听不懂闽南话。而闽南方言是闽南文化的载体，是闽南文化的空气，方言一断绝，闽南文化也就死了。我们总是片面追求学生官方语言的表达素质，却忽略他们本土意识的培养。

　　我校95％的学生都是外来务工人员子女。这些学生来自全国各地，他们随着父母来到了第二故乡——石狮，成为"石狮第二代青少年"，但他们因为语言不通，被当成了"外来入侵者"，无法真正融入本地的生活。本课题的开展，是让本、外地学生学习闽南方言，了解闽南的文化，为他们成为真正的"第二代闽南人""第二代石狮人"奠定良好的基础。

　　闽南童谣篇幅简短、韵律优美、意蕴深邃、流传久远，是渗透着闽南传统文化精华的一种乡土教材，也是保有闽南语言精彩语汇的文库。我们以充满童趣的闽南童谣为载体，期望孩子在琅琅上口的念诵吟唱间，不知不觉背诵和掌握闽南民间最通俗最基本的语汇，通过闽南方言的传承，让闽南文化更好地代代相传。

一、闽南童谣在课堂

　　教材编写。闽南童谣是一种口口相传的文化，没有统一的版本，且它流传甚

---

　　* 张丽莎、蔡婉聪，福建省石狮市灵秀镇古洋小学教师。

广,在闽南、台湾、东南亚闽南华裔聚居地这样的闽南文化区域中都有。同一首童谣在各个地区的传唱都小有区别,所以我们必须对进入校园的童谣进行筛选,编写合适的、让学生乐于接受的教材,这是闽南童谣进校园的基础。我们根据闽南童谣的分类,按题材内容把它分为育儿类、游戏类、生活知识类、趣味类、民俗类、时政类、动物类、植物类,共收集了160多首童谣,编成了《走进童谣 亲近闽南》童谣集。在这本童谣集里,每种类别的童谣均选10首左右的必教童谣和与之相配套的拓展童谣,并配上注释、翻译、赏析、实践与探索及统一的录音。我们还对所选的童谣进行了年段的划分,每个年段选择10余首,按学生接受难易程度依次排列。为了完善童谣集,也为了让学生更好地念唱童谣,我们还编写了与童谣集相对应的闽南语教材,在必教童谣里选择一些在生活中常用的字、词,然后编写相关的句段,让学生学习一些闽南日常用语,与童谣的教学相辅相成。

闽南童谣课。与学校校本课程开发相配套,我们把省颁的课程计划中的地方性课程定为"闽南童谣",每周一课时,在一至三年级教授闽南童谣。校本课程的开发与实施作为一种过程,是一个长期的实践反思过程,教师需要不断反思,不断地修正完善。基于这种理论依据,课题组成员全员上阵,都在第一线担任闽南童谣的教学研究。

学科渗透。经过一段时间的实践,我们发现:闽南童谣的教学与其他学科有着千丝万缕的联系。我们在美术、音乐、综合实践课中进行了尝试。闽南童谣《阿不倒》描述了一个憨态可掬的不倒翁形象,教师把童谣的教学与美术的手工制作进行了融合,使学生在轻松的氛围中,掌握该首童谣的念诵,又发展了学生的动手能力。闽南童谣《天黑黑》是一首唱谣,童谣中的内容、传说是学生感兴趣的,教师辅以音乐课表演唱等形式,让学生在愉快的情境中学会本课的教学内容。几乎每首闽南童谣都能谱上曲用唱的形式来表现,这给学生以很大的创作空间,使闽南童谣更受学生喜爱。在实施过程中,我们发现学生对闽南童谣中的一些内容、风俗、传说有很强的求知欲,为此我们把闽南童谣的触角延伸到品德与生活(社会)、综合实践课程中。课题组拟定了"闽南文化月"活动方案,并编写了综合课程教材,内容包括:闽南民间节日食俗、闽南童玩、闽南小吃、闽南茶文化、闽南民间戏曲等,每个年段每学期围绕一个主题开展活动,让学生不再只是感受闽南,而是真真切切地与闽南文化进行零距离的亲密接触。

二、闽南童谣在校园

身边的闽南——楼道宣传。为了让学生对闽南童谣更感兴趣,学得更快,我们除了在课堂上进行教授,还在校园内营造良好的氛围。首先在楼道内设置童谣图片栏,让学生在跑跑跳跳中也能接触到闽南童谣。

墙上的童谣——班级板报。每学期我们指定一个月份出版闽南童谣板报专刊。

空中的童谣——课前音乐。我们选取几首旋律明快有趣、学生爱学乐唱的童谣,设置在上下课铃声中,如《闽南童谣真真港》、《秀才骑马弄弄来》、《西北雨直直落》、《天黑黑》,让学生在这些优美而古朴的旋律中学习,伴着这些具有浓郁地方特色的童谣回家。

跳动的童谣——童谣韵律操。"大公鸡,咯咯啼,做人的子着早起,举扫帚,扫土卡,提桌布,拭桌椅……"每周的周二、三,是我校的闽南童谣韵律操时间。操场上空响起学校自己念唱配乐的闽南童谣。而操场上,学生则边念童谣边做操。这套韵律操按头、手、肩、脚等部位进行编排,在做操过程中,学生不但能得到锻炼,而且学会闽南童谣,真是一举两得。

三、闽南童谣与少先队活动

活动是学生最喜欢的形式,我们利用少先队活动来对学生的学习情况进行检查评价,也进一步巩固所学的闽南童谣。比如,我们举行了"放飞歌声"的闽南童谣合唱比赛,"庆建党,念童谣"闽南童谣念唱比赛、"闽南童谣知多少"手抄报比赛,"六一"儿童节期间用闽南童谣剧、闽南童谣合唱、独唱、闽南童谣说唱串烧等形式举行闽南童谣专场汇报演出。相信这些丰富的队活动不但能以不一样的形式检验学生的学习。而且能进一步激发学生学习闽南童谣的兴趣。

我校利用多种途径,为学生搭建学习闽南方言、融入闽南的平台,让学生学会本地方言,同时又对闽南文化有进一步的了解,但这仅仅是学生方面。我们的探索仅仅是开始,还有不少问题等待着我们继续探究,还有许多困惑等待着我们去弄明白。如教师有关闽南童谣校本研究经验仅来自本校课题组之间的交流，如何给教师寻求更多的学习机会？搭建更多的交流平台？是我们亟待解决的问题。对学校而言，如何将课堂教学与闽南地域的优秀人文资源结合起来？如何相互融合才是更有效的教育？也是我们将来要共同探究的问题之一。

重视国学经典价值　提升学生文学素养

于　婧[*]

本文讨论了提升幼高专学生国学素养的重要性，探讨在"师范、高职、大专"化教学模式改革的过程中，如何提升我校学生的国学素养。幼儿教育者应当在中华文化浩瀚的海洋中汲取幼儿教育的养分，鼓励学生在更广阔的传统文学视野中探寻更加适合现代儿童发展特点的国学教材与启蒙方式，并针对我校教学实际情况与学生特点，提出提升学生文学素养的建设性意见。

一、提升幼儿教师国学素养的重要性

随着经济全球化进程不断加快，各种信息呈爆炸式增长，教育理念不断更新。西方发达国家的意识形态悄无声息地渗入中国社会。为了与国际接轨，更多的孩子将时间投入各种英语班，兴趣班。另一方面，中国传统文化在此冲击下影响力不断减弱，人们对国学的了解越来越少，误解不断加深。

国学经典是中华文化传承的载体，蕴藏了无比宝贵的教育价值，亟待教育工作者深度发掘。幼儿教师更加应当提升自身的国学修养，寻找更加适合儿童特点的教授方式，给孩子潜移默化的影响，使中华文化的花朵扎根于中国儿童的心灵中，更好地完成文化的传承。

二、在国学土壤中发掘更多更好的幼儿文学教育素材

在我国古代众多优秀的蒙学教材与文学作品中，有许多是对现代儿童教学

---

* 于婧，福建省泉州幼儿师范高等专科学校教师。

实践有积极意义的。通过学习这些童蒙读物、文学作品与民间故事,可以在认识世界、道德启蒙、文学修养和开发想象等多个方面给孩子带来有益的启迪。作为未来的幼儿教师,幼高专学生应当了解我国启蒙教育的优秀传统,积累必要的知识。

自然启蒙,认识世界。古代蒙学教材除了用作字书之外的重要功能,就是向儿童普及基本生活常识,所以其中不乏一些适合学龄前儿童学习的知识,配合以图片示范,能达到很好的效果。如《三字经》"地所生,有草木,此植物,遍水陆。有虫鱼,有鸟兽,此动物,能飞走"一句,可以帮助孩子认识虫鱼鸟兽,和它们的生活栖息环境。老师可向幼儿展示各种动植物的图片,讲解它们的特点,让他们先有感性认识,再有理性认识。最后诵读一遍,体会句子的音韵美。同理的还有"稻粱菽,麦黍稷,此六谷,人所食。马牛羊,鸡犬豕,此六畜,人所饲"等句子。《千字文》的字书较多,许多生僻字对于儿童来说难度较大,可以用节选、理解的方法加以讲授。如《千字文》:"天地玄黄,宇宙洪荒,日月盈昃,辰宿列张,寒来暑往,秋收冬藏。"认识宇宙万物运行规律,配合图片进行讲解,让幼儿认识地球宇宙、日月更替、季节变换的规律。

道德启蒙,知晓伦理。一切教育的根本目的,是让孩子树立正确的人生观、世界观,简单地说就是学做人。随着古代社会的发展,蒙学教材逐渐脱离了纯粹的字书功能。宋以后,由于理学的盛行,童蒙教材的编纂者越来越重视儿童道德规范的养成。教材在基本的识字、行文功能基础上,加入了道德规范的内容。蒙学教材是古代儿童系统学习礼仪,社会化的窗口,儿童通过学习,逐渐养成基本的行为规范。《弟子规》以"弟子入则孝,出则悌,谨而信,泛爱众而亲仁。行有余力,则以学文"(《论语》"学而篇"第六条)为基础,发展延伸而成。全书分为:入则孝,出则悌,谨、信、泛爱众、亲仁、余力学文等七章,传导了儒家体系"首孝悌,次谨信,泛爱众,而亲仁,有余力,则学文"的道德规范标准,在讲求孝道、礼仪、诚信、好学的中国社会有着现实的教育意义。《弟子规》是系统地对儿童进行"养正"教育的优秀教材,在现代社会得到了越来越多的重视。"父母呼,应勿缓。父母命,行勿懒。父母教,须敬听。父母责,须顺承。"孝道的教育,使儿童明白尊重父母长辈是最基本的礼仪。"兄道友,弟道恭。兄弟睦,孝在中。财物轻,怨何生。言语忍,忿自泯。""或饮食,或坐走。长者先,幼者后。长呼人,即代叫。人不在,己即到。"这些对儿童的社会生活很有指导意义。《千字文》:"知过必改,得能莫忘,罔谈彼短,靡恃己长,信使可复,器欲难量。"《三字经》中"香九龄,能温席。孝于亲,所当执。融四岁,能让梨。悌于长,宜先知"等都可以配合故事与具体事例对孩子进行道德教育。

文学启蒙,语言音韵。古代蒙学教材,有识字、认字、文学启蒙的功能,大多注意音律,对仗工整,语句短小,便于记诵。虽然为启蒙小童而作,但许多作者都是有名气的文人墨客,且文章经过时间的荡涤流传下来,不失为文学中的精品,赋予了儿童启蒙读本文学和教育学的双重意义。跳出蒙学教材的范畴,在浩如烟海的古代文学作品中,有一部分适合幼儿特点,琅琅上口,便于记诵的作品可以成为优秀的幼教教材。由于古代诗歌篇幅短,音律美,在拓展儿童想象的同时,适当的诵读对儿童的语言发展也很有好处。《急就篇》《三字经》《弟子规》句子短,押韵,琅琅上口。还有《唐诗三百首》中《游子吟》《春晓》《草》《夜思》《登鹳雀楼》等,都适合儿童诵读。

文化传承,开发想象。中国神话故事是容易被忽视的取材范围。神话故事蕴含了上古时期人民对世界起源的朴素认识以及抗击灾害、改变自然的伟大情怀,充满艺术张力和想象力。在众多历史、神话、寓言故事中,亦有不少既能普及知识,又充满"正能量"的故事,对儿童教育有着积极的意义。《山海经》《水经注》《尚书》《史记》《礼记》《楚辞》《吕氏春秋》《国语》《左传》《淮南子》等典籍中记载了许多神话故事,如大禹治水、女娲补天、后羿射日、精卫填海等,充满了想象和艺术的创造,是向孩子解释世界起源的良好教材。

民间传说中也蕴含了丰富的教育资源。如"年兽""哪吒闹海""神笔马良"等耳熟能详的故事,充满丰富的想象力,容易被孩子所接受。

三、幼儿国学启蒙教育的论争与反思

到底要不要读经,这个问题从五四时期一直争论至今,随着 20 世纪 90 年代后的儿童读经运动重新流行到现在社会上层出不穷的读经班,一大批教育者重新认识到了国学经典的教育价值,同时也引起了一场论争。

支持者的观点自不必赘述,但反对的声音也不无道理。众多反对者认为,让儿童背诵自己所不理解的文言文,是扭曲孩子的天性。反对读经的观点一方面集中在对传统启蒙教育中"死记硬背"模式的质疑,担心儿童读成书呆子;另一方面是对经典内容的怀疑,担心封建思想不适合儿童,对启发现代思维无益。对教育内容和教育方式的双重质疑,使许多人对儿童国学启蒙抱着观望的态度。

我们必须对争论保持理性的反思。事实上,读经运动不能完全等同于儿童国学教育,国学涵盖的领域之广,也远远超越了儒家经典的范畴。

　　古代的蒙学教材是给学龄后儿童使用的。古代儿童一般的上学年纪为8～10岁,以虚岁计,正好与现代小学生入学年纪等同。从学龄后开始的识字教育比较适合7岁以上的孩子,若要将古代蒙学教材内容强加在现代学龄前儿童身上是不合适的。要真正达到教育目的,必须针对不同年龄段孩子的接受能力,选择适合他们发展特点的国学教材,并运用科学的教育方法,才能达到良好的教育效果。所以,我们必须从新的角度认识蒙学教材,从更广阔的领域开发蒙学教材,融趣味性、知识性于国学教育之中,以润物细无声的方式方法影响更多孩子,培养他们对中华文化的兴趣与认可。

　　传导精神内核,针对儿童特点。国学教育不是越早开始越好,也不是背得越多越好,对于学龄前儿童来说,培养他们对中华文化的兴趣远比背诵重要。

　　拓宽教材选择渠道。不仅仅在古代童蒙教材领域寻找题材,应当将视野放在整个国学领域,挖掘中华传统文化的价值,去粗取精,去伪存真,寻找更多适合孩子的教育素材。

　　教师的引导方式也很重要。教师应当有一定的国学基础,并注意不断提高自身素质,对国学应当有客观的认识,注意日常积累。并且善于观察儿童的接受程度,注意教学的方式方法,启发兴趣,不要强硬灌输,否则会造成儿童的抵触心理。

四、结合教学实践,浅谈对幼高专学生
进行国学教育的看法

　　幼儿教师是中华传统文化的传递者。提升幼儿教师的国学素养在文化的传承中显得尤为重要。我校在大学语文、幼儿文学等课程中已有国学的相关内容,但是系统性与全面性尚显不足。在课堂教学过程中,通过与学生的交流,一方面,大部分学生通过中学的语文学习,积累了一定的语文基础知识,求知欲强烈,对中华传统文化充满兴趣。另一方面,他们对中国古典文学领域了解不够深入,文学材料积累还不够丰富,需要教师的引导,提高自主学习的意识,增加阅读量。此外,还有少部分学生观念没有转变过来,认为学好应试科目即可,认为文学类课程可有可无。

　　我校的教学活动兼有"师范、高职、大专化"的属性。"师范"属性要求我们要培养合格的教育人才,具有全面的教学素质与技能。未来的幼儿教师肩负传递中华文化的神圣使命,必须具备良好的中华文化修养。"高职"属性要求学校培养具有创新精神的高素质技能型人才,素质的全面提升成为人才培养的重点与难点。大专化教学要求培养学生自主学习的能力,所学知识不应局限于课本,应当培养学生课外阅读的能力与兴趣。所以,提升我校学生的国学素养是提高综合素质与创新能力的重要环节。只有使他们热爱中华文化,熟悉中华文化,并自觉传播中华文化,方能成为培养祖国花朵的合格的幼儿教育者。为此,在课堂教学中教师可以适当增加中国古典文学的例子,使学生在课堂上多接触古典文学材料,形成深刻的印象。同时,培养学生课后阅读的习惯。推荐适合学生的参考书,结合课后作业,达到增加学生课外阅读量的目的。在期末考核中增加相关知识的比重,引起学生重视。此外,开设国学选修课,作为大学语文或幼儿文学的补充,让学生接触到更加广阔的中国古典文学世界。

主要参考文献

胡晓明:《读经:启蒙还是蒙昧? ——来自民间的声音》,华东师范大学出版社 2006 年版。

徐梓:《蒙学读物的历史透视》,湖北教育出版社 1996 年版。

上海古籍出版社:《中国古代蒙书精粹》,上海古籍出版社 1996 年版。

武砺兴:《国学的意义》,《社科纵横》2009 年第 1 期。

段媛媛:《蒙学读物儿童教育价值的理论分析与实践探索》,西南大学硕士论文,2011 年。

张方平:《我国古代蒙学教材研究》,上海师范大学硕士论文,2009 年。

农村小学践行国学经典教育浅析

罗雪英*

"传承国学经典、弘扬中华文化"是我国教育一直推行的政策,那么面对农村学校教学设施的薄弱,面对众多的留守儿童,如何让他们在有限的教学环境中汲取国学经典的食粮,乐于诵读?本文从制订可行的实施方案、精心编辑校本教材、科学合理安排时间、重视与学科有效整合等方面入手,循序渐进,让国学经典之音融入农村教育教学中。

一、制订可行实施方案,促进工作有序开展

首先,作为学校的领导者或课题负责人,更应该明确、读透国学经典教育的课程目标,制订出切实可行的经典诵读活动实施方案,以确保我们的国学经典诵读工作得到有序开展。国学经典教育课程目标是打好汉语言文字基础;培养诵读的能力和习惯,激发对国学经典的兴趣;了解传统文化知识,提升国学素养;认识国学经典的价值,形成共同的良好的价值取向;养成良好的学习习惯,校正日常行为规范。而这些方面是在理论上对它的全面性、系统性的概括,是我们践行国学经典教育的终极目标,在实践过程中,我们不能要求教师在引导学生进行一阶段的学习之后就有立竿见影的效果,我们要充分考虑本学校的实际情况,尤其是从学情出发,实事求是,并征求全体教师的意见,让教师们以主人翁的身份参与到教与学的工作中,集思广益、出谋划策,把自己的金点子运用到实际的工作中,这将更有利于国学经典诵读活动深入人心。总之,作为工作在一线的教师而言,我们任重道远,我们的思想观念、践行理念对这项工作能否取得理想效果有

---

* 罗雪英,福建省武平县十方中心学校教师。

着关键性作用。

其次,尽各种可能让教师参加培训,丰富他们的国学内涵,提升国学素养,从而提高教师的授课水平。学习国学经典并非只是学生的事情,我想一位教师,若是潜心读经典,势必能从那些展现人文光辉、积淀智慧结晶、浓缩丰富情感、蕴含优美意象的传统经典著作中汲取高级营养,能更好地对自己的孩子进行理性教育,也将更有底气驾驭自己的课堂。因此,这将是一举多得的好事情。我们迫切需要教育部门能在活动开展之前进行专家讲座、知名教师现场开课观摩,以及到兄弟学校借鉴参观他人的经验成果等,让我们的教师少走一些弯路,多增一份信心。在此基础上结合本校实际情况,尽快制订一个切实可行、行之有效的活动实施方案。再者,在活动开展中,教师之间要定期交流,共同探讨不同学段的国学课应该怎么上,在要求上有什么区别。我们可以以研讨备课形式畅所欲言,谈做法、谈感想、提建议等,如果时间不允许,也可以通过问卷调查、书面等形式收集大家的经验之谈,然后在各个办公室间传阅学习。除此之外,还要力争在各个学段组织集体备课,并推举代表上公开观摩课,在全校范围内充分研讨,让教师达成共识,以形成更好的国学方法。在此基础上,引导学生感悟,尝试着学以致用。

二、精心编辑校本教材,科学安排诵读内容

在得到领导的重视与教师们的认同下,我们迫切需要编辑一本系统的、科学的国学经典诵读教材,毕竟,国学教育也有一个继承与摒弃的问题,国学中也有一些腐朽、陈旧的东西,比如《弟子规》中的"彼说长,此说短,不关己,莫闲管",所宣扬的是事不关己、高高挂起的自私自利的庸俗论调,《三字经》中的"养不教,父之过"中渗透出了歧视妇女的现象等,这些糟粕的东西我们应该丢弃。我们要让国学经典中的精华一代又一代地传承下去,而不是让学生盲目地囫囵吞枣、死记硬背,更不能变成一种形式主义的教学,让学生背上更加可怕的负担。所以说传承国学要有一种审视的态度,要剖析教材内容,整理教材、教法,选择一些有利于学生认知健康发展或有利于学生适应现代社会道德需要的内容进行教学。然而,农村小学的教学设施相对薄弱,各方面条件存在限制,再加上我们学生的智力水平及家庭条件等等参差不齐,我们要让这样的一群孩子也能充分感受国学经典的魅力所在,就只能依靠学校领导、全体教师去引领学生进行学习。我们要

让他们学有所成,势必更需要一本适用可行的国学经典诵读教材。因此,任何一所学校,有必要成立一个校本课程开发小组,在全体教师的共同讨论下,精心编辑国学经典诵读的内容,依据学生的年龄特点和学校实际,不同年级的学生吟诵不同的经典内容,避免重复、浅显、拔高的情况,使经典诵读活动的开展更加系统、有序、科学、合理。

如低年级学生可选择《三字经》、《弟子规》这样琅琅上口的国学著作为教材的核心内容,既符合低年级学生的认知特点又减轻低年级学生诵读负担,更不会打消学生的积极性。再配上符合本校情的生活事例,让经典中的道理走进生活,让生活事例中的道理通过国学经典的学习得到升华。正如《三字经》中"香九龄,能温席,孝于亲,所当执","融四岁,能让梨,弟于长,宜先知。"这样两句话,我们可通过讲故事,让学生知道"香""融"指的是谁? 了解了故事之后,学生就更容易理解这两句话的意思,从而学习他人的美德,很好地促进学生的成长。

三、科学合理安排时间,全力保证诵读效果

教材离不开课堂,再好的教材没课堂教学的实践是很难说明成功的。为了有效地落实国学经典的诵读内容,我们对经典诵读的时间有必要作统一的要求。多数学校的实践证明,每星期以一节课为宜,当然,最好不去占用原有的课程,若是挤不出一节完整的课,可充分利用每天早读前 10 分钟、或者每周一三五的语文早读课时间,不断诵读,可以取得一定效果。

每周一节的国学诵读课。有计划、有目的地落实国学教材中的教学内容,重在指导学生有效诵读,培养读书兴趣,提高语言能力,提升语文素养。

每天早读的 10 分钟。重在巩固强化,要求教师以读为本,可采取集体诵读、小组读、个人读、轮读、表演读等多种形式,达到"不求甚解、但求熟背"的目的,让学生终生受益。

每节语文课前的 3 分钟。重在复习、加强记忆,并按顺序,让个人或小组上台展示,体验乐趣,收获成功。

总之,三个时段的安排,是为学生们学习国学经典提供时间上的保障,只有这样,学生们的知识积累才能越来越丰厚,教室里的琅琅书声才能越来越响亮。

四、重视与学科有效整合，共创和谐校园环境

若想让此项工作进展得如火如荼，成为特色，很有必要以点带面，即以语文学科为主导，带动各学科共同落实经典诵读活动的工作思路，丰富语文教学资源的同时引导学生诵读经典，从而实现"主导＋共进"的教学模式，达到学科共同渗透的目的。比如，在日常教学中，语文教师可为科任教师提供各式经典资料或者是近期同步的经典教学内容，让学科教师进行选择，并采取灵活、生动、别样的教学方式展示国学经典内容，让学生在多种钟爱的学科活动中潜移默化地受到影响，在不知不觉中感悟经典的魅力，这何尝不是一种好途径、好方法呢？而在其他学科上我们同样可以渗透。

音乐学科。利用音乐课对学生进行经典诵唱，教师们根据学生本周学习的相关国学经典内容，编排出精彩的舞蹈，让孩子们边歌边舞，唱出经典的韵，舞出经典的神，从而加深他们对国学内容的诵读与识记。

体育学科。体育教师结合体育学科特点，利用体育课游戏等形式引导学生边诵唱边活动，把平时大家喜欢的跳皮筋、编花篮、丢手绢、双人拍手等游戏语言，换上国学经典词句，再用竞赛形式激发他们尝试并形成校园里的一种风气，久而久之，说不定就为我们的校园增添了一道别致的风景。

美术学科。美术教师可结合国学经典诵读的内容，引导学生去创作一幅幅精彩的绘画作品。如低年级的学生可为经典故事（成语故事、寓言故事等）配画；中、高年级学生也可为古诗词配画创作作品。这样一来，不仅加深了学生对经典内容的记忆、理解、感悟，还激发了他们探索、创新的欲望，陶冶了情操。我们还可以抓住各种契机，比如各种传统佳节——中秋节、春节、元宵节等活动中渗入国学经典知识的熏陶，把中国有名的书画作品引入我们校园，让孩子一饱书画作品，感受自学魅力，陶冶高尚情操。

品德与生活或社会学科。教师在教品德与生活课时，可以根据低年级学生爱听故事的特点，多跟学生讲讲名人故事、成语故事、寓言故事、少儿益智故事等激发兴趣的同时并学得道理。有条件的学校利用多媒体来播放，更能吸引大家的眼球，起到事半功倍的效果。而到了中高年级学品德与社会课时，我们也可以把学生带入古人的时代，如李白、屈原、孟子、孔子等，借助于多媒体的播放、展示资料等方式，了解他们的经历，更好地理解他们作品的思想内涵。

　　总之,在各学科教学中,教师要相互协作,相互借鉴,求同存异,各种课堂要适时展开,引经据典,让教学内容更鲜活、更生动,让学生切实感受国学经典的博大精深。另外布置课后作业,也可以让学生用研究性学习的方式再探究经典奥秘,使他们钟情经典的兴趣、信心和毅力得以升华。

五、按时举行成果展示,全力营造浓厚氛围

　　对于任何一项活动的开展,我们最反对搞形式主义或"一阵风"的名堂,那是一种有名无实、有头无尾的局面,不论对学生、对教师、对学校乃至对教育都是一种负面影响。因此,如果我们真的希望这项国学经典教育真能发挥出它的巨大魅力,那我们就要在实际的教学工作中,把工作做实、做细、做到恰到好处。尤其是农村小学,我们的学生接触面太窄,信息、资讯等接收与传播更缺乏,而我们家长自身知识水平不高,再加上留守儿童占绝大多数等,诸多因素向我们摆明在农村小学践行国学经典是难上加难,要想有所成效只能靠学生在校内的学习与消化。因而,作为一个班级,一所学校,对各项工作的实施要日坚月守,除此之外,还必须按时开展多项活动,确保学生在活动中有所受益、有所进步、有所启发、有所追求,只有这样,才能使学生在知识积累、道德形成方面得到有利的发展。

　　各班要认真做好"三个一",即"一日一诵",每天安排早读课或语文课前的5～10分钟进行诵读;"一周一星",每周从《三字经》《百家姓》《论语》《弟子规》等国学经典中选取部分精彩片段,做好诵读内容的安排工作,并请学生自己上台展示,评出每周诵读之星;"一月一赛",在学生诵读的基础上,每个月组织一次班级主题诵读活动比赛,采用说、诵、演、唱、画等形式,请个人、小组或大组学生参加表演,评出名次,或进行"经典诵读大王""聪明小画家"的评选等,对获奖者给予适当奖励,让学生尝到成功的快感,激励学生更加勤奋学习。

　　学校每一学期至少要开展一次大型的国学经典展示活动,最好在开学初就拟好计划,根据本学期的一些活动契机,与六一节或元旦等庆祝活动相结合,适时开展与国学经典相关联的活动,如低年级开展"国学经典演讲(讲故事)"比赛、古诗词诵读比赛,而中高年级开展国学经典诵读、课本剧表演比赛,"好词好句摘抄积累"比赛,国学经典手抄报评比或相关主题的征文(现场作文)竞赛等等,并在比赛后及时表彰和奖励表现突出的班级或学生个人,颁发证书与奖品。如此一来,这些活动犹如一缕缕春风,滋润每一个孩子的心田,也让我们教师在付出

汗水之后收获了丰盛的果实,心中永远流淌着一泓甜蜜的清泉,势必更能激起全校师生参与诵读活动的热情。

　　总之,传承国学经典、彰显国脉特色教育并非一朝一夕的事。在我们农村小学,尤其需要全体教师上下齐心,认真对待,及时反思,不断提升,让它以一种新生力量注入我们的校园,让新一代少年儿童在悠悠古诗韵、浓浓中华情中焕发奋发向上的精神风貌。只要教师们在国学经典教育中实事求是、积极探索、敢于创新,就有理由相信国学经典教育工作会越做越好,经典之音一定会在山间响亮地歌唱!

主要参考文献

李毓秀:《弟子规》,海潮出版社 2011 年版。

张莫沉:《历史教育呼唤人文教育》,《陕西教育》2011 年第 7、8 期。

张跃进:《快快乐乐诵经典》,《小学语文教师》2011 年第 10 期。

秦望:《与孩子一起背国学经典》,《河南教育(基教版)》2010 年第 2 期。

谢斌、钱丽娟:《国学经典新韵校园》,《学校党与思想教育》2008 年第 11 期。

潘学容:《读国学经典提升特色品味》,《中国科技博览》2010 年第 33 期。

巧用客家传统游戏　促进幼小衔接

洪秀萍*

从幼儿园进入小学,是幼儿人生中的第一个重大转折。让幼儿愉快地进入小学,自信独立地面对小学生活是幼儿教育的重要话题和难题。客家传统游戏是民间传统文化中的重要组成部分,因其游戏内容广泛、形式简单,富含娱乐性、竞争性而深受儿童的喜爱。《幼儿园工作规程》指出:"幼儿园和小学应密切联系,互相配合,注意两个阶段教育的相互衔接。"那么如何让幼儿自然、愉快、顺利地完成由幼儿到小学生的转变,很快地适应小学生活? 我们尝试运用丰富有趣的客家传统游戏帮助幼儿幼小衔接,有效促进了幼儿语言表达能力、自主活动能力、思维能力、社会交往能力的发展。

一、巧用客家传统语言游戏发展幼儿的语言表达能力

为了让幼儿尽快适应独立、自主,复杂多变的小学生活,我们通过聆听、诵读、吟唱客家传统语言游戏等方式,发展幼儿的语言表达能力,让他们学会用语言与人交往、善于交往,愉快地进入小学新的生活。例如在客家族群中广泛流行着《羊咪嘛,咯咙咯》《月光光,秀才郎》《小郎读书》等童谣。这些童谣语句通俗,每句尾用同韵字,使之琅琅上口,小时念熟,到老不忘。这些语言能力正好呼应了小学低年级以诗词、散文和短文为主干的语文学习。另外,客家童谣能很好地帮助幼儿理解词语和运用口头语言(包含地方母语),清楚、连贯、有表情地进行表达与交流的能力。如我们将客家童谣《月光光》渗透在语言活动中,在学习《月光光》童谣时教师将活动室创设成童谣中的意境,配合CD,聆

* 洪秀萍,福建省武平县实验幼儿园教师。

听《月光光》童谣："月光光，秀才郎；骑白马，过莲塘……"，感受客家童谣声韵活泼、美丽温婉的意境。我们还请来了民间老艺人让孩子们跟他们诵读童谣、吟唱童谣、表演童谣、创编童谣，孩子们学会了发音、辨音、丰富了口语词汇，还学会了听、熟练地说客家方言，并能用流利的普通话大胆、清楚、连贯地进行表述童谣的意思。再比如我们将说唱童谣《羊咪嘛，咯咙咯》渗透在户外体育活动中，幼儿按意愿分别扮演大伯、狼、小羊，蹲在羊圈内（圆圈），游戏开始：狼绕着羊圈边走边问大伯："羊子咪嘛，咯咚咯咚锵，大伯，羊子出生了几只呀？"大伯答："一只"，狼又继续问"羊子咪嘛，咯咚咯咚锵，大伯，羊子出生了几只呀？"大伯答："两只"……到最后狼说"不分我吃就抢了"时，狼追逐四散逃跑的羊群，游戏达到高潮。这种一问一答式的语言游戏，为幼儿提供了语言表达的环境，游戏中迫使他们与同伴相互对白，逐渐学会了表达，丰富了词汇，而且童谣趣味性强，富有节奏感，琅琅上口，游戏很刺激也很富有挑战性，孩子们百玩不厌。此外诸如：《排排坐》《菱角子》《萤火虫》《先生教我人之初》等童谣，也都是口语训练的好材料，诵读起来琅琅上口，可进一步帮助幼儿提高语言表达能力。

二、巧用客家传统小游戏发展幼儿自主活动能力

美国心理学家艾里克森提出："促进幼儿的自主性与主动性发展是早期教育的基本任务。幼儿是在自主活动中自我实现、自我创造的。"因此尊重幼儿的自主活动权是发展幼儿自主性的基本。幼儿园与小学由于孩子的年龄、学习内容等方面的不同，幼儿园安排了幼儿的一日生活，生活上、学习上遇到困难会得到老师的及时帮助。进入小学后，孩子过的是一种相对独立的学习生活，小学生除了上课是跟着老师学习，其他时间就需要孩子自主管理了。据小学老师反映，刚入学的孩子自主活动能力极差，特别是到了课间10分钟时间，到处是东跑西撞的孩子们。我们根据客家传统游戏具有很强的趣味性和娱乐性的特点，尝试在大班下学期让幼儿学习一些客家传统小游戏，为今后在小学课间自主活动提供一些选择，提高幼儿的自主活动能力。因为课间只有10分钟，非常短暂，我们巧妙地选择了以下两种类型的小游戏：一类是较安静型的游戏如《翻绳》《打沙包》《打石子》《翻积木》，此类游戏不受时间、场地限制，玩具携带方便，还能锻炼手指的灵活性，此类游戏比较适合女生。另一类是小型

体育游戏如:《老狼老狼几点钟》、《我们都是木头人》、《炒豆豆》、《脚尖脚跟脚尖踢》、《锤子、剪刀、布》、《吹羽毛》等,这些规则简单、便于开展、运动不是很激烈的小型游戏,让男孩子们放松身心,减缓疲劳,更好地投入下面的学习中。通过尝试我们发现这些生动具体的游戏内容、丰富多彩的游戏形式,还有快乐放松的游戏情绪,都强烈地激发了孩子的兴趣。幼儿在每个过度环节都能自主选择游戏内容,和自己喜欢的朋友一起开心游戏,大大地提高孩子们自主活动的能力。

三、巧用客家传统智力游戏发展幼儿思维能力

教育家蒙台梭利指出:"儿童的任何才能都不是与生俱来、生而有之的。后天的积极培养和科学指导才是挖掘儿童智力潜能的最有力的方式。"大班幼儿求知欲强,精力旺盛,喜欢接受各种挑战,而进入小学,将对幼儿的思维能力、逻辑能力提出更高的要求,我们尝试用客家传统智力游戏,挖掘儿童的智力潜能,锻炼幼儿的思维能力,开启幼儿智慧之门。

扑棋就是一种客家传统的智力游戏,扑棋就地取材,简单易学,深受客家孩子的喜爱,主要是培养孩子的思维能力和应变能力。玩扑棋时,只需在较平整的地面用瓦片或小石块随手画出一个棋盘,甲、乙两人对垒。玩法:每人各执六个棋子(一般用小石子、小瓦片、小木棍、小树枝都可以,总之双方的棋子要有所区别)。棋子放在棋盘两边的周围,玩前两人要"呲咚"(每人各出一个手指决定大小),以三盘两胜方式决出谁先动第一步棋。每人一次只能走一步棋,两人轮流进行。如果甲乙双方在同一条直线的交叉点上各有一个棋子对峙时,其中甲方动一步后有两个棋子,甲方就以二比一的优势把乙方的棋子吃掉。吃掉棋子的甲方还要说一声"扑",乙方吃掉甲方的棋子时也要说一声"扑",所以这种玩法的棋叫"扑棋"。最后哪方棋子先被吃光就认输,输的一方要给胜利的一方"捶背"以示奖励。如果有时走得好,一步棋就可以把对方的两个棋子吃掉,这就叫作"一子打两咯",这棋法虽然看似操作简单,但要玩好就很考验下棋者的反应力和判断力了,不动脑筋就有可能一步走错,满盘皆输。所以每走一步前都需要想一想下一步如果对方会拦截,自己该采取怎样的策略,是躲避还是进攻,也就是俗语说的走一步看三步。这类游戏能很好地锻炼幼儿的推理能力和应变能力。

四、巧用客家传统合作类游戏发展幼儿社会交往能力

大班幼儿将离开他们留恋幼儿阶段的游戏生活,开始接触和适应一个崭新的社会生活环境——小学。随着年龄的增长,大班幼儿情绪更加趋于稳定、明朗和充满活力,合作意识逐渐增强,规则意识也快速形成。他们喜欢交往也乐于交往,在交往中他们能获得友谊、信任、支持、同情、知识……我们尝试利用丰富多彩的客家民间合作类游戏,促进幼儿主动交往,以培养幼儿社会交往的能力。

舞龙灯是很经典的客家传统游戏,其特点是多人参与,分工、合作、规则性较强,对幼儿的社会交往能力的发展有很大的帮助。舞龙灯首先要做龙灯,龙灯的制作过程也是培养幼儿社会交往的大好时机,在制作过程中需要团队成员分工合作、团结协作方能完成。如制作"稻草龙",幼儿推选小组长,然后要分工明确:一些小朋友制作"龙头"(用稻草扎成龙头状),一些成员制作"龙身"(用稻草扎成大约20厘米长的草扎,中间穿上一根松紧带,用小竹竿或木棍插好),还剩下的负责制作"龙尾"(用稻草扎成龙尾状)。龙灯做好了,孩子们别提有多高兴,纷纷拿上自己小组制作好的龙灯冲到操场上舞了起来。可是不一会,孩子们状况百出地都回来了。通过游戏幼儿知道舞龙灯是一个集体项目,只有大家齐心协力才能舞好龙灯。此外,跳大绳(用稻草搓成的绳子)、打沙包等也是孩子们非常喜欢玩的客家传统合作类游戏。通过玩客家传统合作游戏,帮助幼儿学会与别人友好相处,学会自己解决人际矛盾,学会控制自己的情绪和行为,这都有助于幼儿助人、合作等良好心理品质的发展,加快其社会化进程。

为了让幼儿顺利完成幼儿园与小学的衔接,我们将继续探究更多行之有效的方法,为幼儿顺利适应小学的生活打下更为坚实的基础。

主要参考文献

朱慕菊:《幼儿园与小学衔接的研究》,中国少年儿童出版社1995年版。

王振宇等:《儿童社会化与教育》,人民出版社1992年版。

深化舞蹈教学改革　彰显舞蹈文化内涵

尤怡红 *

　　舞蹈是人类最古老的文化艺术形式,它蕴含了人类历史、人文、民俗、劳动方式、审美、宗教等信息,决定了其特有的文化内涵。高职高专舞蹈教学要使舞蹈技能与人文素养得到同步发展,就应该在教学中凸显舞蹈文化元素,引导学生理解与把握舞蹈文化内涵,提高审美水平、培养创造力,从而广博其人文知识,完善其专业技能。本文主要探索的是如何深化教学改革,引导学生从舞蹈的形态动作中把握其内在精神特质和文化属性,让肢体与心灵同步起舞,技术与文化相互交融。

一、更新教育理念,认识舞蹈课程文化价值

　　舞蹈这种古老的艺术从形式到内容都有着极强的文化气息,其表达方式包括了人的形体和精神两个方面。每种舞蹈的形态特点、动态特征,包括服饰都是一种文化符号,是特定族群生活、审美的体现。作为一种文化现象,舞蹈具有非语言交流的特征,不是单纯的形体运动,它是人类深邃文化思想和生活情感的艺术表现。如果舞蹈失去了文化内核,成了动作的堆砌、技巧的展示,舞者也就成了组合动作的机器,那么它与体育运动或技巧杂耍又有何区别? 如果舞蹈教育仅仅是学会动作,没有了情感体验、无关文化渗透、审美熏陶就会出现"有其形而无其意的"境地,那无异于作坊的匠人,这样舞蹈教育的审美作用、文化传承将荡然无存,也将导致人类文化的一种缺失。因此必须更新舞蹈教育理念,改革单纯从动作到动作的模仿教学,将舞蹈文化渗透在动作之中,引导学生理解与把握动作内在表达,树立以综合素质培养为目的的教学理念。高职高专舞蹈教学不仅

　　* 尤怡红,福建省泉州幼儿师范高等专科学校教师。

要使学生掌握应有的舞蹈技艺,更应当挖掘舞蹈本身的文化价值和人文特点,增强文化意识、提升文化素养,这不仅是舞蹈教学的要求,更是我们学生今后所从事职业的要求。

二、改革教学方法　挖掘舞蹈文化内涵

舞蹈作为一种文化现象具有鲜明的文化个性,它与地域、民族的文学、民俗、宗教、地域、生活方式有着极为密切的关系。每一种舞蹈都表现了其地域特点和族群特点,因此也蕴含着特有的思维意识、审美情感、生活习俗,是表达族群认同感和历史感的一种方式和一定时期社会文化的表现。可以说文化性是舞蹈的个性所在,一种舞蹈区别于其他舞蹈的最主要特征就是拥有不同的文化积淀。可见,舞蹈风格特点其实就是舞蹈文化特征的形体展现。因此在教学中不仅要使学生掌握具体的形体动态,还要挖掘其内在的文化特征,使之理解与把握才能达到神形兼备。那么如何开展教学才能使学生能够感受和理解舞蹈中的文化因素,探索和把握舞蹈的文化内涵,使肢体与心灵同步起舞,技术与文化相互交融?我认为应从教学方法入手,教学方法是影响教学质量的重要因素,必须改革机械模仿的舞蹈训练方法,激发学生积极思考,探索技能的理论依据和舞蹈风格的成因。坚持理论实践相结合,教学演练一体化,灵活采用多样化教学方法、教学手段,优化教学效果。只有将教师的教法转化为学生的学法、把理论知识内化为学生的能力,使舞蹈文化成为学生对舞蹈的内涵把握,从而将文化元素真正落实到学生的表演中才能实现教学目标,否则舞蹈技能与人文素养同步提高将成为一纸空谈。通过改革教学方法,加强对动作韵味性的文化解读,引导学生探索动作的文化背景,启发他们从文化的角度来理解与掌握不同舞蹈所特有的文化特征与精神特质,才能有效地拓展知识结构、提高文化素养。

高职高专人才岗位是小学、幼儿教师,承担教书育人的责任,因此不仅要具备一定的舞蹈技能,更要有良好的文化素养和品德,她们的文化素养与情趣品性将影响其工作的质量,也关系到下一代的心灵滋养和健康成长。幼儿教师不仅是知识的传播者,更应该是优秀文化的传导师。因此在高职高专舞蹈教学应融会贯通,将相关知识、技能有机融合在一起,通过形态动作等外在表象,挖掘舞蹈本身所承载的文化内涵,把握舞蹈文化属性,进一步传承优良文化。这样才能培养出高端技能型的人才,全面展示与体现舞蹈的多元性和综合性,提高学生综合素质。

　　加强动作剖析,凸显文化元素。动作剖析是舞蹈教学的核心部分①,通过动作剖析可以使学生明确动作的做法、动作的规格、动作的要领,特别是动作体态律动的分析使学生更好地确立舞蹈风格特征。然而舞蹈的体态律动并不是凭空想象出来的,舞蹈动作也不是毫无意义的肢体运动,这就决定了舞蹈教学不能是简单的肢体动态的传授,而是一种非文字的文化传导。不同舞蹈其动作的运动方法、运动路线,动作的姿态、力度、连接有不同的性质与规律,这些无一不承载着特定的文化信息。教学中教师不能仅仅停留在动作做法、规格等技术层面的分析与讲解,更应加强对动作内在信息的剖析,使之明白这样做的根源是什么?使舞蹈的文化特征得以凸显。例如,东北秧歌"顿步"强调脚向下踩胯往上提,重心快速移动,通过教学分析使学生明白当重心快速移动,步伐干净利落,才能体现热情活泼的情绪与气氛,符合东北人直爽、泼辣的性格特征;而傣族由于地处亚热带,受小乘佛教和水文化的影响,其舞蹈步伐则是重起、轻落而显得安详平和;"鹤步、鹤飞翔"是朝鲜族舞蹈中常见形态,其动作舒缓、节奏沉着,形成典雅含蓄、飘逸潇洒风韵特点,正是其民族喜鹤心态的体现②。可见,外在动作是一种文化符号,当学生了解动作的文化属性之后,便能更好地把握动作的风格特征、体现文化内涵。因此高职舞蹈教学应该重视培养学生自我探索、自觉思考的能力,教师的重视和有效引导才能全面展示与体现舞蹈的文化因素,使学生的文化素质与艺术素质得到更好提高。

　　高职高专舞蹈教学并非职业舞蹈教育,其教育模式不应过于强调技术训练,使之成为一种高难的技能展示。对于今后要从事幼儿教育的学生来说,更应加强对元素动作和重点组合范例的剖析,凸显舞蹈内在文化元素,使学生感受到外化的舞蹈形体中所蕴含的文化内涵。通过不断的感受与体验,逐渐使其建立舞蹈文化意识,进而能够把握并表现出舞蹈动作内在的精神气质与文化特征,这才是舞蹈的内在精髓。

三、增加比较分析,揭示文化特征

　　舞蹈通过动作形态传播思想文化、表达情感,那么不同的舞蹈所表达的文化

---

①　吕艺生:《舞蹈教育学》,上海音乐出版社 2004 年版,第 137 页。
②　罗雄岩:《中国民间舞蹈文化教程》,上海音乐出版社 2001 年版,第 155 页。

内容和特点便各不相同,各具特色,如何更好地引导学生认识与把握这些风格各异的舞蹈,真正体现舞蹈所包含的情感表达,是我们应认真思考与探索的问题。高职舞蹈课程接触的舞蹈有芭蕾基训、中国古典舞身韵、中国民族民间舞、幼儿舞蹈与创编及现代舞等,内容丰富,课时有限,通过增加分析比较,能够使学生更快更好地掌握舞蹈技能并扩展知识结构,充实文化底蕴,引导他们将知识技能内化为素质,增强学生的艺术表现力和综合素质。在教学中教师应善于横向联系,整合教学资源,加强对不同舞蹈的分析比较,启发学生理解与把握舞蹈风格背后的文化特征,提高学生人文素养与综合素质。

地域对比。例如同是秧歌类舞蹈,东北秧歌、陕北秧歌、河北秧歌、胶州秧歌、海阳秧歌、鼓子秧歌,由于不同地域、不同习俗、不同审美情趣,其身体的动态与舞蹈风格迥然不同。东北秧歌是"稳中浪、浪中艮、艮中俏",具有刚柔相济的特点;陕北秧歌跳跃粗犷、河北秧歌柔媚热情。而同一个山东省的三大秧歌鼓子秧歌、海阳秧歌、胶州秧歌也是各具特色:鼓子秧歌"稳、沉、抻、韧",气势磅礴、英武矫健,主要流传于鲁北一带,其风格特点与山东传统文化和鲁北自然环境密切联系。山东古为齐鲁之地,自古多豪杰出好汉,而鲁北艰苦的自然与生活条件使当地人民练就了强壮体魄与刚毅性格,因此才能在套着沉重的鼓子时还能大幅度地跳转舞动,充分显示了山东好汉的英雄气概。海阳秧歌则综合性强,其风格"欲动先提、一惊一乍、气息先于动作",古朴粗犷、气派灵活。海阳地处山东半岛南部,据史料记载其先民较多是明、清两代从外省、区迁移而来,因此海阳秧歌具有的兼容性与灵活性也就不足为奇了。胶州秧歌是胶州湾一带的秧歌小戏,它与一般大众化的秧歌不同的是有一套挑选、训练演员的完整方法,过去的艺人踩着特制的"跷板"表演,使得脚掌富有弹性、脚跟灵活扭动,因而形成了"拧、碾、抻、韧"扭断腰的动律风韵。教学中要善于通过视频、讲解进行形象的对比与分析,使学生能够较为明确地感受到同样的舞蹈类型受地域、习俗的影响,其风格特征的差异性,由此可见,民间舞蹈正是不同地域文化的一种体现。

民族对比。我国有 56 个民族,每个民族都有自己的历史文化和民族特点,不同民族因民族气质、宗教信仰、自然环境、审美情趣的区别,舞蹈风格特征更是形态各异,异彩纷呈。这就更需要教师从文化的角度来提示舞蹈这种人体文化现象。例如藏族舞蹈由于受封建农奴制和政教合一政权形式以及藏传佛教的影响,因此呈现出松胯、弓腰、曲背的体态,其舞蹈悠然自如,动态形象及内在精神气质与其宗教文化、劳作习俗有着密切的关系;而维吾尔族舞蹈由于历史上地处丝绸之路,受商业文化影响,其舞蹈体态则强调立腰拔背,其上身洒得开及旋转闪腰的舞蹈风格具有明显的西域乐舞和绿洲文化特点。而蒙古族舞蹈基本体态要求在后点步位上,上身略后倾,颈部后枕,手于平手位。这种敞胸挺背,上身略后倾的状态,是蒙古族人民大气开阔、极目远眺的内在气韵和作为"天之骄子"民族精神的体现。在教学中通过这样的比较加深学生对不同民族文化的认识与把握,从而能自觉地体现出不同民族舞蹈的风格特点和内在精神气质,提高了民族舞蹈学习的效果与质量,增强了学生的文化素养与精神气韵。

中外对比。舞蹈浓厚的文化属性在东西方舞蹈中显示出强大的力量,决定了迥然不同的舞蹈风格、表现形式、技术手段与审美标准。例如芭蕾舞的体态、动态特点与中国古典舞的体态、动态特点的区别不仅仅是不同舞种体系的区别,更是中国传统文化与西方文化的不同表现。中国传统美学追求天人合一、象外之外、大象无形的意境,中国古典舞"拧、倾、圆、曲"审美标准就契合了中国传统文化"圆道"的哲学精神,中国古典舞圆润畅达、动静统一、刚柔相济的动态之美正是中国传统文化独特韵味的体现,是中华文化质朴、内敛、和合共融的精神内涵与情感内容①。西方文化发展受希腊文化和欧洲文艺复兴影响,强调理性与规则,追求个性与自由,而芭蕾舞的"开、绷、直、立"正是西方外放与扩张的文化体现。可见,高职舞蹈教学要加强对不同舞蹈的分析与比较,引导学生从历史的发展、生活的积淀和文化的角度来领会舞蹈内在神韵和意味,感受不同舞蹈的文化精神与审美心理,从更深的层面来把握舞蹈的真谛。

四、重视教学方法的多样化结合

随着教育教学改革的不断深入,舞蹈教学方法也在不断改革完善中,舞蹈学科基本的教学方法是"口传身授",对于这个传统的教学方法出现两种极端。一是全盘否定,认为这一方法单一、呆板,是一种"注入式"或称为"填鸭式"教学方法。二是强调舞蹈学科的特殊性,抓住不放,这都是对于这一教学方法的片面理解。口传即对舞蹈的讲解,但是不应只停留在对动作做法的讲解,还应包含对该动作要领律动形成的分析、相关知识的传授和情感思想的渗透。一个动作、一个组合、一种舞蹈都包含了解剖学、动力学、物理学等知识②,融合了音乐、美术、文

---

① 林友:《试析当前民族民间舞蹈作品中的"轻"舞风现象》,《舞蹈》2013年第3期。
② 彭吉象:《艺术学概论》,北京大学出版社1993年版。

学等学科,也蕴含民族、宗教、历史、民俗、等多种文化因素,这些都应该是口传的内容,因此它的内涵与外延是广泛的。当然教师的讲解应该是精炼而生动,准确而亲切,切忌啰唆和生硬。而身体的示范更是教师修养、学识、艺术能力的一种外化,是要启发学生的联想与想象,而不是简单的形体运动让学生依样画葫芦的单纯模仿。

任何一种学科要获得良好的教学效果单靠一种教学方法都是不能达到的,舞蹈学科也是如此。高职高专学生的舞蹈能力、基础条件不同,以及有不同的舞蹈种类,一种教学方法更是不可能完成,因此要取得良好的教学效果,必须注重教学方法的多样化,激发学生主动积极地投入学习。教学中充分地运用舞蹈学科特点,运用多样化的、开放的教学方法开展教学,如创设表演情景、模拟角色扮演、运用多媒体手段、动作正误对比、组合分析比较、小老师助教、双人接对等方法,采用个人、双人、小组等不同形式,既能面向全体又照顾个别差异,使每个学生都能在舞蹈能力与艺术感受力方面有所收获。重视教学的有效性,尽可能满足每个学生的学习需求,培养学生自己的舞蹈表现方式和特点,是教学方法多样化与开放性的目标,也是学生主体性的体现。

教育的终极目标不是教给学生知识与技能,而是要使之掌握正确的学习方法与思维,高职高专舞蹈教学的目标也不只是教会学生这样跳或那样跳,更要使之明白为何这么跳,怎么跳才更准确、更恰当? 舞蹈教学在给予学生知识技能的同时,也要重视培养能力充实文化底蕴,使学生在学习中充分感受舞蹈学科的文化内涵,使学生不仅"知其然",更启发学生对"所以然"的思考与探索,达到"会学"而非"学会"的目的,从而真正实现舞蹈技能与文化素养的同步提高。教学方法是达到教学目标的重要桥梁,关注教学方法的有效性才能使我们更好地达到教学目标。这也要求教师要不断学习,提高自己的专业能力、理论知识和文化修养,优质的教学才能为学生今后的工作与终身学习奠定良好的基础。

台湾校本课程的发展对福建的启示

杨晓斌 *

近年来,随着全球化的课程改革趋势,台湾也积极推动校本课程的发展。台湾的九年一贯课程纲要提出,学校的课程应以生活为重心,即教学活动的素材应来自学生的生活,教学目标应能丰富与提升学生的生活经验。校本课程的发展应遵守一定的课程规范,纲要强调了校本课程的重要性,提出各校应成立"课程发展委员会",充分考量学校条件、社区特性、家长期望、学生需要等相关因素,结合全体教师及社区资源,发展校本课程,并审慎规划全校课程计划。校本课程的发展对学生学习及学校教育的成效有着直接的影响。因此,有人认为:对教科书、教材的松绑不仅是对学生学习资源的开放,也是对教师专业自主权的尊重及教师能力发展空间的开放。

"有怎样的校长,就有怎样的学校",有研究者调查了台湾中小学校长对校本课程发展策略的看法,研究成果表明校长是重要的学校课程领导者;校长对于校本课程发展的看法也倾向于具有"重要性"、"可行性","校长的支持"与校本课程的发展有重要关联。校长在校本课程发展中的角色主要是作为管理上的监督者,其次作为行政的协调者和资源的寻求者。一般而言,校长专业领导应包含行政领导、课程领导与教学领导三个方面,而校长如何领导全体教师推动课程的发展是关键所在。台湾教育部门认为,中小学校长是首席教师兼行政主管,校长应以首席教师自居,重视专业领导,充分整合行政领导与课程教学领导。在此前提下,校长一职已从过去强调行政领导的功能逐渐转移至课程与教学领导上,强调了校长应是学校的首席教师,肩负课程发展与改革的重要任务。因此,校长是学校课程改革的所在,校长如何运用课程专业知识,经由各种领导行为,善用各种有效的领导策略,领导学校课程发展,协助教师改进课程品质,提升学生学习效

---

* 杨晓斌,福建省教育科学研究所助理研究员。

果,达成教育目标,已成为校长领导的重要内容。当前的教育强调学校的本位发展,赋予学校和教师课程决定的自主权,发展适合学校发展的校本课程,提升学生基本学习能力。研究表明,校长的认知和态度对校本课程改革具有举足轻重的影响力,校长除了较了解学校整体情况外,其参与将有助于教师的互动与专业成长,校长发挥专业领导的角色,能有效引导课程的正向发展及课程实践程度。如新竹县云云小学校所在环境拥有丰富自然生态资源,学生常不经意地向教师询问关于自然生态的问题,甚至有学生将植物、昆虫等直接抓着当面向教师求教。由此,有些教师就会针对学生的兴趣及学校的自然生态资源,设计一些相关教学教案,也带领学生去实地了解情况。校长因此鼓励教师自行组成教学团队,开发研究相关校本课程,并多方鼓励教师分享自己的教学教案。有教师指出,校长带头将自己所做的教学教案给大家分享,因而教师们也开始较多地沟通与分享,合作学习的观念渐渐地在教师间酝酿。

校本课程的设计也要求教师要有共同的理想与信念,在达成一定的共识后,才能促成校本课程的开发。有研究认为,当教育改革让教师拥有自编教材之自主权时,可以观察到两种不同的心态:一种是视之为"洪水猛兽",即"过去依照标准本、教学指引执行即可,现在情况却复杂化了";还有一种看法认为是"发展空间",即"过去被限制、不能做的,现在可以大展身手自主开发了"。由此,可以看出一线教师所持的心态与校本课程的发展,是密切相关的。这就要求校本课程的主导者应能团结全体教师积极参与校本课程的设计与教学活动。而教师对于课程的设计缺乏热情,也给校本课程的推动者带来不小的压力。每个人对事情的观点并不一致,常常会遇到沟通不良的情况,尤其是汉族教师对少数民族教育较陌生、无法切身理解,所以难有认同感。因此,校本课程的开发只有采取较强硬的手段来解决此困境,而这样的做法,对于校本课程的长远发展是不利的,毕竟"行政与教师若是不小心将气氛破坏,对于学校整个校本课程体的运作总是会有不良的影响"。同样的情况还有如蓬莱小学的少数民族教师比例太小、赛夏族师资缺乏,想要发展属于赛夏文化课程是一件艰巨的工作。有蓬莱小学教师指出:因为自己本身是赛夏族人的关系,所以在校本课程上便少不了以赛夏文化为主题的设计。但由于校内老师多属汉族,对于赛夏民族的意识概念并不会有太多的想法,因此,举凡课程内的矮灵祭仪式、赛夏歌舞、编织、赛夏语教学等,并不会去主动接触。所以,当校内教师对校本课程设计没有任何想法、概念也陌生的同时,对少数民族教育满怀热忱、有理想的少数民族教师就必须花费更多的时间将自己的理念灌输给每一位教师,寻求多数人支持。只是,对于不是赛夏族的汉族教师而言,赛夏族的文化、赛夏族的编织技艺、赛夏族语等,离他们的生活经验实在太遥远,使他们无法对该课程方案提出有益的见解,而学校教师若是对于课程有疏离感,即使有再好的课程设计架构、再有意义的活动也会被迫无疾而终。

　　许多学校的校本课程强化了课程与生活的结合、活化了学生的学习经验。然而,课程品质的提升,除了优良的课程设计外,更有赖于课堂上的教学实践。校本课程的发展,也带动了教师专业发展。有研究指出,校外人员投入校本课程发展的实践行动相当有限,如教育部门可能被要求提供一些协助,但他们很少实际参与校本课程的建设;外来的学科专家可能参与意见的咨询,但实际的校本课程建设则需要学校教师来具体操作。因此,教师是课程变革的关键,也是决定学校革新最重要的人物。有研究认为,"过去当局对于教师的专业自主权多有钳制,无论是教科书的选用,还是授课节数的编排,又或学校主要行事活动的办理,均有翔实且硬性之规定,导致各校文化内涵与发展属性趋于一致,如此教师发声的权力与空间受到压抑,不知道自己的专业权在那里,也不知道自己的权益该如何去争取与维护,只能逆来顺受,被动配合教育主管机关的要求与指示,以落实各项教育改革方案与政令之传达"。由此,可以看出随着校本课程活动的开展,学校教师有了展现专业、自主设计开展校本课程的权力,但对于许多习惯了利用现有教材教学的教师而言,校本课程设计给他们带来的压力是巨大的。教师原本的工作量就极大,而校本课程的开发所带来的额外的工作量,可想而知能心甘情愿接受的教师并不多。教师参与校本课程发展须具备课程编辑、研究、沟通、评鉴等各方面的能力。教师是否具备这些能力将影响教师参与校本课程发展的态度。在传统模式下,教师不认为课程发展应属于他们的专业活动。而在校本课程发展中,教师能不能从忠实的课程传播角色跃升为课程发展者,突破传统行政取向的工作任务,教师的专业能力和信心是重要的因素,因此有人认为课程发展中最主要的问题还是在于教育工作者的心态、价值与动机。近年来,新北市教育局推动卓越学校认证机制,其目的就在于希望借此激励措施的推动,重塑各校本位课程与校园特色,以加强学校在招生与办学上的能力,并降低家长对于学校办学能力的疑虑。受此影响,校本课程发展下的教师进修也得到了进一步的推行,以此提升学校教师对于校本课程的认识,教师专业素养将得到提升。校本课程发展所牵涉的是教师在课程发展上的设计能力,而此一能力无法"事先培养",必须采用"做中学"以及"行中思"的方式来培养,所以在校本课程发展的同时,教师不应该再度成为行政命令下的"被指使者"以及既定教材的"执行者",而应扮演领域知识生产的主人。因此,学校必须配合教师在这方面的在职专业发展,促成教师间协同合作的学校文化,进而发展出校本课程。学校一方面可发展出自己的师资特色,另一方面也可发展出具有学校特色的课程结构、课程目标、教学组织方式、教学活动、评量方式等等。甚至有研究认为,在校本课程发展的理念下,这群教师开始迈向"反省批判取向""后现代教育取向"等教师研习模式,开始思考价值选取的问题,而不是仅仅停留在课堂教学设计的技术层面。还有人认为,校本课程发展的理念促使教师进修心态的调整,让教师们了解到,参加进修不仅是为个人的考绩,更重要的是,对于所任职的学校作出贡献,这样才能真正落实教师专业发展活动的目标,取之于社会,应还自于社会。对于校本课程,课程发展和评鉴应是一体两面的活动,校本课程发展包含许多复杂的因素,诸如教师对课程的认识、参与人员的特性、资源系统的运用、学校结构因素和课程赖以改进的评鉴系统。校本课程的理想源自对传统课程的反思,期望能建立一个充分授权的学校及教育情境,鼓励教师争取并运用资源,主动投入学校课程发展及改进的过程中,以提升课程品质。研究发现,在校本课程发展的运作中确实有助于教师对课程政策的认识和教学方法的提升。校本课程的发展是一个不断改进变革的过程,校本课程评鉴目的在于改进课程品质,校本课程的参与者作为评鉴的主要参与者将有助于改进课程的性质和品质。有研究认为,教师既然成为校本课程发展者,课程的品质自然须由学校与教师负责,九年一贯课程纲要实施要点中即明列"课程评鉴范围包括:课程教材、教学计划、实施成果等"。因此继校本课程发展的备受重视后,为维护课程品质,有利学生学习,"校本课程评鉴"议题接续着刺激校园的课程发展文化,更让教师的专业成长有了更进一步的方向。学校在进行校本课程发展时,必须认清自己课程发展上的权责,了解课程发展模式与流程,对课程教材作局部的调整或补充;根据学校的课程发展条件,建立具有特色的校本课程。在课程发展的过程中,教师常有机会就课程设计及教学实施作专业反思及讨论。这种讨论习惯的建立,对于教师课程发展能力的培养,以及科组团队精神的建立都十分重要。

校本课程的发展会影响学校文化的建构与转化,形成学校的发展特色。学校可根据实际面临的各种情境,进行校本课程发展。如高雄市九如国民小学位于柴山山脚下,校本课程以柴山为主题,进行一系列的课程设计。课程中,学生不仅学习柴山特色的动物、植物、地形特色,在六年级的课程中更加上人文情怀的服务课程,以增进学生对柴山的认同感。柴山特有的奉茶文化是不为人知却行之有年的人文风情。没有水源的柴山,需要靠人力的背水才能够将水源运到山上的奉茶处,长年奉献的义工更是每天为登山客,奉上一杯温暖的茶水。校本教材期许学生透过体验背水活动,感受服务义工的心情,体悟人与人的互动与关怀,并能实践于日常生活中。学校与社区很容易结合,自然景观、地方特色与风俗也将成为"校本课程"的重要内容。学校所在地区具有不同专业背景的人员,也可提供师生学习时的必要协助与支援。如新竹县云云小学在发展校本课程创意教学时,为配合远景规划——"创造以生态教育为核心的优质学园",对学校环境做了许多创新改变,如开辟药用植物园、溪流生态教育户外教学场域等,通过这些可以亲自体验探索的学习环境,加深学生的学习成效,让学生有真实世界的学习感,同时触发了学校教学团队的灵感。同时,学校行政团队规划相当多的专业进修研习,提升教师自然生态方面的相关知识,以利教师教学研究、课程设计。还针对学校发展本位课程的内容,邀请相关专家学者及社区民间团体指导及协助,教学团队发展"潺潺溪流"课程时,教师需增强溪流生态方面的知识及了解,学校即邀请关西钓鱼暨环保协进会、荒野保护协会协助共同发展;教学团队发展药用植物园课程时,教师需增加对药用植物可药用性的认识,学校即邀请熟悉学校药用植物,一直帮忙照顾药用植物园的退休主任协助共同发展;教学团队发展"探索森林"课程时,主动与"马武督探索森林"的专业团队联系,希望借助于他们对自然森林的认识,协助学校并合作发展。再如,台北市丽山高中于2000年正式成立,是以"科学教育"为发展重点的学校,曾连续多年获得美国INTEL国际科展工程类大会奖,全校学生必修"研究方法""专题研究"课程,学校以"发展精致校本课程""深化能力导向教学""营造全人教育学习环境""打造国际交流学习平台"作为四大行动主轴。其中"发展精致校本课程"为首要行动主轴,以"研究方法""专题研究"作为校本课程的主轴,学习过程中强调科学探究过程,以此激发学生创新和问题解决能力,以全面提高学生的基本科学素养,并能于合作学习中养成敢于批判、提问,乐于合作、分享的良好科学态度。为了进一步提高校本课程的质量,台湾教育部门于2009年颁布"推动中小学活化校园空间与发展特色学校实施计划",明文阐述特色学校的实施需"扩大学校空间效益,结合地区性特色环境,产业文化、山川景观、自然生态、人文遗产等资源,提供优质化、多元化、丰富化的课程发展素材,逐步发展成特色学校"。因此,优质校本课程的发展与实施是特色学校评选的重点之一,而为了争取相关补助经费,各校积极凸显在课程上的特色。校本课程的深入发展,要求学校在"有形的课程及内容背后",有"无形的课程精神及目标",形成学校的课程文化。

有学者认为,学校虽已被赋予了作课程决策的自主空间,但常常因缺乏资源及无法控制所必需的资源,而阻碍课程发展的进行。校本课程发展面临的问题不能忽略教师对校本课程的把握,教师是教育实践过程中的主体,赋予其自主性,会因其经验、能力等因素而对校本课程进行不同的理解与诠释,产生不同的课程效果。在校本课程发展的实践过程中,即使教师参与学校的课程发展,但是在课程的目标、行动策略等课程的规划与实施中,仍然存在着个人的差异。还有研究认为,校本课程发展是以教师为课程的研究者、发展者,认为教师参与校本课程的发展,即能发展出符合社区、学校需求的课程,建构适合班上学生学习的实际课程,这种只要教师参与即能实现理想的想法过于乐观,原因在于在学校实际教学情境中,教师不一定都具备课程发展能力。同样的情况还有,基础教育长期偏重于升学考试,学校教育深受升学主义的钳制,学生的学习历程缺少科学素养的陶冶,更缺乏人文素养的注入与整合。受应试教学的影响,没有列入升学考试的校本课程往往得不到重视,特色课程发展也难免会遭遇相同困境,甚至还有一些教师与家长会提出担心或质疑,校本课程是否会影响学校的升学成效,进而影响学校声誉? 学校领导、支持与反对校本课程方案的教师、家长、学生甚或社区人士、学者专家看待“校本课程”的感受必定是不同的,或有程度差异,一个好的校本课程要能拥有“百川并蓄”的包容力,能够承受来自多元观点的挑战,真正发挥其永续课程的精神,造福更多学子。

　　研究台湾校本课程的发展,对于福建的校本课程的发展也存在积极的借鉴意义。当前课改中所倡导的“校本课程开发”“校本教学研究”“校本培训”“校本管理”等,其意义相近,也可认为是对同一件事情从不同角度进行的观察。校本课程发展,可以促进教师专业成长,提升教师专业能力,发展出符合学校与学生实际需求的课程,也可以让教师参与学校事务的运作,通过这种参与合作的互动过程,逐渐使教师们习惯相互支援与合作教学,提升教师对课程改革的动机与对工作的成就感,使学校成为活水,永续灌溉教育改革活动。教师作为“教学执行者、教育研究者、教材开发设计者”的多重角色,对一线教师的能力提出了挑战。教师作为课程与教材的研发设计者,需要有课程设计、教学开发和媒体制作等成形化的能力;教师是教学执行者,需要有教材教法、班级经营等基本能力;在现今注重学生个别差异情况下,教师作为教材开发设计者,另需课程、教材设计开发的形成性评量能力;教师开发校本课程,应兼具调查、分析等研究能力外,在课程、教材设计开发的形成性评量之后,更要有对发现问题进行教材的修正、改进的能力;课程领域内学科之间、各学习领域之间都须统整,教师必须扬弃过去单打独斗的教学模式,注重与其他学科专长的教师间之沟通协调与协同合作教学的能力。校本课程的发展脱离不了政治、社会、文化以及教育自身的影响。福建校本课程应结合学校自身发展的需要,结合福建区域特色、资源、家长期望、教师专业及学生的特点等因素,充分发挥学校办学的特色。学校的行政人员在校本课程的发展中应主动予以推动并提供切实支持。为鼓励教师进行校本课程的发展,学校应积极为教师的进修等提供方便,鼓励教师召开相关领域研讨等主题活动,推动教学成果展示。校本课程不再被视为特定的知识领域,而是文化传递及学生和教师共同形成学校文化的过程,校本课程不再只是既定的学科,而是学习者与外在世界互动的活动。

主要参考文献

柯文丽:《原汉学校本位课程之比较分析——以台湾中部以北地区国民小学为例》,台湾政治大学硕士论文,2004 年。

甘文渊:《学校本位课程发展下的教师进修》,台湾《北县教育》2010 年第 6 期。

郭昭佑、陈美如:《学校本位课程评鉴概念与基础探究》,《台北师范学院学报》2004 年第 1 期。

萧尹婷:《"感恩心·奉茶趣"国小高年级运用社区资源服务学习课程之初探》,www.ceag.kh.edu.tw/ezfiles/0/1000/img/48/2011_06.pdf。

郭蒨桦:《学校本位课程创意教学之研究——以新竹县一所国民小学为例》,台湾政治大学硕士论文,2007 年。

陈伟泓:《科学探究式学习的课程发展——以丽山高中为例》,www2.lssh.tp.edu.tw/2005/principal/lsshv20.pdf。

郑渊全:《国小校长在校本课程发展的课程领导作为及其相关问题之研究》,台湾《新竹教育大学学报》2008 年第 1 期。

林淑均:《校本课程评鉴的适用取向——回应式评鉴》,《台湾教育评论月刊》2014 年第 3 期。

图书在版编目（CIP）数据

福建省中小学课程改革研究/王豫生主编.—上海：
上海人民出版社,2014
ISBN 978－7－208－12525－4

Ⅰ．①福… Ⅱ．①王… Ⅲ．①中小学－课程改革－教
学研究－福建省－文集 Ⅳ．①G632.3－53

中国版本图书馆 CIP 数据核字（2014）第 198592 号

责任编辑　李　卫
封面装帧　张志全

福建省中小学课程改革研究

王豫生　主编

世纪出版集团
上海人民大版社出版
（200001　上海福建中路 193 号　www.ewen.co）

世纪出版集团发行中心发行
常熟市新骅印刷有限公司印刷
开本 720×1000　1/16　印张 18　插页 4　字数 307,000
2014 年 10 月第 1 版　2014 年 10 月第 1 次印刷
ISBN 978－7－208－12525－4/G・1686

定价 38.00 元